As You Examine Et vous?

W9-ANF-485

A. Approach

- *Et vous?* and *Nous tous* are unique. Rather than promising communication someday, *Et vous?* and *Nous tous* get students to communicate at once. (See pp. 12–14.)
- *Et vous?* and *Nous tous* are flexible. They fulfill diverse needs and do not impose any one methodology.
- *Et vous?* and *Nous tous* teach grammar by pointing out the function or role that each grammatical point plays in real communication. Thus grammar is made relevant to the students' everyday lives. The wealth of activities and a flexible format, which does not restrict any activity to just one language skill, guarantee mastery of each concept. (See pp. 22–27.)

B. Organization of *Et vous?*

Et vous? is divided into 12 numbered chapters, plus a brief *Chapitre Préliminaire* that gives important hints for beginning the study of French successfully. (See pp. 1–14.) Each numbered chapter is organized as follows:

1. **Introduction:** This section is a conversation that leads students to feel that they're taking part in real French-speaking activities in true-to-life settings. It is followed by a *Compréhension* and a *Communication* that evaluate understanding and invite active student participation. (See pp. 15–17.)
2. **Exploration** (4 per chapter): Each "exploration" of a grammar topic leads logically to communication in these steps:
    a. *Présentation:* The new grammar is presented concisely in terms of its communicative function. (See p. 118.)
    b. *Préparation:* Students practice the new grammar in real-life settings by means of contextualized activities. (See pp. 119–120.)
    c. *Communication:* Finally, through open-ended activities, the students relate the material to their own lives. (pp. 121–122.)
    Interludes: These optional enrichment sections actively involve students in gaining insights into language and culture. (See p. 123.)
3. **Perspectives:** These are readings that bring together the grammar and vocabulary, followed by a *Compréhension,* a *Communication,* and a comprehensive *Vocabulaire du Chapître.* (See pp. 163–169.)

Ancillaries for *Et vous?* *(available on blackline/duplicating masters)

1. Teacher's Edition: This encompasses the complete annotated text of the Pupil's Edition, with answers and teaching suggestions, and a teacher's commentary giving an overview of the program.
2. Writing Activities: This contains contextualized and communication activities correlated to the text for additional writing practice.
3. Listening Activities* (keyed to the tapes and to the Pupil's Edition): These provide additional listening and pronunciation practice.
4. Achievement Tests*
5. Key to *Et vous?:* This consists of the answer key to the Writing Activities, Achievement Tests, Listening Activities, and the Tape Program.
6. Tape Program (both cassettes and reel-to-reel)
7. Overhead Transparencies

Et vous?

Gilbert A. Jarvis

Thérèse M. Bonin

Diane W. Birckbichler

HOLT, RINEHART AND WINSTON, PUBLISHERS

New York · Toronto · Mexico City · London · Sydney · Tokyo

ISBN: 0-03-057529-X

456 071 98765

Contents

Testing and Evaluation **T–30**

Scope and Sequence

TEACHER'S PREFACE

Introduction

Much has been learned about language acquisition in recent years. *Et vous?* and *Nous tous* incorporate that knowledge in a way that takes into account the realities of today's classroom. In planning the series we have consciously built in the following features:

1. The emphasis is on meaning and communication. Too often in the past, foreign language instruction has separated language from meaning, resulting in negative student attitudes and a misconception of language learning as a dull, repetitive memorization of strange forms that exist only between the covers of a textbook. With the materials in this series you, the teacher, can engage students in communication from the first days of class, rather than having to promise that "someday" they will be able to communicate.

2. The teacher is not a technician who follows the prescriptions of the textbook but a professional who uses his or her knowledge to decide how to use it as a resource. This textbook is an opportunity for you, the teacher, to improve the quality of instruction by taking into account your students, your facilities, your goals, and your own personality. Each teacher knows his or her class best and is the person best qualified to select classroom activities and to decide how they are carried out. What to have students do with a conversation or an interview, what sequence of activities is appropriate, whether they should be small-group or whole-class activities, oral or written, are all decisions best made by you. While offering materials and a framework for teaching French, this series accommodates diverse needs without imposing any single methodology. Its format is flexible and can be easily adapted to different teaching styles, student abilities, and course objectives.

3. *Et vous?* and *Nous tous* capitalize on a functional approach that relates each grammar point to its function or role in communication. Much has been written recently about the advantages of a functional syllabus, but we believe that a functional concept must be blended with a pedagogically sound grammar sequence.

4. Cultural insights occur in many different ways in a textbook. The discovery that people of other cultures see reality differently can come from being told directly about the difference; from "observing" a difference in a dialogue or reading passage; or simply by inference from the way something is expressed in French. In all cases, young people learn how to relate to others. It is, in a word, practice in intercultural understanding.

5. Educators now recognize the importance of global education in an interdependent world. *Et vous?* and *Nous tous* provide information about many aspects of the world in which we live and insights into other ways of thought and life.

When we examined the teaching of French in middle schools, junior high schools, and senior high schools across the country, we were immediately struck by its enormous diversity. With this observation in mind we have designed a series that we believe allows for such diversity, while improving the teaching–learning process and increasing students' enthusiasm for learning French.

It is our firm belief that teachers can make a difference in attitudes toward learning, and that the textbook must help and not hinder in giving students a positive attitude. We have carefully tested the materials in *Et vous?* and *Nous tous* with thousands of students in classrooms across the country. Their responses, and the responses of the teachers, have been invaluable in shaping this series and in reinforcing our conviction that textbooks can make a significant difference in language learning.

Gilbert A. Jarvis
Thérèse M. Bonin
Diane W. Birckbichler

The Ohio State University

Organization of ET VOUS?

Et vous? contains twelve chapters with a preliminary chapter and appendices. Each chapter, which has a thematic focus of interest to teenagers, contains three major sections:

1. **INTRODUCTION.** The *Introduction*, which begins each chapter, introduces and practices new vocabulary through realistic dialogues or readings and a variety of communication activities.

2. **EXPLORATIONS.** Each chapter contains four explorations of function/ grammar topics. Each topic combines a major grammar structure with the necessary vocabulary to form a communicative function.

3. **PERSPECTIVES.** The *Perspectives* uses readings, dialogues, and a variety of communication activities to integrate and to reinforce the language presented in the chapter. It also expands the students' vocabulary through a controlled introduction of new vocabulary words.

The organization of *Et vous?* increases the range of student communication by including authentic and appealing activities at all stages of language learning.

A. INTRODUCTION

1. **Language-in-use Conversation or Reading.** These passages, which vary in theme and format, present new vocabulary and reinforce previously acquired vocabulary in realistic contexts to which students can relate. Cognates and near-cognates are used frequently because they are common in French and ease the student's learning task. New noncognate words are glossed in the margin to provide immediate recognition of unfamiliar words.

2. **Compréhension.** The *Compréhension* checks whether the language-in-use passage is understood.

3. **Communication.** This section introduces some new vocabulary centered around a topic and then provides activities that help students relate the topic to their own experience in communication. Varied in format, these activities involve students in active use of the newly presented language before studying the grammar introduced in the chapter.

B. EXPLORATION

1. **Présentation.** The *Présentation* describes the grammar topic and relates it to a communicative function. Accompanying it are simple pattern drills that appear only in the Teacher's Edition. These drills help the student learn to pronounce the new forms and to manipulate them in a simple and controlled way.

2. **Préparation.** The *Préparation* provides immediate practice with the new function/grammar topic. The emphasis is on using the new material in lifelike but structured situations without asking the student for personal responses.

3. **Communication.** The *Communication* activities offer varied opportunities for students to use French that is personally meaningful. Each and every topic is immediately practiced in situations similar to those in which native speakers might use the pattern and that are relevant to the student's own experiences.

4. **Interlude.** *Interludes* are found between the *Explorations*. They provide cultural information, learning games, and insights into communication. Each has a learning activity that encourages students to think further about the information learned or to relate it to their own lives.

C. PERSPECTIVES

1. **Language-in-use section.** These readings or conversations provide additional practice for reading or speaking. New vocabulary is introduced, and previous vocabulary and grammar structures are integrated and reinforced in contexts that are rich in culturally interesting information.

2. **Compréhension.** The comprehension questions allow students and teachers to evaluate comprehension.

3. **Communication.** The end-of-chapter activities provide additional opportunities to practice new vocabulary and grammar in a variety of ways. These activities also integrate, recombine, and consolidate the language introduced in the chapter.

D. VOCABULAIRE DU CHAPITRE

Each chapter ends with a comprehensive vocabulary list. It includes vocabulary introduced in the *Introduction*, the *Présentations*, and in the *Perspectives*—the only sections in the chapter in which new vocabulary is introduced. The vocabulary lists are organized in thematic categories where appropriate (e. g., sports terms, nouns related to school, etc.).

The Components of ET VOUS?

1. **THE TEACHER'S EDITION.** In addition to a general introduction and specific information about *Et vous?*, the Teacher's Edition contains the complete student edition with annotations that suggest ways in which activities may be modified for small-group work, follow-up activities, cultural information, and specific notes for particular grammar presentations. These notes are not prescriptive; they are simply suggestions for ways to modify or complement activities.

2. **WRITING ACTIVITIES.** The student booklet for *Et vous?* gives students additional contextualized practice with grammar structures and vocabulary and further opportunities for written communication. Contextualized grammar exercises and communication activities are coordinated with the grammar presentations in the textbook. The activities range from simple to complex, which allows teachers to assign material depending on the needs of the class or of individual students.

3. **LISTENING AND SPEAKING PROGRAM.** This tape program offers additional opportunities for listening and speaking. The tape for each chapter contains readings of the *Introduction* and *Perspectives;* pronunciation practice; two or three activities for each grammar topic; a short

thematic dictation; and a listening comprehension passage, which is related to the chapter theme and which integrates chapter vocabulary and grammar.

A printed supplement on duplicating masters, which is coordinated with the Listening and Speaking Program, is also available. It contains brief explanations and descriptions of the French sounds practiced in the Listening and Speaking Program as well as student worksheets for those activities requiring written answers.

4. **CHAPTER TESTS AND FINAL EXAMINATION.** Each of the twelve chapters has an end-of-chapter test. These do not prescribe test formats but rather show a variety of ways in which understanding of grammar and vocabulary may be evaluated. They may be used as presented or modified to fit particular needs according to the amount of class time available and student abilities. Each individual teacher is the best judge of the format appropriate for his or her students.

5. **TRANSPARENCIES.** The transparencies are organized by chapters and are coordinated with the grammar and vocabulary introduced in each of the twelve chapters. The transparencies contain a variety of materials:
   a. Visual representations of vocabulary items in the text (e.g., food, sports, school subjects).
   b. Visuals to use in the presentation of *Introduction* and *Perspectives;* some are visuals of vocabulary words while others depict the content of the passage.
   c. Transparencies of cartoons and cultural materials that can be used with or in addition to the communication activities.

6. **TEACHER'S KEY.** The answers to various components of *Et vous?* appear in a single key that contains a) a tape script of the listening/speaking program; b) answers to the listening and speaking activities contained in the tape program; c) a key to the workbook; d) a key to the testing program. Thus, the teacher who wants to keep answer keys out of student hands has only one document to keep secure. Other teachers may wish to make portions of the key available for student use.

Using Each Section of ET VOUS?

With an emphasis on communication throughout, *Et vous?* recognizes that individual teachers have different ways of teaching and that individual students have varying ways of learning. Thus, each section of *Et vous?* has been designed to provide maximum flexibility and to be used in a variety of ways depending on available class time, teacher preferences, and the needs, goals, and interests of the class and individual students.

Although each section of *Et vous?* focuses on a different aspect of language learning, certain guidelines apply to all sections.

1. Involve students as much as possible at all stages of language-learning. Teaching a skill implies that students should use that skill rather than talk or be told about it.

2. Minimize rote manipulation of language and emphasize meaningful communication.

3. Vary the contexts in which material is learned so that students have the opportunity to use the language many times and to see it used in a wide variety of situations.

4. Provide practice in each of the skill areas (listening, speaking, reading, writing) because student abilities vary with each skill. The exclusion of practice in one skill may deprive a student of success in learning French.

5. Use small groups where appropriate to encourage student cooperation and to increase individual participation.

6. Encourage students to see the many similarities between themselves and the peoples of the Francophone world and to examine the differences that exist between them.

7. Create a classroom atmosphere in which students feel free to express their ideas and feelings, to take risks in the language, and to view errors as a natural part of language-learning.

8. Let students see *you* using the language creatively. When you can phrase something in French using the vocabulary and grammar they know, go ahead. However, if it cannot be said in language they understand, students may become frustrated.

9. Encourage students to use French beyond their classroom walls—with friends at school or on the telephone, with members of their families, or within the community, if possible.

10. Recognize the diversity of students in your class and try to accommodate individual learning styles, needs, and interests.

A. INTRODUCTION

1. *Language-in-use Conversation or Reading.* One of the most important aspects of comprehension is relating what is being said to what one knows already about the world, people, oneself, and one's environment. *Et vous?* does that by providing language-in-use passages that are understandable and of interest to students. The use of cognates and near-cognates and the use of new vocabulary in familiar sentence patterns further aids comprehension. Understanding of

these passages can be increased by helping students to anticipate the content. Familiarizing students with the new words that appear is just one way to help them anticipate the content.

- Students can be asked to look at the title and use it to try to guess what the passage is about.

- The photographs and the illustrations that accompany the passages can be used to elicit comments about what students think the passage is about.

- A brief introduction in French or in English can help "set the scene."

- The content of the *Introduction* can be related to students' lives. For example, Chapter 7 deals with the theme of television and a family discussion of the evening's programs. Students might be asked in this instance: *Avez-vous une télé?* or *Qu'est-ce que vous aimez regarder?*

- Students may be asked to anticipate content by looking over the *Compréhension* before reading or listening to a passage. Give students the meaning of nonrecognizable words, but let them add the meaning of those elements that are recognizable.

- Present new vocabulary through visuals, gestures, French synonyms or paraphrases, and English translations. The marginal glosses can serve as a reference point if students do not remember the meanings of the new words.

- Put the *Introduction* without glosses on duplicating masters and see if students can guess the meaning of words from the context in which they occur. Students will not only learn the new vocabulary but will gain valuable skill in contextual guessing.

- If the passage is assigned as homework, students can be told to study the marginal glosses before beginning and to make sure they think about the meaning as they study it.

After students have learned new vocabulary and the "scene has been set," students will be better prepared to deal with the entire passage. Although it can be introduced in one day, you might want to present several lines one day and the remaining lines on another. The presentation of the passage can take several forms:

- Present visuals and transparencies that illustrate the passage before students see it written.

- Put the language-in-use passage on a transparency and read it through with the class, pointing out those parts students should note. Use visuals to reinforce the content.

- Have students listen to the tape before seeing the passage.

- Assign it as homework or in-class work and go over the passage the next day in class, using, for example, the *Compréhension*.

- Students can be asked to match the lines of a conversation or reading with visuals.

Each of these presentations has advantages and disadvantages. What is essential is that students be attentive to the meaning of what they are seeing and hearing.

2. *Compréhension.* Although individual or whole-class repetition of a dialogue or reading helps pronunciation of new vocabulary and sentence patterns, this activity does not guarantee comprehension of the passage. Use the *Compréhension* to determine whether students have understood the passage.

- Teachers may ask students to look over the *Compréhension* before the presentation of material to help them find important information.

- The *Compréhension* can be used individually during successive presentations. Students can first be asked to listen to or read the *Introduction* and look for one piece of information or the answer to one comprehension question. Later, they can be asked to find different bits of information. Although more time-consuming, this focused comprehension helps students make gradual sense of a passage while reducing the possibility that they will become lost or overwhelmed by details. This procedure can be especially useful at beginning stages of language learning.

- The *Compréhension* can be asked orally by the teacher after the class has listened to or read the passage.

- The *Compréhension* can be assigned as homework and turned in or gone over in class. It might be useful to put answers on a transparency so that students can easily check their responses.

- Assign a question or questions to individual students or to small groups of students who are then responsible for finding the answers and reporting back to the rest of the class.

- Use the questions as a game to see which student or team of students can find the answers to the questions in the shortest period of time.

You may also check comprehension by:

- Having students make up their own questions to ask each other.

- Having students make up a new title for the reading (in English in early chapters and later in French) or choose from among those given by the teacher.

- Having students create a new beginning or end of the passage.

- Having students rewrite the material relating it to their lives.

- Having students summarize the passage in French or in English.

- Providing students with a resume of the passage with misinformation and then having them choose only those sentences that summarize it accurately.

- Have students play the role of a character or characters in a conversation and have other students ask them questions.

- Have students choose adjectives that describe the people in conversations or readings. Students might, for example, choose *courageux* and *dynamique* to describe Alain Bombard in Chapter 9.

- Have students draw or find pictures that summarize the content or illustrate particular parts of the passage. These can be used in class for oral or written descriptions or placed on the bulletin board with the appropriate labels or descriptions that students prepare.

3. *Communication.* The *Communication* that follows the language-in-use passage has two important functions. First, it introduces through visuals or interesting contexts useful, vocabulary related to the chapter theme; and second, it provides immediate contexts in which students use these new words. Teachers might introduce new vocabulary by relating it to student needs and interests. For example, in Chapter 7, ask in English what kinds of programs students like to watch and let them use the visuals to discover the equivalent French words. You may also choose to present vocabulary groupings through the use of visuals as well as gestures, French synonyms, and English equivalents, or by assigning the vocabulary as homework or in-class work.

B. EXPLORATION

1. *Présentation.* The *Présentation* describes a point of French grammar and its communicative functions. It provides in English a concise grammar rule with examples of the pattern in French. The explanations have subsections where necessary, enabling the presentation to be treated in its entirety or on separate days. This section can be handled in a variety of ways.

- The teacher may use transparencies, visuals, or the chalkboard to give examples of the grammar so that students can formulate the general rules that govern their use.

- Because the grammar explanations are straightforward and examples are given, the *Présentation* may also be assigned as homework and talked about the next day in class.

- The teacher can lead the students through the *Présentation* while discussing the use of the pattern in the sample sentences.

- The *Présentation* can also be used for review or for make-up work.

Each *Présentation* begins with a brief statement about how the grammar is used to communicate in French, so that students can immediately see the usefulness of a grammar structure. Teachers can extend the functional approach by giving additional comments or by asking other questions. When talking about the negative, ask students to think of situations in which they might want to make a negative statement. Before introducing the *passé composé,* ask students to consider what communication would be like if they couldn't talk about past events. In addition to helping students see the usefulness of the material they are studying, these questions heighten the students' awareness of their own language and of language in general.

The Teacher's Edition drills give students initial practice in manipulating structures and making rapid responses to controlled language. The number of drills used depends on student needs, class time, and teacher preferences. All drills need not be used, nor do they have to be used in their entirety. If students understand a particular grammar structure quickly, few drills will be necessary, and students can progress to the *Préparation* and *Communication*.

2. **Préparation.** The *Préparation* activities are a bridge between the simple manipulation required by the Teacher's Edition drills, where students focus on grammar forms and linguistic accuracy, and the *Communication*, where the transmission of ideas is the primary goal. Although the *Préparation* activities are set in realistic contexts, the student does not yet give personal responses.

- The *Préparation* activities can be used immediately after doing all or part of the drills.

- Students can be asked to complete the *Préparation* immediately after the grammar presentation, moving back to the drills if more work is needed.

- If students respond well to the drills, it is also possible to move directly to the *Communication* while using some of the *Préparation* for remedial work as necessary.

- Because the *Préparation* activities range from easy to more complicated, teachers may choose to do selected activities rather than complete the entire section in class. The selection of activities depends upon student abilities, class time, and the extent to which students understand the grammar.

- Although generally intended for oral practice, these sections can also be assigned as written homework. When used in class to improve oral skills, these sections can be completed in various ways:

- Teachers can give cues and have students respond individually or as a class.

- A student leader who has been given the correct answers can be chosen to complete the activity with the class.

- Students can be divided into small groups, each of which has a student leader with correct answers. The teacher can circulate checking the progress of each group.

- Students can role play certain activities, especially those where two people are engaged in a simulated conversation.

- Suggestions for modifying or extending *Préparations* are found in the annotations of this Teacher's Edition.

Although almost all *Préparation* activities can be completed with books closed, teachers may want students to keep their books open until they feel comfortable with the pattern. These activities can then be repeated with books closed. It is important that the teacher "set the stage" for the *Préparation* by establishing its context so students readily associate the response with the situation. Attention should be drawn to the model sentence so that students clearly understand their tasks.

3. **Communication.**   The *Communication* sections of *Et vous?* provide rich and varied contexts in which students express their own ideas. Below are some ways in which communication can be encouraged and practical suggestions for dealing effectively with the wide variety of communication activities that appear throughout *Et vous?*

   a. **Encouraging communication.**   Both students and teachers create the classroom atmosphere. In a communicative classroom, students become active participants rather than mere recipients of grammatical information or manipulators of grammar forms. Students utilize what they know to express their ideas, which should be listened to and valued.

b. ***Correcting errors.*** Because relatively little valid research is available to guide the correction of errors, teachers must rely on their experience, intuition, and knowledge of the students in their class. Some believe students generally do not need to be corrected as long as a native speaker would understand. For them, correction should be limited to those exercises where the production of correct forms is a paramount goal. Others only correct errors that impede communication or that may be irritating to a native speaker. Whatever the case, correction of errors must leave room for students to speak freely and take risks in expressing ideas while maintaining standards that enable the students' language abilities to develop to the fullest.

Errors can be pointed out to students in subtle ways. If a student says *Je suis très faim*, the teacher can rephrase the statement, *Ah, vous avez très faim*, or the teacher can respond with a variation of the correct structure—*Moi aussi, j'ai très faim*. Frequently recurring mistakes can be pointed out to the entire class rather than singling out one individual who has made the error. The *"Erreur de la semaine"* can be placed on chalkboard or bulletin boards, and everyone in the class be corrected when he or she makes that particular error. Whatever strategies are used, the classroom environment should encourage students to take risks, to be willing to make errors, and to try to express ideas that are important to them.

c. ***Using small groups.*** Small group work encourages communication and cooperation. Many of the activities in *Et vous?* are easily adaptable to small groups.

- Communication is more lifelike in small group work since it usually takes place between a small group of people.

- Students are more at ease in small groups.

- The amount of communication increases because each student talks more frequently.

- The teacher, in addition to providing vocabulary or help when needed, can participate in—rather than direct—conversations.

The teacher is very important for small-group work to be effective. First, the students' task should be clear so that students know exactly what they are to do. For example, to ask students to get together to find out each other's favorite school subjects would, for most students, be too unstructured. The questions in the *Question/Interview* communication activities provide guidance for students (see pp. 42, 81). Second, the time allotted should be clearly indicated. Enough time should be given students to complete the task without being distracted. Third, students should be responsible for the information found out during their tasks. If they are to ask each other questions, students can report back to the class what they learned about the student(s) interviewed. They can also write a short report. Students could put some of this information on 3″ × 5″ cards and put them on the bulletin board (e. g., *Le sport favori de David est le base-ball.*). These cards could subsequently be used by the teacher for a whole-class activity (e. g., *Quel est le sport favori de Jean?*).

    d. *Communication Activities.*   Here are some of the kinds of communication activities in *Et vous?* and possible ways to use them as whole-class or small-group activities.

    Questions/Interview.   This consists of a series of questions that students answer or use to interview another student. (See Ch. 7, p. 188.)

    1. Regardes-tu souvent la télévision pendant la semaine? Et pendant le week-end?
    2. Quand préfères-tu regarder la télé?
    3. Quel est ton programme préféré?
    4. Préfères-tu les feuilletons ou les films?
    5. Regardes-tu souvent les informations?

Students can prepare questions for homework so that they are better able to answer in class. If the questions are used for small-group interviews, a follow-up activity would encourage students to be responsible for the information learned. Students can share with others some information they learned from their partner (e. g., *Marianne ne regarde pas souvent la télévision pendant la semaine, mais elle la regarde souvent pendant le week-end.*); or they can take brief notes on their partner's answers and submit them to the teacher; or teachers can ask for information that students learned in their small-group work (e. g., *Est-ce que Marianne préfère les feuilletons ou les films?*).

    Interviews.   *Et vous?* contains many activities that allow students to ask each other questions in structured small-group situations. (See Ch. 4, p. 97.)

EXEMPLE   plage
              Est-ce que tu aimes aller à la plage?

1.	concert	3.	cinéma	5.	campagne	7.	matchs de football
2.	piscine	4.	restaurant	6.	montagne	8.	école

This activity can be set up with one student asking the questions and the other responding; the roles can then be reversed. In addition, the activity can become more like a conversational exchange if the student answers a question and then asks his or her partner's opinion (e. g., *Oui, j'aime bien aller à la plage. Et toi?*).

The cues can also be transformed into questions by the teacher and used in a whole-class discussion. Students can also use the phrases to ask questions in small- or large-group activities, or they can interview another student about the items listed. Interview sheets could also be given to students to record the results of their interviews. Interview sheets, which are placed on duplicating masters, allow students to mark down the responses of their partner so that they can remember their responses in subsequent discussions.

Nom de l'intervieweur/euse
_____

Nom du/de la partenaire
_____

	oui	non			oui	non
1. concert	_____	_____	3. cinéma		_____	_____
2. piscine	_____	_____	4. restaurant		_____	_____

Students can also role play interviews. (See *Célébrité sur glace*, Ch. 6, p. 167.)

LE REPORTER	Pourquoi est-ce que vous faites du sport?
VOUS	_____
LE REPORTER	Quelle est votre réaction quand votre équipe ne gagne pas?
VOUS	_____

Students prepare their questions and answers as homework or in class. Then they play the role of the reporter and the hockey player in a whole-class or small-group activity. The reporter asks his or her questions and notes the answers of the "sports star." The reporter then shares the results with the class while the "player" verifies its accuracy. The results of the interviews could appear in a class newsletter.

Agree/Disagree.   Students respond to a series of statements by indicating whether or not they are true for them. (See Ch. 6, p. 146, for an activity using *faire*.)

EXEMPLES   Je fais souvent le marché avec mes parents.
Non, je fais rarement le marché avec mes parents.

1. Je fais toujours mes devoirs tout de suite après l'école.
2. Je fais souvent la cuisine.
3. Mes copains et moi, nous faisons souvent du sport.

Agree/Disagree activities can be used in a variety of ways. The statement can be transformed by the teacher or by students into direct questions (e. g., *Est-ce que tu fais toujours tes devoirs tout de suite après l'école?*) and used for whole-class or small-group discussion. Students can prepare them as homework. Students can also explain why they agree or disagree. If a student says, *Oui, mes copains et moi, nous faisons souvent du sport.*, the teacher might ask the student to explain the answer—*parce que c'est amusant.*

Completions. Students complete sentences in ways that are personally meaningful. *Description* asks students to use adjectives to describe themselves and others (see p. 70).

1. Je suis _____ .
2. Je ne suis pas _____ .
3. Les professeurs sont _____ .
4. Les professeurs ne sont pas _____ .
5. Nous les étudiants, nous sommes _____ .

Students can complete the statements as homework or in class. They might be asked *Comment êtes-vous?* or *Est-ce que tu es . . . ?* and their answers used in a class survey. The teacher, or a student volunteer, notes which adjectives students used to describe themselves or their teachers and places them on the board to see which represent the consensus of the class. This activity can, of course, also be done orally without written preparation.

Sentence Builders. Students combine items from different columns to make complete sentences that describe their opinions on various topics. This activity on *avoir* and adjectives illustrates sentence builder formats. (See Ch. 3, p. 72.)

EXEMPLES   Nous avons des examens difficiles.
             Nous n'avons pas de classes embêtantes.

Nous avons	un	école	sympathique
	une	professeurs	facile
Nous n'avons pas	des	examens	difficile
	de	livres	intéressant
	d'	amis	patient
		classes	intelligent
		disques	amusant
			embêtant

Teachers can ask students to volunteer sentences or can elicit responses by using one of the columns given (e. g., *Quelle sorte d'école avons-nous?* or *Et notre école?*). If a student says, for example, *Nous avons des pro-*

fesseurs patients, the teacher can ask for the opinion of other students (e. g., *Et vous Jean, est-ce que vous êtes d'accord?*). In this way, the statements students created can be used for group discussion.

Qui?.   Students find out who in their class can do or likes various things. (See Ch. 9, p. 224.)

EXEMPLE   piloter un avion
Jean, est-ce que tu peux piloter un avion?

1. parler français
2. marcher pendant cinq heures
3. réciter un poème en français
4. gagner un match de tennis

Students can also be given *qui* cards on which the teacher indicates a cue word or phrase (e. g., *préparer un bon repas*) for which the student is responsible. The student's task is to circulate among others to find out who can prepare a good meal. Anytime the student finds someone who can, he or she writes their names on the card and continues circulating until the allotted time has elapsed. At the end, students report back the names of those who can do their assigned activity (e. g., *Jean, Annette, Lynne et Robert peuvent préparer un bon repas.*). In addition to allowing a large amount of interaction and language use, this activity enables students to get to know each other better and affords an occasion for some good-natured disagreement (e. g., *Ce n'est pas vrai. Robert ne peut pas préparer un bon repas.*).

Comparing Projects and Activities.   Students react to a series of statements by indicating if they are going to do or not going to do various activities. (See Ch. 4, p. 93.)

Projets.   Tell which of the following activities you are going to do this week and which you are not going to do this weekend. Share your plans with other students.

EXEMPLE   Moi, je ne vais pas travailler. Et toi?

1. travailler   3. regarder la télévision
2. acheter des disques   4. étudier

As the *Exemple* illustrates, students share with the class and ask other students personal questions. Teachers can use these cues in whole-class activity (e. g., *Est-ce que tu vas regarder la télévision?*) or in small-group work. After preparing their responses, students interview each other to find out the opinions or plans of another student. An interview sheet could be used to help students keep track of their partner's answers and to report back to the class. Students also could fill out a sheet before interviewing to see if they can guess their partner's responses and then check off their correct guesses.

Using Scales.   Students use a continuum to indicate the degree to which they like to do something. (See Ch. 12, p. 300.)

Qu'est-ce que vous aimez lire? Tell how often you read each of the following.

ne . . . jamais   rarement   quelquefois   souvent

EXEMPLE   Je ne lis jamais de revues sportives.
Je lis souvent des revues sportives.

1. le journal
2. des bandes dessinées
3. des romans
4. des revues sportives
5. des revues pour les jeunes
6. des revues françaises
7. des poèmes
8. le journal de mon école
9. le journal du dimanche
10. des contes

As a whole-class or small-group activity, students give their preferences orally and ask for another student's reaction to the same item (e. g., *Je lis souvent des revues sportives. Et toi?*). The teacher can transform these items into direct questions (e. g., *Est-ce que tu lis souvent des poèmes?*). A continuum can also be placed on the chalkboard or an overhead transparency and students can then mark the scale to indicate the degree to which they read a particular item.

Interview sheets can be prepared for students to mark their partner's answers.

Ranking.   Students rank a list of items in the order of their preference. (See Ch. 7, p. 176.)

Quel est votre choix? Place the following types of television programs in the order of your preference.

EXEMPLE   Les comédies sont mon premier choix.

les reportages sportifs
les matchs télévisés
les jeux télévisés
les documentaires

les spectacles de variété
les comédies
les informations
les dessins animés

Students can give orally one or more choices (e. g., *Les comédies sont mon premier choix et les publicités sont mon dernier choix.*). A survey can be taken to determine which type of program students prefer and these results compared and contrasted with the preferences of other French classes. Students also may give one of their choices and ask another student's opinion (e. g., *Les feuilletons sont mon premier choix. Et toi?*).

This variation is appropriate for whole-class or small-group communication. The types of programs can also be placed on the chalkboard or an overhead transparency and students asked to come up and mark their choices.

C. THE INTERLUDES

The *Interludes*, which contain information about francophone cultures, learning games, and insights into communication, are independent learning activities. They use familiar grammar and vocabulary and a few new cognates. Because *Et vous?* encourages active participation by students, each *Interlude* has a student activity. Teachers may use the *Interludes* for:

- Homework or in-class work.

- Small-group or whole-class discussions.

- Individual or small-group research in which, for example, students find and briefly describe the French-speaking countries found on the weather map in Chapter 6.

- Enrichment material using slides, photographs, and realia.

- A bulletin board project with tasks that students must complete or information that they must obtain. When teaching Chapter 7, for example, place a map of Paris with the *arrondissements* on the bulletin board and ask students to tell where certain streets are located.

- Surveys of friends, family, and people in the community. The *Interlude* on pp. 146–147 of Chapter 6 outlines popular leisure time activities of French people. Students could survey people they know and compare and contrast the results in class.

D. PERSPECTIVES

The *Perspectives* introduce a limited number of new words and integrate the chapter grammar and vocabulary into a passage that uses authentic language to give students a wider view of language and theme. As in the *Introduction* passage, a *Compréhension* and a *Communication* follow. (For hints on how to teach the *Introduction*, the *Compréhension*, and the *Communication*, see pp. 12, 14, 15, respectively.) If time is limited, teachers may omit this section but hold students responsible for the *Perspectives* vocabulary.

E. VOCABULAIRE DU CHAPITRE

The vocabulary at the end of each chapter contains the new words in the *Introduction*, the *Présentation* grammar topics, and the *Perspectives*. Although the *Interludes* use new cognate vocabulary, they are not included in the list of active vocabulary and students are not expected to use them in subsequent sections of the book.

The lists are organized in semantic or thematic categories to help students learn efficiently. Because vocabulary is amply reentered throughout, the lists may simply serve as review for chapter tests.

Teachers may encourage active use of vocabulary words by:

- Having students make up sentences containing the words that they have not yet mastered.

- Having students practice vocabulary in small groups with flash cards.

- Asking students to find visuals of the words for vocabulary packets that students can then use for review.

- Preparing vocabulary mobiles to hang in the classroom.

- Having students prepare vocabulary posters or collages to decorate bulletin boards and classroom walls.

- Using word games such as Bingo and Password to review thematic vocabulary such as food, sports, and school subjects.

- Asking students to make up pictograms to illustrate a word or group of words.

- Giving students groups of words to use in making up original dialogues and skits.

- Giving students lists of words to organize into their appropriate thematic categories (e.g., school subjects, nouns related to music); or having students put words into categories (e.g., foods that are eaten for breakfast, lunch, and/or dinner).

- Having students act out the meanings of appropriate groups of words (e.g., professions, sports).

Chapitre Préliminaire

The *Chapitre Préliminaire* has important language and nonlanguage learning objectives that provide a solid foundation for the students' continuing study of French:

1. To develop strategies for successful learning. Most students have never studied a foreign language and are, therefore, uncertain about how to approach this new subject. They can benefit from certain key ideas that will help them be more successful in learning French.

2. To recognize cognates. By becoming aware of the importance of cognates

and their frequency students substantially increase their ability to communicate. In addition, they feel more comfortable knowing that they already understand some French.

3. To use classroom expressions. By learning certain useful classroom expressions, students can begin to use French in a practical way.

4. To recognize accent marks. A basic understanding of accent marks and their function helps students become familiar with this new aspect of a language.

5. To pronounce names. Students begin to pronounce French words in a useful and personally meaningful way.

6. To use greeting formulas. From the beginning, students can communicate with one another and their teacher.

The *Chapitre Préliminaire* can be treated in many different ways. The following two-day lesson plan represents only *one possible* approach to this lesson.

First Day

1. Call roll, having students respond *présent* or *présente*.

2. Greet a student by saying *bonjour* and shaking hands. Have students greet you in turn (*Bonjour, Madame/Monsieur/Mademoiselle.* . . .). Greet several students in this manner and then have them greet each other, using the informal *salut*.

3. Assign students French names, or better yet, allow them to pick a French name, or tell them how their name would be pronounced in French. (A list of French names is found on p. 9.)

4. Give your name and ask a student his or her name (*Je m'appelle Monsieur . . . Comment t'appelles-tu?*). After students are familiar with the pattern, go around the class until each student has given his or her name and asked the name of another student.

5. If time permits, include a "remembering response" phase. Give your name and point to another student asking his or her name (*Et mademoiselle . . .?*).

Second Day

1. As a warm-up activity, have students greet each other and ask the names of other students. (*Salut, je m'appelle . . . Comment t'appelles-tu?*).

2. Introduce the classroom expressions (p. 8) and have students repeat them. Then check their understanding of these expressions by asking them to carry out a command (e. g., *Allez au tableau.*) or give an English equivalent of the expression.

3. Have students practice identifying the meaning of cognates. Use the sentences in the book (p. 4) or other sentences that you have identified. You might also want to have students leaf through French magazines and find French words that resemble English.

4. Briefly discuss the types of accents in French (p. 5) and have students find examples in the preliminary activities or in sentences that you have prepared. Contrast, for example, the *e* in *très* and *répétez*.

5. Have students refer to the map of French-speaking countries on pp. 6–7. Have them locate different countries where French is spoken.

6. If time permits, you might want to present orally the conversation in lesson one, using visuals, if you desire. Ask students to listen carefully to see how much they understand and why. (This discussion can lead to a further explanation of the role of cognates as well as the similarities between French and English sentence structure.)

Further Development of Language Skills

A. *LISTENING.* Listening is a skill that pervades all classroom activities. Students are constantly listening to and reacting to the teacher or to other students. In addition to these opportunities and those provided by the tape program, teachers can easily prepare additional listening comprehension activities.

1. The teacher can make complete statements from an activity with sentence fragments and then read all or several of the statements as a short integrated paragraph with comprehension questions.

2. Corrected student compositions can be read aloud, preferably anonymously, although students are usually pleased to have their work selected.

3. Skits and rewrites of dialogues can be put on tape or videotape and subsequently used as listening practice in several classes.

4. Students should be encouraged to listen closely to each other. If students have named the sports they enjoy, the teacher can ask them to remember what sport each one preferred. Students can also comment on the statements made by others (e. g., *Moi aussi! Pas moi! C'est vrai?*).

5. Teachers might interview a student (or have students interview one another) in front of the class. The remaining students listen and then summarize the conversation orally or in writing. (These conversations could also be taped ahead and played later.)

B. *WRITING.* If students need more practice in acquiring grammatical accuracy, they can write out the *Préparations*. Dictations help students learn to spell and predict grammar structures and vocabulary. Teachers may also ask students to write a base sentence (e. g., *Je vais au cinéma.*). After checking the accuracy of their sentence, they are asked to change the base sentence in a variety of ways: change the subject of the verb; put a sentence in the negative or the interrogative; change the tense of a verb.

Compréhension questions can be written out and turned in. *Communication* activities can be first written and then used orally in class or vice versa. Written assignments of *Communication* activities may help students to participate better in class by giving them time to think about what they want to say and how they want to say it.

In addition to the writing provided in the *Et vous?* program teachers can encourage writing for communication in other ways:

- Graffiti walls in the classroom or in the hallway where students write slogans, comments, etc. in French.

- Students can write to pen pals. (Contact the Bureau de Correspondance Scolaire, American Association of Teachers of French, 57 E. Armory Ave., Champaign, IL 61820.)

- Even at early levels of language instruction, class newsletters can be prepared using results of interviews conducted in class, interviews with native speakers in the school or community, and news items about the French-speaking world. Upper-level students could help edit and prepare these newsletters.

- Bilingual announcements about French Club activities could be placed around the school.

C. **READING.**   Reading experts, although divided on many issues, agree that the best way to develop reading skills is to have students read and provide ways in which they can check their comprehension. *Et vous?* provides many such opportunities. The *Introduction* and *Perspectives* can be assigned as reading and the *Compréhension* used to check understanding.

We know reading is neither a passive activity nor a receptive skill, but rather a process in which the reader is actively involved with the meaning of the printed page. Successful readers do not read word-for-word but instead grasp the meaning of phrases and sentences.

- Give students practice in contextual guessing. Put texts on duplicating masters leaving out words and have students fill in the missing words. Student choices can then be compared with the original version.

- Point out word families and prefixes and suffixes to students wherever possible.

- Having students scan a passage helps develop reading skill.

- Encourage students to find ways to remember new vocabulary words (e. g., making up a sentence containing the word).

- Encourage students to read a passage, first for the general content and then for more specific information.

- Remind students to look at titles, visuals, and photographs to anticipate the content.

- Tell students that words such as *aujourd'hui*, *hier*, *demain* are cues that will help them recognize verb tenses.

- Point out the many cognates and near-cognates that will help students read more easily.

- Encourage students to look at French newspapers and magazines. Even though they may not understand everything, they will be able to grasp a surprising amount.

- Use student compositions and reports of oral interviews for reading practice. The language will be accessible to the students, and they will enjoy reading about themselves and their friends.

Remember that reading aloud and reading for meaning are not synonymous. Reading aloud requires the student to pay attention to intonation and pronunciation rather than concentrating on the meaning. Nonetheless, reading aloud does have a limited place in pronunciation and intonation practice.

D. **SPEAKING.**   In recent years we have learned a great deal about the role of practice in foreign language learning. It is clear that we learn what we do. If we are to learn to speak, we must practice speaking. There is no magical transfer from any other skill. Unfortunately, in some textbooks this principle is interpreted to mean that one skill may not be combined with others during practice. Experienced teachers know this not to be true. Many oral activities can be done effectively with books open. Different learning styles are thus accommodated, learning enhanced, and student attitudes improved. We therefore recommend flexibility in deciding how communication activities are best done.

Another problem with texts now available is the amount of time devoted to pronunciation practice of isolated sounds and words. Research indicates that there is little transfer from this practice to true speaking, and time is taken away from activities with more value. When a student's pronunciation interferes with comprehensibility, you will probably want to correct it. Sometimes you will deem it wise to correct in as unobtrusive a way as possible; at other times you may want to have the entire class repeat a troublesome word. The basic point then, is to practice pronunciation as needed, when needed, rather than as an activity separated from real language use. (See pp. T–10–11 for a discussion of pronunciation activities).

In addition to the ample speaking practice in *Et vous?*, students can speak French with their friends at school (perhaps at a conversation table in the cafeteria) or on the telephone (teachers can assign partners). Students can even teach some French to their parents and to brothers and sisters, thereby further reinforcing their own knowledge. If native speakers live in the community, or if exchange students are studying at your school, they can visit the class and talk about life in their countries and their impressions of the United States. Even at early levels, students can address simple questions in French to the visitor who can be encouraged to respond in simple language. At least part of such a visit can be conducted in French. Also students in advanced classes can engage in small-group conversations with first-level students, thus showing beginning students the results of further language study and providing advanced students with a chance for further practice. If possible, activities relating to French club or class activities can be given in French (and then in English) over your school's public address system.

Testing and Evaluation

The emphasis on communication in today's language classroom has led to an increasing interest in and research about ways in which students' ability to communicate can be evaluated. We have tried to incorporate this new knowledge in the preparation of the tests following these guidelines:

- *Unlike more traditional formats that normally test isolated bits of language, communicative tests should attempt to evaluate the student's ability to bring together various elements of a given chapter as well as the material in preceding chapters.* Therefore, many tests require the student to show understanding of several learning objectives. Short diagnostic quizzes that test specific grammar points or learning objectives can be given periodically as the class progresses through a chapter. These easy-to-grade quizzes identify specific learning problems, whereas chapter tests assess the student's ability to pull the material together.

- *Because communication implies the ability to use the language meaningfully in all four language skills, each test contains sections that deal with the student's ability to read, write, and understand spoken language.* Available teacher time often precludes frequent formal testing of oral skills. Therefore, a separate section on evaluation of speaking skills is included should your schedule permit.

- *Formats that allow students to express themselves in a more creative way are an integral part of communicative testing.* These formats are, because of the unpredictable nature of communication, more time-consuming to evaluate than multiple-choice items. Even though evaluation of free communication is more demanding, it is essential if students are to perceive communication as a primary goal.

EVALUATING SPEAKING

The ability to express oneself orally in French is an important classroom goal for most teachers and can be tested formally or informally. Teachers may give students a daily or weekly oral communication grade based on the amount of communication the student engages in, the quality of what he or she says, and the improvement shown throughout the period. Although this type of grade is subjective, it does provide a regular means of evaluating a student's oral performance. *Et vous?* offers the following possible ways of testing oral achievement:

- Students describe visuals or photographs. The illustrations in *Descriptions* on page 51 can be used for a short oral quiz. Students can be asked to describe each of the illustrations or to respond to yes-no questions such as *Est-ce que Monsieur Lavare est pauvre?*

- Students may assume a role and respond to a short series of questions, as in this example from Chapter 2.

  Imagine that you are a famous singer and answer these questions.

  Est-ce que vous êtes célèbre?
  Est-ce que vous rêvez d'être riche un jour?
  Est-ce que vous chantez avec un groupe?

- Students can speak extemporaneously on topics chosen from a chapter—for example, likes and dislikes, Chapter 1.

- Personalized questions are another way to evaluate speaking. Students respond to a series of questions, which may be based on material in the *Communication*. The example below is based on Chapters 1 and 2.

  1. Est-ce que vous aimez l'école?
  2. Est-ce que vous préférez l'histoire ou l'anglais?
  3. Est-ce que le français est facile ou difficile?

The ability to ask questions is another important skill that may be evaluated in a formal test. Students may ask questions based on a series of French or English cues, as in the following.

  Ask your teacher:

  1. how he or she is
  2. if he or she works a lot
  3. if he or she listens to records

While all of these formats are valid for testing speaking, the last two (asking and answering questions) are of particular importance for beginning language students.

Scoring Information for a Speaking Test—Answering Questions or Asking Questions

Use the scale below to evaluate each response or question. Do not hesitate to assign scores such as 2½ or 1½ if appropriate.

4 points   Excellent, the student's response or question is appropriate, grammatically correct, with acceptable pronunciation and fluency.

3 points   Good, the student's response or question is appropriate and comprehensible but contains minor errors in pronunciation and/or grammar.

2 points   Fair, the student's response or question contains faulty grammar and poor pronunciation but is comprehensible.

1 point   Poor, the student attempts a response or question but it is incomprehensible or inappropriate.

0 points   Failing, no response given.

SCORING SUGGESTIONS IN GENERAL

Testing for communication requires a reevaluation of grading. When students fill in a blank, grading is simple because answers are predictable. When students communicate a personal message, evaluation is less clear-cut because students are free to write whatever they wish as long as they use vocabulary they know and respond adequately to the question. The following suggestions may help you determine the type of scoring appropriate for you and your students.

- When students choose from a vocabulary list to fill in the blanks of an incomplete sentence or paragraph, one point may be given for the correct choice of word and another for its correct form. Partial credit allows students to be given points for what they do know and penalized only for what they do not know (for example, the *form* of a verb).

- In communicative testing, students may be given half credit for adequately transmitting an appropriate response and half credit for appropriate use of grammar and vocabulary. This allows students to be rewarded for conveying an adequate message while still being reminded that correct use of grammar and vocabulary is important.

Et vous?

Gilbert A. Jarvis

Thérèse M. Bonin

Diane W. Birckbichler

1

HOLT, RINEHART AND WINSTON, PUBLISHERS

New York · Toronto · Mexico City · London · Sydney · Tokyo

ISBN: 0-03-057529-X

456 071 9876

═ PHOTO CREDITS ═══════════════

Abbreviations used: *t*, top; *c*, center; *b*, bottom; *l*, left; *r*, right; *i*, inset.

All HRW photos by Russell Dian except as noted below.

Chapitre Préliminaire x, 1: *b*, Geoffrey Gove/The Image Bank. **1:** *tl*, Lisl Dennis/The Image Bank; *i*, John Launois/Black Star; *cl*, Richard and Mary Magruder; *tr*, Color Library International; *cr*, *br*, © Marc and Evelyne Bernheim/Woodfin Camp. **13:** Movie Star News.

Deuxième Chapitre 39: *c*, Santi Visalli. **43:** *b*, Jim Elmore, Kaufman & Maraffi, Inc. **48:** Courtesy EUROPE 1.

Troisième Chapitre 60: Courtesy Valery Rousselet. **67:** *tr*, Helena Kolda; *b*, Leo De Wys. **78:** HRW Collection.

Quatrième Chapitre 98: Deauville—© Sabine Weiss/Photo Researchers/Rapho; Nice—Susan McCartney/Photo Researchers; Biarritz, Chamonix, Grenoble, La Baule—French Government Tourist Office.

Cinquième Chapitre 122: Courtesy Centre National Interprofessionnel de l'Economie Laitière, Feldman, Calleux & Associés. **134:** *tr*, HRW Photo by Owen Franken. **135:** *tl*, © Judy Gurovit, Clement-Petrocik Co.

Sixième Chapitre 148: *tl*, National Basketball Association; *tc*, HRW Photo by William Hubbell; *tr*, National Hockey League by Robert Shaver; *bl*, HRW Collection; *cl*, William Gombocz; *cr*, National Film Board of Canada. **149:** *tl*, Rich Clarkson, *Sports Illustrated; tr*, HRW Photo by William Hubbell; *cl*, National Film Board of Canada by Wayne Lynch; *cc*, HRW Collection; *cr*, National Film Board of Canada by Bruce Flynn; *bl*, HRW Collection; *bc*, French Tourist Office; *br*, National Film Board of Canada by Pat Morrow. **157:** Bruce Flynn/Picture Group. **160:** Courtesy Swiss Federal Railroad. **161:** *cr*, HRW Photo by Anita Dickhuth. **162:** *b*, Jim Amos/Photo Researchers. **163–166:** Courtesy *Mic Mac* Magazine, Editions Normédia, Quebec.

Septieme Chapitre 171: Patrick Mouly. **179:** NBC Photos. **187:** *l*, Columbia Pictures; *r*, French Film Office and Cerito Films, Paris. **188:** *l*, MGM *Clash of the Titans* © Titan Productions; *r*, Courtesy Warner Brothers. **189:** © Walt Disney Productions.

Huitième Chapitre 200: Comité Régional du Tourisme Rhône-Loire, Lyon. **201:** © La Librairie de France, N.Y.C. **212:** *bl*, Standard Oil of New Jersey; *r*, C.B. Jones/Taurus. **213:** *tl*, Marc Bernheim/Woodfin Camp; *tr*, W. Schmidt/Peter Arnold; *c*, Swiss Tourist Office; *bl*, Carlson, Rockey and Associates, Inc.; *br*, HRW Photo by F. Vikar.

Neuvieme Chapitre 219: National Gallery of Art, Washington, D.C., Paul Mellon Collection. **224:** courtesy La Revue du cinéma Outremont. **229:** Swiss Tourist Office. **230:** Photo by Giraudon. **231:** *both*, Courtesy National Park Service, Statue of Liberty National Monument. **233:** HRW Photo by Anita Dickhuth. **237:** William Gombocz. **242:** French Government Tourist Office. **243:** Editeur Officiel du Quebec.

Dixième Chapitre 261: HRW Photo by Ken Karp.

Onzième Chapitre 280: Régie de l'Assurance Maladie du Quebec. **288:** *l*, Courtesy La Fondation canadienne des maladies du cœur; *r*, Courtesy PARTICIPACTION ® Le mouvement canadien du bien-etre physique. **289:** *both*, Courtesy UNICEF.

Douzième Chapitre 300: Courtesy Sibylle Meinelt. **309:** Aer Lingus. **310:** George Holton/Photo Researchers. **311:** Jim Anderson/Woodfin Camp.

ART CREDITS

Cover art: Bill Finewood, represented by Evelyne Johnson Associates.

Abbreviations used: *t*, top; *c*, center; *b*, bottom.

Illustrators represented by Evelyne Johnson Associates: Frank Daniel, Will Harmuth, Debby Keyser, Tom LaPadula, Tony Rao, Pat Stewart, Tien

Illustrators represented by Publishers' Graphics, Inc.: Penny Carter, Marie Dejohn, Pamela Ford, Paul Harvey, John Jones, Beverly Pardee, Joel Snyder, Diana Uehlinger

Lane Yerkes represented by Philip M. Veloric

Field Test illustrations by Tom Cardamone Advertising, Inc.

FIELD TEST SCHOOLS

We would like to thank the many teachers, administrators, and students who used a preliminary edition of this text for a full school year. Their enthusiastic reception of the materials was very encouraging, and their suggestions for improvements were most helpful. We are very pleased to acknowledge the important contribution of those teachers whose names appear below.

Edward Lessard
Cypress H.S.
Cypress, CA

John Psiahas
Encina H.S.
Sacramento, CA

Robert Sherman
James Monroe H.S.
Sepulveda, CA

Merrie L. Slagley
Marshall Jr.H.S.
Long Beach, CA

Elizabeth Roelle
Rocky Mountain H.S.
Fort Collins, CO

Ralph Fittante
Trumbull H.S.
Trumbull, CT

Karen MacVeigh
Hillcrest Jr.H.S.
Trumbull, CT

Zoltan Toman
Trumbull H.S.
Trumbull, CT

Judith Clark
Chandler Jr.H.S.
Worcester, MA

Mary Gillis
East Jr.H.S.
East Weymouth, MA

Edward Porter
Weymouth South H.S.
South Weymouth, MA

Allen R. Rawson
Chandler Jr.H.S.
Worcester, MA

Yvonne Escolá
Wootton H.S.
Rockville, MD

Genevieve Maloney
Wootton H.S.
Rockville, MD

Renée Schneider
Wootton H.S.
Rockville, MD

Louise Winfield
Montgomery Pub.S.
Rockville, MD

Robert Temple
Harding H.S.
St. Paul, MN

Julia Bressler
Nashua H.S.
Nashua, NH

Judith Fisher
Elm Street Jr.H.S.
Nashua, NH

Nancy Marcoux
Fairgrounds Jr.H.S.
Nashua, NH

Leona Michaud
Spring Street Jr.H.S.
Nashua, NH

Ursula Grossi
Parsippany H.S.
Parsippany, NJ

Hilda Macia
Eldorado H.S.
Albuquerque, NM

Gabrielle Alper
Hillcrest H.S.
Jamaica, NY

John Bergeron
John Jay H.S.
Hopewell Junction, NY

Mary Darcy
John Marshall H.S.
Rochester, NY

Ana Hurd
Bennett H.S.
Buffalo, NY

Paul R. Lussier
John Jay H.S.
Hopewell Junction, NY

Ella Schwartz
Woodlands H.S.
Hartsdale, NY

Arlette Shaw
South Shore H.S.
Brooklyn, NY

Pearl M. Warner
John Bowne H.S.
Flushing, NY

Raymonde Weiser
John Bowne H.S.
Flushing, NY

Alice Wolfson
South Shore, H.S.
Brooklyn, NY

Deborah Ames
Perry Mid.S.
Worthington, OH

Nancy Evans
Worthington Mid.S.
Worthington, O.H.

Phyllis Kadle
Fairfield, Mid.H.S.
Fairfield, OH

Linda Keller
Centennial H.S.
Columbus, OH

Fran Ciotola Nuosci
Worthington Mid.S.
Worthington, OH

Michelle Pringle
Medina Sr.H.S.
Medina, OH

Barbara Romanczuk
West Union H.S.
West Union, OH

Becky Simmons
Bishop Watterson H.S.
Columbus, OH

Frank Warnement
Shaker Heights H.S.
Shaker Heights, OH

Nancy Fisher
Wilson Sr.H.S.
West Lawn, PA

Judith Williams
Wilson Jr.H.S.
West Lawn, PA

Patricia Edwards
Jordan S.Dist.
Sandy, UT

Nedra Sproul
Bingham H.S.
South Jordan UT

Philip Konkel
Franklin H.S.
Seattle, WA

Contents

ONZIÈME CHAPITRE - Looking and Feeling Good 265

INTRODUCTION

EXPLORATIONS

PERSPECTIVES

DOUZIÈME CHAPITRE - School Life 291

INTRODUCTION

EXPLORATIONS

PERSPECTIVES

CHAPITRE PRÉLIMINAIRE

LEARNING OBJECTIVES
- To recognize the value of learning French
- To develop strategies for successful learning
- To recognize cognates
- To recognize accent marks
- To show the extent of the Francophone world
- To learn the French alphabet
- To begin learning about French pronunciation
- To use classroom expressions

- To become familiar with French names
- To use greetings and social formulas

Why Learn French?

LET'S LEARN FRENCH

Beginning to Study French

As you begin the study of French, you will quickly become aware that learning a new language is very different from learning other subjects. The ways you study other subjects are sometimes not the best ways to learn a foreign language. With some subjects, for example, you don't have to study every day, but with French you should study and practice daily. The following suggestions will help you be successful in learning French.

Don't be afraid of the new sounds of French. You will quickly discover that some of the sounds in French are different from sounds in English. At first, they will seem "strange," but as you use them, they will become very familiar, and you will become accustomed to pronouncing them.

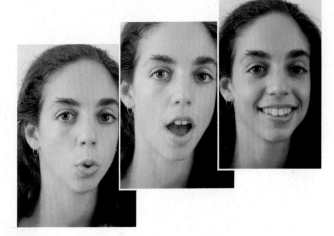

These are general suggestions to the student. For more specific suggestions, see the Teacher's Preface.

Practice French whenever you can. Most of your class time will be spent practicing French. Learning a language should not be viewed as memorizing new words or grammar rules, but rather as using and hearing them over and over in class activities until they become familiar. Don't be afraid to make mistakes. They are a normal part of practice, and they help you learn.

Don't miss the basic building blocks of French. Learning a language involves building upon words and grammar already learned. Learning to use the material in Chapter 2 requires knowing Chapter 1. The words and sentence patterns learned during the first days of French will continue to be important every day after.

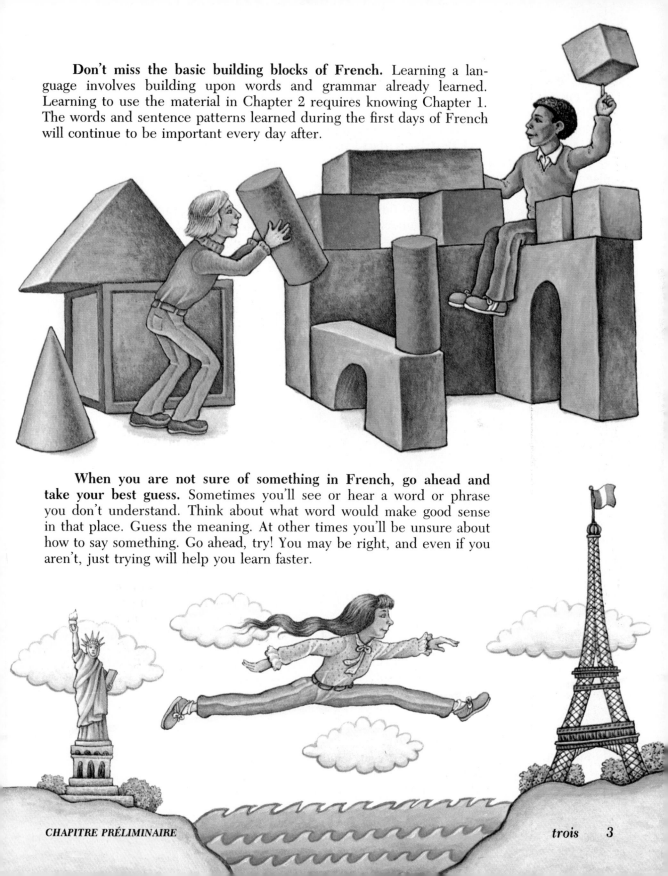

When you are not sure of something in French, go ahead and take your best guess. Sometimes you'll see or hear a word or phrase you don't understand. Think about what word would make good sense in that place. Guess the meaning. At other times you'll be unsure about how to say something. Go ahead, try! You may be right, and even if you aren't, just trying will help you learn faster.

Use What You Know Already

One of the nice things about learning French is that it has many similarities to English. In other words, you will be able to use what you already know about English to make learning French much easier.

A good example of the "head start" you have in choosing French as a new language is the number of French words you can already recognize when you see them written. And some French words, such as **bureau, buffet, boutique, chauffeur, à la carte,** and **à la mode,** are used every day in English. In addition, you probably have the ability to guess the meaning of a large number of *new* French words.

Look at the captions for the photographs below. You'll see much that looks familiar. In fact, you'll be able to *understand* a great deal already.

Additional words that students may know: **coup d'état, r.s.v.p., faux pas, protégé, parfait, crêpes, quiche, valet, coiffeur, exposé, elite, cuisine, cassette, chalet, chic, matinée, encore, bon voyage.**

Georges adore les blue jeans et les tee-shirts.

One of the first things you notice is that French uses the same alphabet as English. That is a tremendous head start, compared with languages that have completely different alphabets. You also notice that some words are spelled just like English words.

Now read the caption below the photograph at the left. You probably guessed that **et** means "and" because you expect blue jeans and tee shirts to be linked together like this. As you will see in Chapter 1, **les** doesn't have an English equivalent here. Your natural tendency to read past it was correct.

Here is another caption that you can easily understand, but which shows how you need to be flexible in understanding the meaning. The subject-verb-object word order is just like English. You also recognize **déteste** as similar to "detest," and **serpents** as "serpents." But an English speaker would probably use different words in expressing the same meaning: *John hates snakes.* Thus, rigid word-by-word translation, though it may help you to understand, does not always give you the words you would use in English. Be flexible. Think of other ways to express the meaning.

Jean déteste les serpents.

Agnès regarde la télévision pendant le dîner.

Not all French words and sentence patterns will be familiar to you. New words and new grammar must be learned. In the caption at the left, for instance, you will probably be able to guess the correct meaning of **regarde**, but not that **pendant** means "during."

Notice the accent marks. The different accent marks are a part of French spelling. In a sense, **e**, **é** (**accent aigu**), **è** (**accent grave**), and **ê** (**accent circonflexe**) are four different letters. As you will learn, accent marks are often a clue to the pronunciation of French words.

As you have seen, there are many words and sentence patterns in French that resemble English. Other aspects of French will be very different. For instance, when your teacher reads the captions aloud, you will hear sounds different from what you expect. A number of sounds in French are not used at all in English.

At the beginning of your study of French, make a special effort to recognize and to pronounce the new sounds. It will be a big help in learning French, a language now spoken in some thirty-five countries of the world.

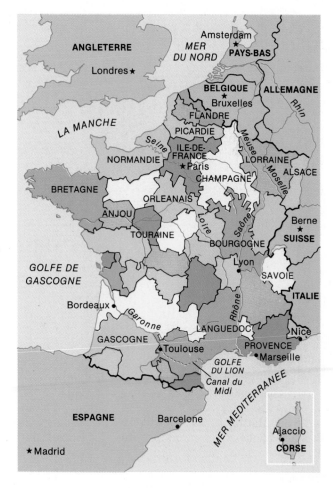

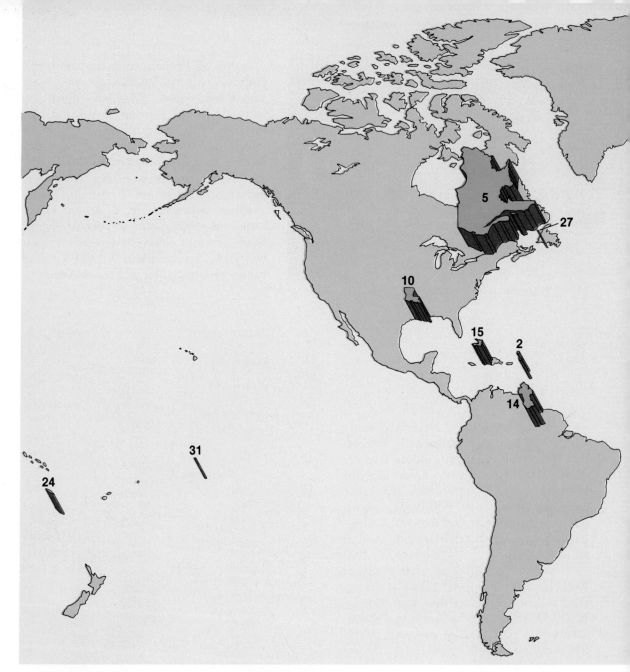

1. l'Algérie	**5.** le Canada (le Québec)	**11.** la France
2. les Antilles (la Guadeloupe, la Martinique, Saint-Martin)	**6.** le Congo **7.** la Corse **8.** la Côte-d'Ivoire **9.** le Dahomey (le Bénin)	**12.** le Gabon **13.** la Guinée **14.** la Guyane **15.** Haïti
3. la Belgique **4.** le Cameroun	**10.** les États-Unis	**16.** la Haute-Volta

Point out that the names of most countries are similar in French and in English.

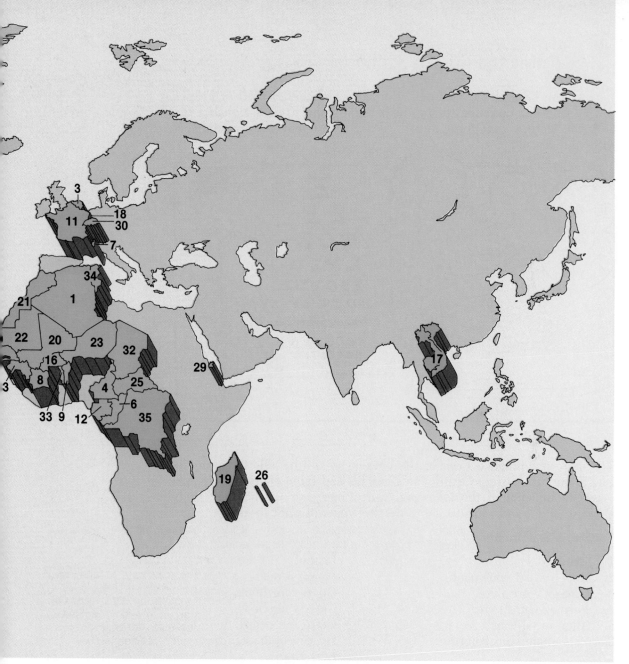

17. l'Indochine
(le Cambodge,
le Laos,
le Viêt-Nam)
18. le Luxembourg
19. la République Malgache
20. le Mali
21. le Maroc

22. la Mauritanie
23. le Niger
24. la Nouvelle-Calédonie
25. la République Centrafricaine
26. la Réunion
27. Saint-Pierre et Miquelon
28. le Sénégal
29. les Somalis (Djibouti)

30. la Suisse
31. Tahiti
32. le Tchad
33. le Togo
34. la Tunisie
35. le Zaïre

Learning the French Alphabet

As you have already learned, the same alphabet is used in French and in English. Learning to say the letters of the French alphabet can help you learn to say French words. Practice pronouncing the alphabet with your teacher.

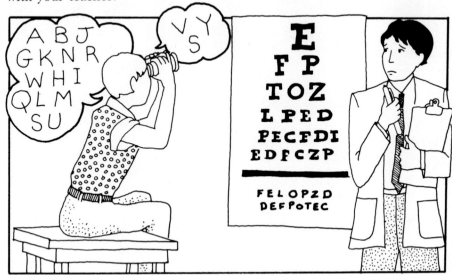

Have students imagine that they have gone to an optometrist in France and are reading an eye chart.

Useful Classroom Expressions

Have students practice pronouncing these expressions.

The more you practice French, the better you will be able to communicate. Routine classroom expressions can be said immediately in French. Learn to understand the following expressions your teacher will probably use often, and learn to say those that you will want to use.

Teacher's Statements

Check students' understanding while practicing by having students follow the directions or by giving the English equivalents.

1. Écoutez! — Listen!
2. Répétez, s'il vous plaît. — Please repeat.
3. Ouvrez votre livre. — Open your book.
4. Fermez votre livre. — Close your book.
5. Allez au tableau. — Go to the board.
6. Est-ce que vous comprenez? — Do you understand?

You may want to add other expressions that are used in the classroom, such as **passe-moi un crayon, passe-moi du papier, est-ce que je peux sortir?, j'ai oublié.**

If you want to introduce **Qu'est-ce que c'est?** and classroom objects, see p. 44.
If you want to introduce the numbers 1–20, see p. 53.

Student's Statements

1. Oui. — Yes.
2. Non. — No.
3. Je ne comprends pas. — I don't understand.
4. Répétez, s'il vous plaît. — Please repeat.
5. Comment dit-on . . . ? — How do you say . . . ?
6. Je ne sais pas. — I don't know.

A description of how to produce nasal sounds will help some students.

For further practice, ask students to spell their own names, names of television personalities, or names of their favorite singers or rock groups.

French Names

Study the following French names. Learn to recognize them when you hear them. You may also want to use one of these French names.

Je m'appelle . . .

Alain	Jérôme
Alexandre	Joseph
André	Julien
Antoine	Laurent
Armand	Louis
Bernard	Luc
Bertrand	Marc
Charles	Marcel
Christophe	Mathieu
Claude	Maurice
Daniel	Michel
David	Nicolas
Denis	Olivier
Didier	Patrick
Édouard	Paul
Étienne	Philippe
François	Pierre
Frédéric	Raymond
Gabriel	René
Georges	Richard
Gérard	Robert
Gilbert	Roger
Gilles	Serge
Grégoire	Thomas
Guillaume	Vincent
Guy	Yves
Henri	
Jacques	
Jean	
Jean-Claude	
Jean-Luc	
Jean-Marc	
Jean-Marie	
Jean-Paul	

Je m'appelle . . .

Agnès	Jacqueline	Odette
Alice	Janine	Paulette
Andrée	Jeanne	Pauline
Anne	Liliane	Renée
Annick	Lucette	Simone
Annie	Madeleine	Solange
Bernadette	Marguerite	Sophie
Brigitte	Marianne	Suzanne
Caroline	Marie	Sylvie
Catherine	Marie-Anne	Thérèse
Cécile	Marie-Christine	Valérie
Chantal	Marie-Claire	Véronique
Christine	Marie-France	Yvette
Claire	Marthe	
Claudine	Martine	
Colette	Micheline	
Danielle	Michelle	
Denise	Mireille	
Diane	Monique	
Dominique	Nadine	
Élise	Natalie	
Fabienne	Nicole	
Françoise		
Gisèle		
Hélène		
Isabelle		

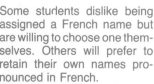

Some students dislike being assigned a French name but are willing to choose one themselves. Others will prefer to retain their own names pronounced in French.

Saying Hello

Get to know other people in your class better, and begin speaking French right away. But first, listen carefully to your teacher's pronunciation.

To say hello to another student

Salut, Sylvie.

You may wish to point out that French people almost always shake hands when they meet or say goodbye.

Bonjour, mademoiselle.

Bonjour, Chantal.   Salut, Marc.

To say hello to adults

Bonjour, monsieur.

10   dix

Bonjour, madame.

To ask another student's name

Comment t'appelles-tu?   Je m'appelle Jean-Paul.

Tu t'appelles comment? is more colloquial, and you may want students to practice this form.

Bonjour! Say hello to other students in your class. Tell them your name and ask their name.

EXEMPLE   Bonjour. Je m'appelle David. Comment t'appelles-tu?

What to say after saying hello

After saying hello, people usually ask each other how they are. Here are some expressions you'll need to know.

To ask how a friend is

Salut, Jérôme. Ça va?
Oui, ça va bien. Et toi?
Pas mal, merci.

Hi, Jerome. How are things?
Fine. And you?
Not bad, thanks.

To ask how someone is in a more formal way

The **tu/vous** distinction is discussed on p. 22 and need not be emphasized here. A useful convention is to have students use **vous** with the teacher and **tu** with each other.

Comment allez-vous, madame?
Très bien, merci. Et vous?
Oh, pas très bien.

How are you?
Fine, thank you. And you?
Oh, not very well.

To say good-bye to someone

À demain, Roméo.

Au revoir, Juliette.

See you tomorrow, Romeo.

Good-bye, Juliet.

Activités

A. **Ça va?** Ask other students how they are and then tell them how
   you are.

   EXEMPLE   —Ça va, Jacques?
   —Pas mal. Et toi?
   —Très bien.

B. **Bonjour et au revoir.** What would you answer if a French-speaking person said the following things to you?

> EXEMPLE   Comment t'appelles-tu?
> Je m'appelle Roger.

1. Comment allez-vous?
2. Ça va?
3. Au revoir.
4. Salut.
5. Bonjour. Je m'appelle Solange.
   Et vous?

C. **À Montréal.** Imagine that you are attending school in Montreal on an exchange program and you meet people who greet you. How would you respond?

1. MONSIEUR DUVALIER   Bonjour, mademoiselle (monsieur).
   VOUS   _____
   MONSIEUR DUVALIER   Comment allez-vous?
   VOUS   _____
   MONSIEUR DUVALIER   Très bien, merci. Au revoir, mademoiselle (monsieur).

2. ANDRÉ   Salut, je m'appelle André. Et toi?
   VOUS   _____
   ANDRÉ   Ça va?
   VOUS   _____
   ANDRÉ   Pas mal, merci.

LEARNING OBJECTIVES
- To name people and things one likes or dislikes:
  the definite article
- To talk about things we do: **-er** verbs and subject pronouns

PREMIER CHAPITRE

Getting to Know Others

1

INTRODUCTION

Bonjour!

It's the first day of class at Trois-Rivières High School in Quebec. Gilles and Sylvie are introducing themselves.

Bonjour.
Je m'appelle Gilles Simon.
J'adore le rock.   rock music
Mais je déteste la musique classique.   but
Et toi?

Have students note that **je** becomes **j'** before a vowel.

Bonjour.
Je m'appelle Sylvie Fontaine.
J'aime beaucoup l'école.   like/a lot/school
J'aime aussi les week-ends.   also

COMPRÉHENSION

Tell whether Gilles or Sylvie made the following statements.

1. J'aime beaucoup l'école.
2. J'adore le rock.
3. Je déteste la musique classique.
4. J'aime aussi les week-ends.

1. Sylvie
2. Gilles
3. Gilles
4. Sylvie

These Communication activities extend and personalize the material of the Introduction, while allowing students to begin practicing new vocabulary.

COMMUNICATION

Introduce yourself to another student. Using the vocabulary below, tell him or her a school subject that you really like (**j'adore**) and a subject you like (**j'aime**). Then, ask about the other person's preferences (**Et toi?**).

EXEMPLE   Bonjour. Je m'appelle Suzanne.
J'adore les maths, et j'aime l'histoire.
Et toi?

Have students repeat these words before doing the activity.

les maths
(les mathématiques)

l'histoire

la musique

l'anglais

le français

l'éducation physique

les sciences

Gender applying to nouns other than people may seem mystifying to students who
have never studied a foreign language. Remind students of the importance of learning
gender as well as meaning.

EXPLORATION

NAMING PEOPLE AND THINGS
USE OF THE DEFINITE ARTICLE

Présentation

When talking about likes and dislikes it is necessary to name people and
things. In English we simply say *I like music*, but in French you use a form
of the definite article.

- J'aime **la** musique.
- J'aime beaucoup **le** français.
- J'aime **les** week-ends.

In English, only names of people or animals are identified as masculine or
feminine. In French, however, all nouns—even names of things—are
masculine or feminine. The definite article must match the gender (masculine or feminine) and number (singular or plural) of the noun. Here are
the forms of the definite article.

Point out that **le professeur** refers to both men and women.

	SINGULAR	PLURAL
Point out that most nouns form their plural by adding *s*. Before masculine nouns	**le** professeur	**les** professeurs
Before feminine nouns	**la** classe	**les** classes
Before any noun beginning with a vowel sound	**l'**école	**les** écoles

Point out that **liaison** occurs frequently in French. Have students note that the symbol ‿ along
with an indication of sound will be used to show **liaison,** but that this symbol is not written.

Vocabulaire

Some things you may want to talk about:

(1) Have students repeat these nouns with their articles. (2) You may also want to give
students the noun without the article and have them provide the definite article
(e.g., **radio** → **la radio; vacances** → **les vacances**).

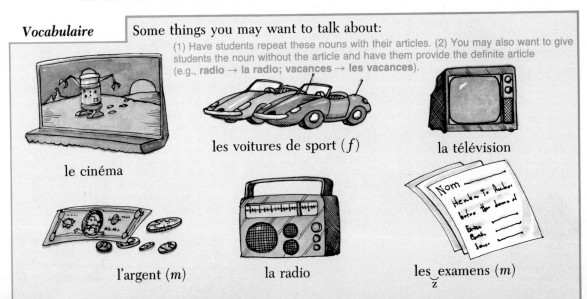

le cinéma

les voitures de sport (*f*)

la télévision

l'argent (*m*)

la radio

les‿examens (*m*)

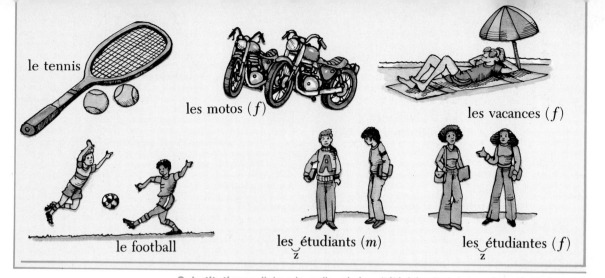

les motos (*f*)

le tennis

les vacances (*f*)

le football

les étudiants (*m*)

les étudiantes (*f*)

Substitutions: J'aime la radio. cinéma/télévision/tennis/musique/école/argent

A. To express degrees of liking or disliking: J'adore les week-ends. vacances/motos/voitures de sport

je déteste

j'aime

j'aime beaucoup

j'adore

B. To agree or disagree with someone else's preference, begin your sentence with **Moi aussi** (*Me, too*) or **Pas moi** (*Not me*).

> EXEMPLE   Moi aussi, j'adore le rock.
> Pas moi, je déteste le rock.

Préparation

A. Les Préférences de Danielle. Danielle is talking about some of the things she likes. What does she say?

> MODÈLE   Le tennis?
> **J'aime le tennis.**

1. La télévision?
2. L'école?
3. Les motos?
4. Le français?
5. L'anglais?
6. Les vacances?
7. La musique?
8. Les week-ends?

The answer to each is **j'aime** . . . .

B. Pas moi! Nicole is talking about the things she dislikes. What does she say?

MODÈLE   La télévision?
Je déteste la télévision.

The answer to each is **je déteste** . . . .

1. Les motos?
2. Le cinéma?
3. L'histoire?
4. La musique classique?
5. Les examens?
6. L'école?
7. Le football?
8. L'argent?

C. Moi aussi/Pas moi. Luc, Chantal, and Michel are talking about their interests. Chantal always agrees with Luc, but Michel never does.

MODÈLE   LUC   J'aime les maths.
          CHANTAL   **Moi aussi, j'aime les maths.**
          MICHEL   **Pas moi, je déteste les maths.**

LUC   J'aime la musique classique.
CHANTAL   —————
MICHEL   —————

LUC   J'aime l'éducation physique.
CHANTAL   —————
MICHEL   —————

LUC   J'aime les motos.
CHANTAL   —————
MICHEL   —————

LUC   J'aime la radio.
CHANTAL   —————
MICHEL   —————

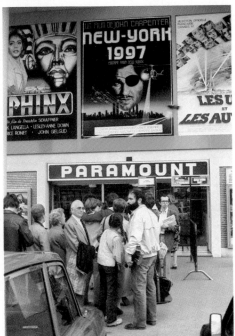

Chantal says **Moi, aussi** . . . each time, and Michel says **Pas moi** . . . .

You may want to assign roles to students.

D. J'adore . . . Colette is talking about her favorite things. Tell what she says.

MODÈLE   vacances
J'adore les vacances.

1. musique
2. maths
3. voitures de sport
4. tennis
5. cinéma
6. histoire
7. argent
8. français

Communication

A. Et toi? Tell what you like and dislike.

J'adore . . .

J'aime beaucoup . . .

J'aime . . .

Je déteste . . .

B. Préférences Tell another student what you like and then ask whether he or she likes the same thing.

EXEMPLES   J'aime la musique. Et toi?
Pas moi! Je déteste la musique.

J'aime le football. Et toi?
Moi aussi! J'aime le football.

musique   WEEK-ENDS   motos   ?
FOOTBALL   examens
vacances   tennis   CINÉMA
?   école   voitures de sport

Interlude/Culture

Gestures are an important part of communication in all cultures, and each culture has its own particular gestures with their own specific meanings. Sometimes the gesture used to signify the same meaning varies greatly from one culture to another, and sometimes the same gesture has very different meanings in two cultures. Two of the French gestures below are used to indicate liking or approval and one to indicate disliking or disapproval. Can you tell which is the unfavorable gesture?

Mon œil is somewhat similar to "You've got to be kidding" or "You're not fooling me."

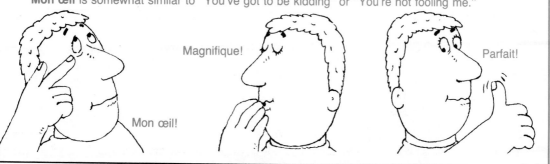

Magnifique!

Parfait!

Mon œil!

EXPLORATION

> ⚜ **TALKING ABOUT THINGS WE DO**
> **USING -ER VERBS AND SUBJECT PRONOUNS**

Présentation

You have already learned how to talk in French about what you like and dislike. But sometimes you will want to tell what you and other people do or like to do. To say this, you need verbs to describe actions and subject pronouns (such as *he, she, it, they*) to tell who does the action.

Most verbs in French end in **er** (**aimer**, *to like;* **détester**, *to hate;* **parler**, *to speak*). This form of the verb is the infinitive. The stem of the verb is the infinitive minus **er** (**parler** → **parl**). To use a verb in French, you will need to add different endings to the stem of the verb and use the appropriate subject pronoun. The following table shows these subject pronouns and the written endings for **-er** verbs.

parler

SINGULAR			PLURAL		
I	je	parl**e**	*we*	nous	parl**ons**
you	tu	parl**es**	*you*	vous	parl**ez**
he, she or *it*	il/elle	parl**e**	*they*	ils/elles	parl**ent**

You may wish to explain the terms *person* and *number*.

Using the Pronouns

A. **Tu** is a "familiar" form of address. It is used with a person you know well (for example, with a family member or close friend), a young child or a pet. **Vous** is a polite form usually used with a person you don't know well, especially an older person. **Vous** is also used whenever you are talking to two or more persons.

B. **Il** and **ils** are the singular and plural forms referring to masculine nouns.

Il aime le frisbee.

Ils aiment les motos.

C. **Elle** and **elles** refer to feminine nouns.

Elle aime les voitures de sport.

Elles adorent les sciences.

D. **Ils** is also used to refer to a mixed group.

E. Infinitives can often be used along with other verbs.

Ils détestent les spectateurs.

Nous aimons danser.

Vocabulaire

danser	to dance	**parler**	to speak
écouter	to listen to	**regarder**	to look at, watch
étudier	to study	**travailler**	to work

A. **Et vous?** Monsieur Lamoureux is answering a telephone survey about his weekend activities. What answers does he give?

> MODÈLE   Vous regardez la télévision?
> **Oui, je regarde la télévision.**

1. Vous étudiez l'anglais?
2. Vous travaillez?
3. Vous dansez?
4. Vous parlez anglais?
5. Vous écoutez la radio?
6. Vous regardez la télévision?

1. J'étudie
2. Je travaille
3. Je danse
4. Je parle
5. J'écoute
6. Je regarde

B. **Le week-end.** Janine is telling Mireille about some of her favorite things. What does Janine say?

> MODÈLE   Le tennis?
> **Oui, j'aime le tennis.**   All answers begin with **Oui, j'aime** . . . .

1. La musique?
2. La radio?
3. La télévision?
4. Les maths?
5. Le football?
6. Les voitures de sport?

C. **La famille Grillot.** The Grillot family is spending an evening at home. Tell what each family member is doing by using the correct form of the verb and the appropriate subject pronoun.

> MODÈLE   Jean-Claude / écouter la radio
> **Il écoute la radio.**

1. Monique / étudier les sciences
2. Monsieur Grillot / regarder la télévision
3. Valérie / travailler
4. Anne-Marie / parler anglais
5. Paul / écouter la radio
6. Paul et Valérie / danser

1. Elle étudie
2. Il regarde
3. Elle travaille
4. Elle parle
5. Il écoute
6. Ils dansent

D. **Monsieur et Madame Grillot.** Paul Grillot is talking to a friend about his parents. What does he say?

> MODÈLE   regarder la télévision
> **Ils regardent la télévision.**

1. travailler beaucoup
2. écouter la radio
3. détester le rock
4. aimer le cinéma
5. parler anglais
6. étudier aussi l'anglais

1. Ils travaillent
2. Ils écoutent
3. Ils détestent
4. Ils aiment
5. Ils parlent
6. Ils étudient

Point out that the article is not used with **parler**.

E. **Christine et Jeanne.** Christine asks her new friend Jeanne what she does after school. What does she ask?

> MODÈLE   étudier les sciences
> **Tu étudies les sciences?**

1. écouter la radio
2. travailler beaucoup
3. regarder la télévision
4. parler anglais
5. étudier l'histoire
6. étudier le français

1. Tu écoutes
2. Tu travailles
3. Tu regardes
4. Tu parles
5. Tu étudies
6. Tu étudies

F. **Et le professeur?** A student reporter is asking a teacher what her interests are. What does the reporter ask?

> MODÈLE   aimer la musique
> **Vous aimez la musique?**

1. étudier la musique
2. écouter la radio
3. regarder la télévision
4. aimer le rock
5. danser
6. aimer le football

1. Vous étudiez
2. Vous écoutez
3. Vous regardez
4. Vous aimez
5. Vous dansez
6. Vous aimez

G. **Et vous?** Amadou, an exchange student from Senegal, is asking his friends some questions about their activities. What do they answer?

> MODÈLE   Vous étudiez le français?
> **Oui, nous étudions le français.**

1. Vous aimez les voitures de sport?
2. Vous regardez beaucoup la télévision?
3. Vous écoutez la radio?
4. Vous étudiez l'histoire?
5. Vous travaillez beaucoup?
6. Vous aimez danser?

1. Nous aimons
2. Nous regardons
3. Nous écoutons
4. Nous étudions
5. Nous travaillons
6. Nous aimons

H. **Nous parlons français.** Thérèse has just arrived from Haiti and wants to find out who speaks French. Answer her questions.

> MODÈLE   Je parle français. Et vous?
> **Nous parlons français aussi.**

1. Et Sylvie?
2. Et Georges?
3. Et Jean et Suzanne?
4. Et Paul et Vincent?
5. Et toi?
6. Et le professeur?
7. Et Christine et Anne?
8. Et Richard?

1. Elle parle
2. Il parle
3. Ils parlent
4. Ils parlent
5. Je parle
6. Il parle
7. Elles parlent
8. Il parle

I. **Activités variées.** A group of students is talking about what they like to do. What do they say?

> MODÈLE   Richard / aimer danser
> **Il aime danser.**

1. Je / aimer danser
2. Nous / aimer étudier
3. Tu / aimer travailler
4. Chantal / aimer écouter la radio
5. Les étudiants / aimer la musique classique
6. Chantal et Pierre / aimer écouter la radio
7. Vous / aimer regarder la télévision
8. Les professeurs / aimer parler
9. Paul et Christine / aimer danser
10. Véronique et Claire / aimer étudier

1. J'aime
2. Nous aimons
3. Tu aimes
4. Elle aime
5. Ils aiment
6. Ils aiment
7. Vous aimez
8. Ils aiment
9. Ils aiment
10. Elles aiment

Centre de **danse** du marais

SIX STUDIOS - 40 Professeurs
TOUTES DISCIPLINES
Non stop de 9 h 30 à 20 h 30 — Cours à la carte
LOCATIONS DE STUDIOS
41, rue du Temple, 75004 PARIS (Mᵉ : Hôtel-de-Ville)
(1) 277.58.19

J. **Occupations.** Describe what the people are doing in the following illustrations. You may wish to point out that **les Régnier** means the Régnier family.

Marie-Claire et moi, nous . . .
étudions les maths.

Les Régnier . . .
regardent la télévision.

Georges et Danielle . . .
dansent.

Tu . . .
écoutes la radio.

Jean-Luc et moi, nous . . .
étudions le français.

Communication

A. **Activités.** Using the suggestions provided, make a list of your favorite activities and interests. Then share the list with your classmates.

EXEMPLE   J'écoute la radio.

Suggestions: parler, écouter la radio, étudier (le français, l'anglais, l'histoire, etc.), regarder la télévision, travailler, danser

B. **Interview.**   Using the list of activities that you prepared in *Communication* A, tell another student what you do and ask if he or she does the same thing. Keep track of what your partner says.

> EXEMPLE   J'écoute la radio. Et toi?
> Pas moi!
> Moi aussi!

Then report back to the class the activities that you and your partner share.

> EXEMPLE   Nous écoutons la radio.

C. **Les étudiants américains.**   Imagine that a French-speaking student has asked you to describe several typical activities that American students like. What would you say?

> EXEMPLE   Nous aimons regarder la télévision.

Because *Communication C* is particularly open-ended, you might want to remind students that they can refer to previous activities for ideas and for vocabulary words that they may not remember.

Interlude/Culture

What do you think the attitudes and preferences of French teenagers are about these questions?

1. What French teenagers want to buy the most is a . . .

    (a) boat   (b) car   (c) motorcycle.

2. If they had more money, most French teenagers would prefer to . . .

    (a) save money   (b) buy books and records   (c) purchase stereo equipment.

3. In recent years French teenagers' interest in politics has . . .

    (a) increased   (b) decreased   (c) stayed the same.

4. When asked if they hope to marry one day, the majority of French teenagers answered . . .

    (a) yes   (b) no   (c) don't know.

Réponses: 1. b; 2. a; 3. b; 4. a.

EXPLORATION

⚜ *QUALIFYING WHAT WE SAY*
USING ADVERBS

═ Présentation ═══════════════════════════

Often we want to say more than a simple affirmative statement. To do this we can use adverbs such as *often*, *always*, or *sometimes* to qualify or modify what we say. You have already learned to use **beaucoup** (*a lot*). Here are other useful qualifying words.

rarement (rarely)   **quelquefois** (sometimes)   **souvent** (often)   **toujours** (always)

These adverbs usually come after the verb.

- Nous travaillons beaucoup.
- Claude étudie rarement.
- Chantal regarde souvent la télévision.
- J'écoute quelquefois la radio.

Substitutions: Paul étudie rarement. parle/ danse/travaille   Nous travaillons beaucoup.   parlons/étudions/dansons   Je travaille quelquefois. souvent/rarement/toujours/beaucoup   Tu regardes souvent la télévision. écoutes la radio/ parles français/ étudies l'histoire

Il étudie rarement.

Elle étudie quelquefois.

Il étudie souvent.

Elle étudie toujours.

═ Préparation ═══════════════

A. **Moi aussi.** Marc and Véronique are talking about some of the things they do. Véronique enjoys the same activities as Marc. Tell what she says.

> MODÈLE   Je travaille beaucoup.
> **Moi aussi, je travaille beaucoup.**

1. Je danse rarement.
2. J'étudie souvent.
3. Je regarde souvent la télévision.
4. J'écoute quelquefois la radio.
5. Je parle beaucoup.
6. J'écoute toujours.

All answers begin with
Moi aussi, je . . .

B. **Et vous?** Henri is asking Marie-Lise and her sister what they enjoy doing. What do they say?

> MODÈLE   Je travaille souvent. Et vous? (rarement)
> **Nous travaillons rarement.**

1. Je danse quelquefois. Et vous? (souvent)
2. J'étudie beaucoup. Et vous? (quelquefois)
3. Je regarde rarement la télévision. Et vous? (souvent)
4. J'écoute quelquefois la radio. Et vous? (toujours)
5. Je parle beaucoup. Et vous? (rarement)

═ Communication ═══════════════

Rarement ou toujours . . . ? Using the scale below, tell how often you do these activities.

rarement	quelquefois	souvent	toujours

> EXEMPLE   regarder la télévision
> Je regarde souvent la télévision.

1. étudier
2. danser
3. écouter la radio

4. travailler
5. écouter le professeur
6. regarder la télévision

Do you know what the second-largest French-speaking city in the world is? To find out, complete the sentences below and fill in the graph. (Do not write in this book.)

1 A	I	M	E	Z			
2 É	C	O	U	T	E	N	T
3 D	A	N	S	E	R		
4 D	É	T	E	S	T	E	
5 R	E	G	A	R	D	O	N	S
		6 É	T	U	D	I	E	
7 T	R	A	V	A	I	L	L	E	S
8 P	A	R	L	O	N	S	

1. Vous __ __ __ __ __ les week-ends?

2. Ils __ __ __ __ __ __ __ __ la radio.

3. J'aime __ __ __ __ __ __, mais je déteste travailler.

4. Elle __ __ __ __ __ __ __ la musique classique.

5. Nous __ __ __ __ __ __ __ __ __ la télévision.

6. J'__ __ __ __ __ __ l'histoire.

7. Tu __ __ __ __ __ __ __ __ __ __ beaucoup.

8. Nous __ __ __ __ __ __ __ anglais.

EXPLORATION

DISAGREEING OR EXPRESSING A NEGATIVE IDEA
THE NEGATIVE

═ Présentation ═

Knowing how to disagree or express an idea that is different from someone else's is an important part of communication. In English we usually
use *not* to make a negative statement. In French two words are used:
ne and **pas**. The **ne** precedes the verb and the **pas** follows it.

AFFIRMATIVE	NEGATIVE
Je travaille.	Je **ne** travaille **pas**.
Nous regardons la télévision.	Nous **ne** regardons **pas** la télévision.
Il déteste danser.	Il **ne** déteste **pas** danser.

When the verb begins with a vowel sound, the **e** of **ne** is dropped and
replaced by an apostrophe.

- Chantal **n'**étudie **pas**.
- Jean-Louis **n'**aime **pas** regarder la télévision.
- Je **n'**écoute **pas** souvent.

To communicate the idea of *never*, use **ne . . . jamais**.

- Anne **ne** travaille **jamais**.

Répétition: Je n'aime pas danser. tu/il/elle/nous/vous/ils/elles
Substitution: Je ne danse pas beaucoup. tu/il/elle/nous/vous/ils/elles
Transformation: (affirmative to negative) Nous travaillons beaucoup. Tu travailles beaucoup. Je travaille beaucoup. Les étudiants travaillent beaucoup. Vous travaillez beaucoup. Anne travaille beaucoup.

Préparation

A. **Pas moi!** Jacques Lesage is the perfect student who always does everything right. Simon is just the opposite. Give Simon's negative answers to Jacques' statements.

> MODÈLE   Je travaille beaucoup. Et toi?
> **Je ne travaille pas beaucoup.**

1. J'aime étudier. Et toi?
2. Je parle souvent français. Et toi?
3. J'étudie beaucoup. Et toi?
4. J'écoute toujours le professeur. Et toi?
5. Je travaille beaucoup. Et toi?
6. J'aime beaucoup l'école. Et toi?

B. **Contradiction.** Richard Malcontent and his friends are in a bad mood. They contradict everything others say to them. How do they respond?

> MODÈLE   Paul aime regarder la télé.
> **Ah, non! Il n'aime pas regarder la télé.**

1. Nous travaillons beaucoup.
2. Le professeur parle beaucoup.
3. Marie-Louise danse souvent.
4. Les étudiants écoutent le professeur.
5. Nous détestons étudier.

1. Nous ne travaillons pas beaucoup.
2. Il ne parle pas beaucoup.
3. Elle ne danse pas souvent.
4. Ils n'écoutent pas.
5. Nous ne détestons pas étudier.

C. **Non, jamais!** Laurent is asking about the activities of some friends and finds out that they never do these things. Give their answers to his questions.

> MODÈLES   Vous regardez souvent la télé?
> **Non, nous ne regardons jamais la télé.**
>
> Tu regardes souvent la télé?
> **Non, je ne regarde jamais la télé.**

1. Les professeurs écoutent toujours?
2. Tu travailles beaucoup?
3. Paul parle beaucoup?
4. Hélène travaille quelquefois?
5. Nous regardons souvent la télé?
6. Vous dansez souvent?
7. Elles écoutent souvent la radio?
8. Vous parlez souvent français?

1. Les professeurs n'écoutent jamais.
2. Je ne travaille jamais.
3. Paul ne parle jamais.
4. Hélène ne travaille jamais.
5. Nous ne regardons jamais la télé.
6. Nous ne dansons jamais.
7. Elles n'écoutent jamais la radio.
8. Nous ne parlons jamais français.

A. Différences.   Imagine that a French-Canadian friend has made the following statements. Do you agree or disagree with them? If you disagree, use a negative expression such as **ne . . . pas** or **ne . . . jamais.** You may also use expressions such as **souvent, toujours, quelquefois,** or **rarement.**

> EXEMPLE   Tu étudies souvent.
>   Non, je n'étudie pas souvent; j'étudie rarement.

1. Tu détestes les voitures de sport.
2. Le professeur parle toujours français.
3. Les étudiants adorent les examens.
4. Tu regardes souvent la télévision.
5. Tu aimes l'école.
6. Tu aimes parler français.
7. Tu travailles beaucoup.
8. Tu étudies la musique.
9. Tu adores la musique classique.
10. Tu écoutes souvent la radio.

B. Réactions.   Make statements to other students in your class. They will agree or disagree with what you say. (Use the adverbs you know.)

> EXEMPLE   David, tu regardes souvent la télévision.
>   Oui, je regarde souvent la télévision.
>   Non, je regarde rarement la télévision.

C. Préférences et habitudes.   Using the vocabulary you have learned so far, make a list of statements about the things you don't like or don't do often.

> EXEMPLES   Je n'aime pas le tennis.
>   Je n'écoute jamais la radio.

One possible way to reward the winners is to give "homework passes," which may be turned in at some future time in place of a homework assignment. This activity encourages active listening—an important skill in communication.

D. Jeu.   Divide the class into competing teams. Members of one team will make statements about things they don't do or don't like to do. The other team must listen without taking notes and then recall as many of the statements as possible. The team that can remember the most statements about the other team's members is the winner.

PERSPECTIVES

Salut!

In a letter Serge Martin introduces himself to his American pen pal, who is just beginning to learn French.

Tell students they must use **chère** when writing to a girl.

> Cher Robert,
>
> Salut, je m'appelle Serge Martin. J'habite à Toulouse. J'étudie l'anglais, mais je ne parle pas bien. À l'école, nous étudions aussi les maths, les sciences, l'histoire, la géographie et le français. Nous travaillons beaucoup. J'adore l'éducation physique et les sports, mais je n'aime pas beaucoup l'école en général.
>
> Ici, les jeunes aiment beaucoup le rock et nous écoutons souvent Paul McCartney et les Bee Gees à la radio. Je ne regarde pas souvent la télévision, mais j'aime écouter la radio. Et toi?
>
> À bientôt,
> Serge Martin

dear

live in

in general
here/young
people

so long

COMPRÉHENSION

Identify each statement about Serge as either true (**vrai**) or false (**faux**). Correct each false statement.

1. Serge Martin habite à Trois-Rivières.
2. À l'école il étudie la géographie.
3. Serge Martin n'aime pas beaucoup le rock.
4. Les jeunes écoutent rarement Paul McCartney.
5. Serge Martin ne regarde pas souvent la télévision.

1. faux, à Toulouse
2. vrai
3. Faux, il aime beaucoup le rock.
4. faux, souvent
5. vrai

COMMUNICATION

A. **Serge Martin.** Imagine that you have received this letter from Serge. Tell another student about him.

> EXEMPLE   Il habite à Toulouse.

B. **Et vous?** Using Serge's letter as a guide, write a letter describing yourself, your likes and dislikes, what you study in school, and some of your activities. Then tell another student or the class some of the things that you wrote in your letter.

> EXEMPLE   J'étudie les sciences, les maths, et l'anglais.

C. **Détective.** The following items belong to Marianne Leclerc. Using these items as a guide, write sentences describing Marianne's interests and activities.

> EXEMPLE   Elle aime beaucoup le rock.

D. **Oui ou non?** Try to remember what other students in your class have said about their likes and dislikes, their activities, etc. Then make five statements about different people in your class. The rest of the class will decide whether you are right or wrong.

> EXEMPLE

Suzanne adore les voitures de sport.

Mais non! Elle déteste les voitures de sport. Elle aime les motos.

VOCABULAIRE DU CHAPITRE

NOUNS RELATED TO SCHOOL
la classe   class,
l'école (f)   school
l'étudiant (m)   student
l'étudiante (f)   student
l'examen (m)   test, examination
les jeunes (m)   young people
le professeur   teacher

NOUNS NAMING SCHOOL SUBJECTS
l'anglais (m)   English
l'éducation physique (f)   physical
   education
le français   French
la géographie   geography
l'histoire (f)   history
les mathématiques (f)   mathematics
la musique   music
les sciences (f)   science

**NOUNS RELATED TO LIKES AND
DISLIKES**
l'argent (m)   money
le cinéma   movie, show
le football   soccer
la moto   motorcycle
la radio   radio
le rock   rock
le sport   sports
la télévision   television
le tennis   tennis
le week-end   weekend
les vacances (f)   vacation
la voiture   car
la voiture de sport   sports car

PREPOSITIONS
à   to, in, at

CONJUNCTIONS (LINKING WORDS)
et   and
mais   but

ADJECTIVES (DESCRIPTIVE WORDS)
cher (m), chère (f)   dear
classique   classical

VERBS OF LIKING AND DISLIKING
adorer   to really like
aimer   to like, love
détester   to hate, dislike

VERBS DESCRIBING ACTIVITIES
danser   to dance
écouter   to listen to
étudier   to study
habiter   to live, live in
parler   to speak, talk
regarder   to look at, watch
travailler   to work

ADVERBS (WORDS THAT MODIFY)
aussi   also
beaucoup   a lot
bien   well
en général   in general
ici   here
ne . . . jamais   never
ne . . . pas   not
quelquefois   sometimes
rarement   rarely
souvent   often
toujours   always
très   very

EXPRESSIONS
à bientôt   so long
moi aussi   me too
pas moi   not me

LEARNING OBJECTIVES
- To find out information: **est-ce que**
- To identify objects: **qu'est-ce que c'est**
  and the indefinite article

DEUXIÈME CHAPITRE

Getting Information

INTRODUCTION

À Montréal

Qui a dit? Have students indicate whether Brigitte or Michelle made the following statements.

1. "Qu'est-ce que tu écoutes?" — Michelle
2. "Un disque de Paul Piché." — Brigitte
3. C'est un chanteur formidable." — Brigitte
4. "Moi, je préfère les chanteuses comme Diane Dufresne." — Michelle
5. "Il est numéro un au hit-parade." — Brigitte

Point out that in many countries customers can listen to records before buying them.

Brigitte et Michelle parlent <u>dans</u> <u>un</u> <u>magasin</u> <u>de</u> <u>disques</u>   in/a/record
à Montréal.   store

MICHELLE	<u>Qu'est-ce que</u> tu écoutes?	what
BRIGITTE	<u>Un</u> disque <u>de</u> Paul Piché.	a/of
MICHELLE	<u>De qui?</u>	who
BRIGITTE	De Paul Piché. <u>C'est</u> <u>un</u> <u>chanteur</u> <u>formidable</u>. Il est <u>numéro</u> <u>un</u> <u>au</u> hit-parade.	he is/singer great/number one/on
MICHELLE	Moi, je préfère* les chanteuses <u>comme</u> Diane Dufresne <u>ou</u> comme Fabienne Thibeault.	like or

Paul Piché is a popular French-Canadian folk/ rock singer from Montreal.

COMPREHÉNSION

Diane Dufresne is a rock singer who has appeared in musicals in Quebec. Fabienne Thibeault is a folk singer who revived traditional folk songs.

Complete the sentences below with the appropriate word or words from *À Montréal*.

Have students indicate whether each sentence i true (**vrai**) or false (**faux**). If false, have student correct it.

1. Michelle est dans un _____. 1. magasin de disques
2. Brigitte écoute un _____. 2. disque de Paul Piché
3. Paul Piché est un _____. 3. chanteur formidable
4. Il est _____ au hit-parade. 4. numéro un
5. Michelle préfère les _____ comme Diane Dufresne. 5. chanteuses

1. Brigitte écoute un disque de Diane Dufresne (faux, Paul Piché)
2. Paul Piché est un chanteur formidable. (vrai)
3. Il est numéro un au hit-parade. (vrai)
4. Michelle déteste les chanteuses comme Fabienne Thibeault. (Non; elle préfère Fabienne Thibeault.)

*__Préférer__ is a regular **-er** verb, except that in writing the second accent changes in all singular forms and in the **ils/elles** form: **je préfère, tu préfères, il/elle préfère, ils/elles préfèrent**, but **nous préférons, vous préférez.**

The communicative value of **préférer** is high, but the accents can be de-emphasized at this point.

Communication

Préférences. One of the ways to get information about a group of people is by means of a survey. Answer the following questions about what kind of music and entertainment you like. Then compare your answers to the answers given by other students. Do you agree or disagree with the majority?

Can be done by a show of hands or by individual student responses. Students can also interview each other **(Qu'est-ce que tu préfères—écouter la radio ou regarder la télévision?)** or respond in writing **(Je préfère . . . .).**

Qu'est-ce que vous préférez?

☐ écouter la radio
ou
☐ regarder la télé

☐ le rock
ou
☐ la musique classique

☐ les chanteuses comme Linda Ronstadt
ou
☐ les chanteuses comme Diana Ross

☐ les groupes comme Santana
ou
☐ les groupes comme Pink Floyd

☐ les chanteurs comme Paul McCartney
ou
☐ les chanteurs comme Kenny Rogers

☐ les disques
ou
☐ les cassettes

Because the popularity of singers and groups changes frequently, you may have other names to substitute for the ones given above.

EXPLORATION

 FINDING OUT INFORMATION
ASKING YES–NO QUESTIONS WITH *EST-CE QUE*

Show students the intonation pattern for **est-ce que** questions: **Est-ce que Chantal parle anglais?**

═══ Présentation ═══════════════════

When we want to get information, we usually ask questions. You have already seen that you can ask a question simply by raising your voice at the end of the sentence.

- Vous étudiez le français?
- Chantal parle anglais?

Another common way to ask a question when you expect the answer to be *yes* or *no* is to use **est-ce que** before a statement.

Statement	Question
Jacqueline travaille beaucoup.	**Est-ce que** Jacqueline travaille beaucoup?
Vous aimez danser.	**Est-ce que** vous aimez danser?

When the word following **est-ce que** begins with a vowel or vowel sound, **est-ce que** contracts to **est-ce qu'**.

- **Est-ce qu'**il habite ici?
- **Est-ce qu'**Henri aime les maths?

Est-ce que j'étudie? Non.

Est-ce que je parle français? Non.

Est-ce que je travaille? Non.

Est-ce que je regarde la télé? Oui!

40 *quarante*

Point out that the present often conveys a sense of future action: **Est-ce que j'étudie?** (*Shall I study?*)

ET VOUS?

Préparation

A. Répétez, s'il vous plaît. Some friends are talking in a record store. The music is so loud that they have to repeat their questions. What do they say?

> MODÈLE Tu aimes la musique?
> **Est-ce que tu aimes la musique?**

1. Vous écoutez un disque?   All answers begin with **Est-ce que** . . . .
2. Tu préfères les chanteurs ou les chanteuses?
3. Vous regardez souvent la télévision?
4. Vous préférez les cassettes?
5. Christine aime les disques de Paul Piché?
6. Vous travaillez ici?

B. Curiosité. Claudine is curious about Gérard, a new student in the class. Help her decide what to ask another student who already knows Gérard.

> MODÈLE aimer la musique
> **Est-ce qu'il aime la musique?**

1. habiter ici   All answers begin with **Est-ce qu'il** . . . .
2. aimer la musique classique
3. aimer danser
4. écouter souvent la radio
5. travailler beaucoup
6. étudier l'anglais

All answers begin with **Est-ce que vous** . .

C. Allô, Allô! Gisèle is phoning some friends to find out what they are doing tonight. Give her questions.

> MODÈLE écouter la radio
> **Est-ce que vous écoutez la radio?**

1. regarder la télévision
2. étudier
3. travailler
4. écouter un disque de Fabienne Thibeault
5. parler

Communication B:
You may want to answer student questions or, if possible, invite a French person to
class to answer these questions. You may also want to see if students can make up
other questions using vocabulary they know.

D. **Questions.** Vincent has just met some French students and wants
some information. What questions will he ask?

    MODÈLE   Tu / étudier l'anglais?
                 Est-ce que tu étudies l'anglais?

1. Michel / parler anglais
2. Tu / habiter à Paris
3. Vous / aimer danser
4. Tu / écouter souvent la radio
5. Vous / travailler beaucoup
6. Les étudiants / aimer la musique classique

1. parle
2. habites
3. aimez
4. écoutes
5. travaillez
6. aiment

Communication

A. **Interview.** Use the suggestions below to make questions for interviewing another student.

    EXEMPLE   aimer l'école
                  Est-ce que tu aimes l'école?

1. aimer le français
2. étudier l'histoire
3. préférer les sciences ou l'histoire
4. écouter souvent la radio
5. préférer regarder la télévision
6. aimer danser
7. travailler beaucoup

B. **Et les Français?** Imagine that you have just met an exchange student and want to ask the following questions about French teenagers.
What would you say?

    EXEMPLE   Do they study English?
                  Est-ce qu'ils étudient l'anglais?

1. Do they like rock music?
2. Do they prefer rock or classical music?
3. Do they watch television a lot?
4. Do they like to listen to the radio?
5. Do they like to dance?

French young people were asked to rank the types of music they liked. Here are the results.

Qu'est-ce que les étudiants français préfèrent?

1. la musique pop
2. les chansons folkloriques américaines
3. les chansons étrangères (*foreign*)
4. les chansons folkloriques françaises
5. la musique classique
6. le jazz
7. la musique folklorique d'Asie et d'Afrique
8. la musique classique moderne
9. la musique de la Renaissance

Et vous, qu'est-ce que vous préférez?

First have students list their own preferences and then ask them to compare their list with the choices of French teenagers. What similarities and differences do they see?

EXPLORATION

⚜ IDENTIFYING THINGS
QU'EST-CE QUE C'EST AND THE INDEFINITE ARTICLE

══ Présentation ══

When we see something new or we don't know the word for something, we may ask: *What's this?* or *What's that?* In French the question is **Qu'est-ce que c'est?**

If we ask about one object, the question may be answered by **c'est** and the French indefinite article **un** or **une. Un** and **une** are the equivalents of *a* or *an* in English. **Un** is used with a masculine noun and **une** with a feminine noun.

Qu'est-ce que c'est?
C'est un disque.
‿t

Qu'est-ce que c'est?
C'est une moto.
‿t

If we ask about several objects (*What are these?*, *What are those?*) the question is the same: **Qu'est-ce que c'est?**, but may be answered by **ce sont** and the French indefinite article **des. Des** is often the equivalent of **some** in English.

*Have students note that in English we may omit "some" and say, for example, These are sports cars, but in French **des** may not be omitted:* **Ce sont des voitures de sport.**

Qu'est-ce que c'est?
Ce sont des voitures de sport.

Qu'est-ce que c'est?
Ce sont des examens.
‿z

Exercices: 1. Repeat nouns in singular and then in plural **(un crayon → des crayons)**. 2. Give nouns with indefinite and have students give definite article **(un stylo → le stylo)**. 3. Give nouns with definite article and have students give indefinite article

Tell students that the plural of **bureau/ tableau** is formed by adding an **x**.
Some additional vocabulary: **la craie, l'effaceur** *(m)*, **la gomme**.

	SINGULAR	PLURAL
Masculine	**C'est un** disque. Ce n'est pas un livre.	**Ce sont des** disques. Ce ne sont pas des livres.
Feminine	**C'est une** cassette. Ce n'est pas une affiche.	**Ce sont des** cassettes. Ce ne sont pas des affiches.

(la porte → une porte). 4. Have students change nouns from singular to plural **(un cahier → des cahiers).** 5. Have students change nouns from plural to singular **(des livres → un livre).**

Vocabulaire

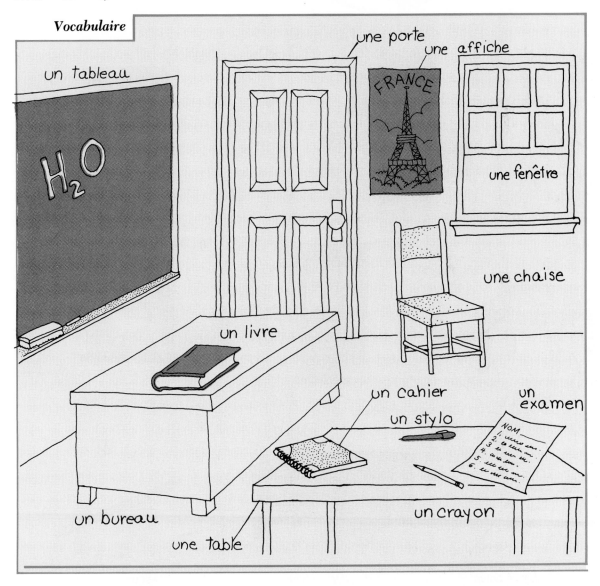

Préparation

A. **Qu'est-ce que c'est?** Name the items below.

MODÈLE Qu'est-ce que c'est?
C'est un livre.

1.

C'est un crayon.

2.

C'est une chaise.

3.

C'est une affiche.

4.

C'est une table.

5.

C'est une porte.

6.

C'est une fenêtre.

7.

C'est un examen.

8.

C'est un bureau.

9.

C'est un stylo.

B. **Est-ce que c'est . . . ?** It's Marie-Claire's birthday, and she's trying to guess what she is going to get. Give her parents' answers to her questions.

MODÈLE
Est-ce que c'est un disque?
Non, ce n'est pas un disque.

Est-ce que ce sont des affiches?
Non, ce ne sont pas des affiches.

1. Est-ce que c'est une voiture de sport?
2. Est-ce que c'est une moto?
3. Est-ce que ce sont des disques?
4. Est-ce que ce sont des affiches?
5. Est-ce que ce sont des livres?
6. Est-ce que c'est une radio?
7. Est-ce que c'est une télévision?

1. Non, ce n'est pas . . .
2. Non, ce n'est pas . . .
3. Non, ce ne sont pas . . .
4. Non, ce ne sont pas . . .
5. Non, ce ne sont pas . . .
6. Non, ce n'est pas . . .
7. Non, ce n'est pas . . .

Communication

A. **La salle de classe.** Using the vocabulary in the *Présentation*, point to an object and ask **Qu'est-ce que c'est?** or **Est-ce que c'est . . . ?**. Another student will name the object.

B. **Petit jeu.** Think of an object whose French name you know and write the word down on a piece of paper. The rest of the class will try to guess what the object is.

EXEMPLE
Est-ce que c'est un crayon?
Non, ce n'est pas un crayon.

Logical contextual guessing involves identifying the appropriate meaning of a smaller part of the reading by looking at a larger portion.

Interlude/Culture

Read the following advertisement for Europe 1, a French radio station. Although you won't be able to understand everything in it, you should be able to understand the key ideas.

Point out that **les minettes** here is slang for "the jet set" or "those in the know."

LES MINETTES ÉCOUTENT EUROPE 1.

Quand on est gai, dynamique, quand on aime la vie, la fête, les coups au cœur, on écoute EUROPE 1.

EUROPE 1, c'est chaque jour de la musique souvenir, de la musique d'aujourd'hui, de la musique de demain, les tubes qui marchent et qui galopent, de la pop au disco.

EUROPE 1, c'est la vie en musique, non stop!
EUROPE 1, De l'information. De la distraction. De la vie.

1. What type of audience does Europe 1 try to appeal to?
2. What are the main kinds of programs broadcast each day?
3. What kinds of music can listeners enjoy?
4. How long does Europe 1 broadcast each day?

EXPLORATION

DESCRIBING PEOPLE OR THINGS
***ÊTRE* WITH ADJECTIVES**

Présentation

One of the most common ways to describe people or things is to use the verb **être** (*to be*) with an adjective. Unlike the **-er** verbs you have studied, **être** does not follow a regular pattern. Here are the forms of this irregular verb.

Have students practice **être** and then have them repeat the items in the table.

	VERB	ADJECTIVE
Je	**suis**	modeste.
Tu	**es**	modeste.
Il/Elle	**est**	modeste.

	VERB	ADJECTIVE
Nous	**sommes**	modestes.
Vous	**êtes**	modeste(s).
Ils/Elles	**sont**	modestes.

Tell students that **modeste(s)** may be singular or plural depending on the number of **vous.**

Modeste is an example of a large group of French adjectives that end in **e**. The adjective adds an **s** when it describes a plural noun or pronoun, but it does not change to match the gender of the noun.

Vocabulaire Some useful adjectives like **modeste** appear below.

Have students repeat these adjectives.

célèbre famous	**jeune** young	**sévère** strict
bête dumb	**optimiste** optimistic	**stupide** stupid
difficile hard	**pessimiste** pessimistic	**triste** sad
facile easy	**pauvre** poor	**timide** shy
formidable great, fantastic	**riche** rich	
irrésistible irresistible	**sympathique** nice, friendly	

Il est pessimiste.

Elle est optimiste.

Préparation

A. Elle est formidable! Jean-Luc is talking about his girl friend Valérie. What does he say?

> MODÈLE sincère
> **Elle est sincère.**

1. modeste
2. sympathique
3. jeune
4. riche
5. optimiste
6. formidable
7. irrésistible
8. timide

B. Pauvre Hervé! Hervé is feeling sorry for himself today. What does he say?

> MODÈLE riche
> **Je ne suis pas riche.**

1. célèbre
2. optimiste
3. irrésistible
4. formidable
5. sympathique
6. riche

C. Mais non! Michel disagrees with Brigitte's opinions about school life. What does he say?

> MODÈLE Les professeurs sont sévères.
> **Mais non, les professeurs ne sont pas sévères.**

1. Les classes sont difficiles.
2. Les examens sont faciles.
3. Les étudiants sont bêtes.
4. Les étudiantes sont tristes.
5. Les professeurs sont riches.
6. Les étudiants sont timides.
7. Les jeunes sont pessimistes.

D. Nous ne sommes pas modestes! Several students are bragging about themselves and others. Tell what they say.

> MODÈLE je / modeste
> **Je suis modeste.** 1. es 2. suis 3. est 4. êtes 5. sont 6. sommes

1. tu / sympathique
2. je / riche
3. le professeur / formidable
4. vous / optimistes
5. Élise et Paul / célèbres
6. nous / irrésistibles

E. Contradictions. Suzanne disagrees with Marcel's comments about himself and others. Tell what she says.

> MODÈLE Je suis bête.
> **Mais non, tu n'es pas bête!**

1. Les professeurs sont sévères.
2. Tu es pessimiste.
3. Je suis pauvre.
4. L'anglais est facile.
5. Jeanne est triste.
6. Hervé est bête.
7. Je suis timide.
8. Nous sommes riches.

1. ne sont pas
2. Je ne suis pas
3. Tu n'es pas
4. L'anglais n'est pas
5. Jeanne n'est pas
6. Hervé n'est pas
7. Tu n'es pas
8. ne sommes pas / Vous n'êtes pas

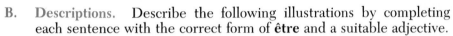

A. **Interview.**   Using the words below, make questions to ask another student. Then use your questions to interview a classmate.

> EXEMPLE   professeur / sévère
>   Est-ce que le professeur est sévère?

1. l'histoire / difficile
2. tu / optimiste
3. les professeurs / sympathiques
4. tu / irrésistible
5. tu / triste
6. le français / facile

B. **Descriptions.**   Describe the following illustrations by completing each sentence with the correct form of **être** and a suitable adjective.

> MODÈLE

Robert Lerocher est célèbre.

1.

Antoine . . .   est triste.

2.

Nous . . .   sommes pauvres.

3.

Monsieur Lavare . . .   est riche.

4.

Les Dupont . . .   sont sévères.

C. Les classes, les étudiants, et les professeurs. Tell whether you agree or disagree with the following statements about school life.

EXEMPLE Le français est difficile.
Oui, le français est difficile.
Mais non, le français est facile.

1. Les examens sont faciles.
2. Le professeur est sévère.
3. La classe est formidable.
4. Le français est facile.
5. Les étudiants sont tristes.

6. Les jeunes sont pessimistes.
7. Les professeurs sont sympathiques.
8. Le professeur est jeune.
9. Les maths sont faciles.

Interlude/Communication

Differences between languages are sometimes striking but at other times less obvious. One subtle difference between French and English is the way a French person often uses adjectives. For instance, instead of saying that something is "so-so" or "just okay," the French are more likely to say that it is "not great." Using the words you know, find other ways to express the following thoughts.

EXPLORATION

❧ ASKING HOW MUCH AND HOW MANY
NUMBERS 1–20 AND RELATED VOCABULARY

═ Présentation ═

The idea of *how much* and *how many* is closely linked to numbers. Here are the numbers from one to twenty in French.

1	un	6	six	11	onze	16	seize
2	deux	7	sept	12	douze	17	dix-sept
3	trois	8	huit	13	treize	18	dix-huit
4	quatre	9	neuf	14	quatorze	19	dix-neuf
5	cinq	10	dix	15	quinze	20	vingt

To ask how much something costs, use **combien** (*how much*) and the verb **coûter** (*to cost*).

> Combien coûte cette affiche?

> Elle coûte trois dollars.

Combien is also used in basic math problems. Note that the word for *equals* is **font** and that **et** is used for *plus* and **moins** for *minus*.

$$2 + 2 = ?$$
$$2 + 2 = 4$$

$$5 - 2 = ?$$
$$5 - 2 = 3$$

Point out that **plus** may also be used for *plus*.

Combien font deux et deux?

Deux et deux font quatre.

Combien font cinq moins deux?

Cinq moins deux font trois.

══Préparation ══

A. **Je suis riche!** Students are conducting an auction. Robert always bids a franc higher than the last bidder. Tell what he says.

> MODÈLE   dix francs
> **onze francs**

1. deux francs	**3.** huit francs	**5.** sept francs	**7.** dix-neuf francs
2. dix-huit francs	**4.** douze francs	**6.** trois francs	**8.** quatorze francs

write numbers 1–20. Read aloud in random order all the numbers except one. Students check off the numbers as they are read to identify the one number not included.

B. **Moi, je suis pauvre!** Marlène is bargaining at a flea market. She offers two francs less than the price the merchant gives her. What does she say?

> MODÈLE   dix-huit francs
> **seize francs**

1. dix francs
2. quatorze francs
3. cinq francs
4. onze francs
5. vingt francs
6. neuf francs
7. seize francs
8. huit francs

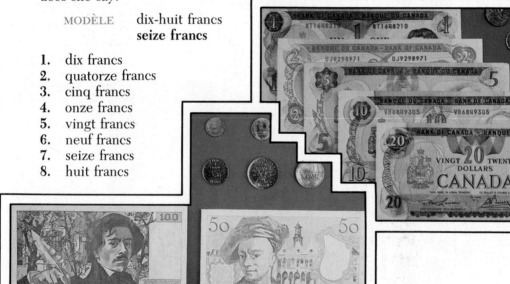

C. **Dans un magasin.** Sylvie is traveling in Canada and wants to know the price of sale items. She asks how much the following items cost. What does the clerk respond?

> MODÈLE   un livre de maths / $10
> **Combien coûte un livre de maths?**
> **Dix dollars.**   The teacher asks: Combien coûte / coûtent . . . ?

sept
deux
quatre
cinq

1. un disque de Paul Piché / $7	**5.** deux cahiers / $3	trois
2. dix crayons / $2	**6.** une radio / $18	dix-huit
3. un stylo / $4	**7.** trois cassettes / $12	douze
4. une affiche de Fabienne Thibeault / $5	**8.** un livre d'histoire / $11	onze

Communication

A. **Le Problème, c'est les maths!**   Students in Monsieur Al Gèbre's class are not very good with numbers. Can you help them out by correcting their answers?

> MODÈLE   Trois et deux font six.
> **Mais non! Trois et deux font cinq.**

1. Deux et cinq font quatorze.   sept
2. Douze moins trois font sept.   neuf
3. Trois et deux font douze.   cinq
4. Dix-huit et deux font neuf.   vingt
5. Sept moins six font trois.   un
6. Quatorze moins sept font dix.   sept

B. **Apprentis mathématiciens.**   With another student or group of students, make up and give each other addition or subtraction problems to solve.

> EXEMPLES   3 + 3 = ?   Combien font trois et trois?
> 4 − 2 = ?   Combien font quatre moins deux?

C. **Célébrités.**   First, write a list of popular singers or rock groups on the board. Then vote for your favorite singer. Count in French the votes for each singer. You may also want to take a survey of your favorite actors and actresses, cars, or school subjects.

PERSPECTIVES

Tell students that **est-ce que** can be used with other question words, such as **où** and **quand**. Point out that a statement can be made into a question by adding **n'est-ce pas?**.

Un reporter parle avec Robert Duprès, un jeune chanteur.

with

LE REPORTER	Où est-ce que vous chantez maintenant?
ROBERT DUPRÈS	Dans un club à Strasbourg.
LE REPORTER	Vous espérez* chanter à Paris un jour?
ROBERT DUPRÈS	Bien sûr. Tout le monde désire chanter à Paris.
LE REPORTER	Vous chantez avec un groupe, n'est-ce pas?
ROBERT DUPRÈS	Oui, nous sommes trois. Sophie, Bertrand, et moi. Sophie compose la musique. C'est aussi une chanteuse formidable. Quand elle chante, elle est irrésistible.
LE REPORTER	Vous espérez être célèbre un jour?
ROBERT DUPRÈS	Oui, je suis optimiste.

where/do you sing/
now

hope/day

of course/everyone/wants

don't you?

when

****Espérer** is conjugated like **préférer**:
**J'espère, tu espères, il/elle espère;
nous espérons, vous espérez;
ils/elles espèrent.**

This activity may also be used to check comprehension of the *Perspectives*. 1. Où est-ce que Robert chante? (dans un club à Strasbourg) 2. Où est-ce qu'il espère chanter un jour? (à Paris) 3. Robert chante avec un groupe, n'est-ce pas? (oui) 4. Est-ce que Robert compose la musique? (non, Sophie) 5. Est-ce que Robert espère être célèbre un jour? (oui)

COMPRÉHENSION

Complete the following statements about Robert and his group.

1. Maintenant Robert chante . . . .
2. Robert espère . . . .
3. Quand elle chante, Sophie est . . . .
4. Robert espère être célèbre un jour; il est . . . .

1. dans un club à Strasbourg
2. chanter à Paris un jour
3. une chanteuse formidable
4. optimiste

COMMUNICATION

A. **Portrait d'un chanteur.** Using the interview as a guide, write a paragraph describing Robert Duprès and his group.

> EXEMPLE   C'est un chanteur. Il travaille dans un club
> à Strasbourg.

B. **Vous êtes le reporter.** Imagine that you are interviewing the lead singer of a rock group. You may use the questions used by the reporter in the *Perspectives* interview or questions of your own. Tell also what the lead singer answers.

VOUS   Où est-ce que vous travaillez maintenant?
LE CHANTEUR   Nous chantons dans un club à Québec.
VOUS   _____
LE CHANTEUR   _____
VOUS   _____
LE CHANTEUR   _____
VOUS   _____
LE CHANTEUR   _____
VOUS   _____
LE CHANTEUR   _____

Comm. B
Divide the class into groups and have each group write questions and answers for an interview. You may wish to select certain interviews to share with the entire class by placing them on duplicating masters and transparencies.

C. **Interview.** Ask questions using the words below. Then use these questions to interview another student or group of students.

> EXEMPLE   préférer écouter des disques ou écouter la radio
> Est-ce que tu préfères écouter des disques ou
> écouter la radio?

1. aimer chanter
2. aimer la musique classique
3. préférer le rock ou la musique classique
4. espérer être riche un jour
5. désirer être célèbre
6. désirer chanter avec un groupe.

VOCABULAIRE DU CHAPITRE

CLASSROOM ITEMS
l'affiche (f) poster
le bureau desk
le cahier notebook
la chaise chair
le crayon pencil
la fenêtre window
le livre book
la porte door
la salle room
le stylo pen
la table table
le tableau chalkboard

NOUNS RELATED TO MUSIC
la cassette cassette
le chanteur (m) singer
la chanteuse (f) singer
le club club
le disque record
le groupe band
le hit-parade hit parade

OTHER NOUNS
le dollar dollar
l'interview (m) interview
le jour day
le magasin store
le numéro number
tout le monde everybody

PREPOSITIONS
au to, to the
avec with
comme like, as
dans in, into
de of, from

MATHEMATICAL EXPRESSIONS
font make, equal
moins minus, less

VERBS
c'est it is, that is
ce sont they are, these are
chanter to sing
composer to compose
coûter to cost
désirer to want, wish
espérer to hope
être to be
préférer to prefer

DESCRIPTIVE ADJECTIVES
bête dumb
célèbre famous
difficile difficult
facile easy
formidable great, fantastic
irrésistible irresistible
jeune young
modeste modest
optimiste optimistic
pauvre poor
pessimiste pessimistic
sévère strict
stupide stupid
sympathique nice, friendly
timide shy
triste sad

QUESTION WORDS
combien how much, how many
n'est-ce pas? isn't that so?
où where
quand when
qu'est-ce que . . . ? what . . . ?
qui who

OTHER WORDS
bien sûr of course
des some
maintenant now
ou or
un, une a, an, one

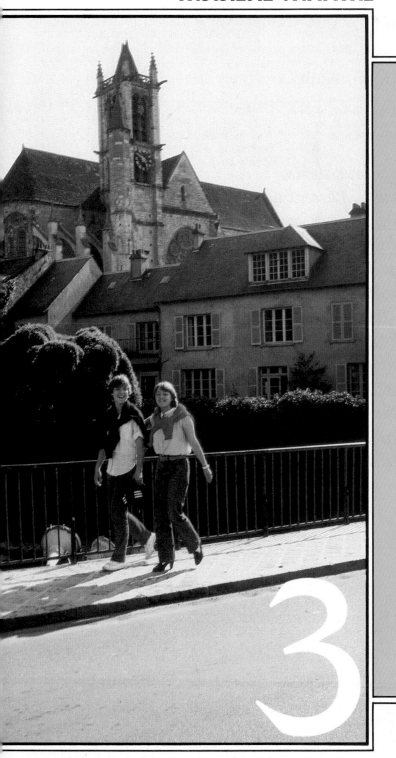

TROISIÈME CHAPITRE

Having and Sharing

3

LEARNING OBJECTIVES

- To indicate possession: **avoir**
- To describe people or things: regular adjectives
- To indicate possession: possessive adjectives
- To ask and tell how many: numbers 20–59

INTRODUCTION

To test comprehension, ask students to identify the statement made by Marie-Claire. 1. J'ai des amis formidables. J'ai des amis célèbres. 2. J'ai des parents qui sont assez sympa. J'ai des parents qui sont formidables. 3. J'ai deux frères. J'ai un frère. 4. J'ai un chien. Je n'ai pas de chien. 5. J'ai un vélomoteur qui marche bien. J'ai un vélomoteur qui ne marche pas bien.

Moi, je suis contente.

glad, happy
Tell students that **amie** is the feminine form of **ami.**

Point out that **sympa** is a colloquial form of **sympathique.**

Copain is commonly used for ami. The feminine form, **copine,** is less frequently used.

J'ai des amis formidables.
J'ai des parents qui sont assez sympa.
J'ai un frère et deux sœurs.
J'ai un chien.
J'ai une guitare.
J'ai des problèmes de temps en temps,
    comme tout le monde.
J'ai un vélo qui marche bien,
    et un vélomoteur qui ne marche pas!
J'ai des professeurs intéressants.
Et aussi des professeurs qui ne sont
    pas très intéressants.
Mais c'est la vie, n'est-ce pas?

Marie-Claire

I have/friends

quite

brother/sisters

dog

from time to time

bike/that runs

moped (motorbike)
At age 13 French students can have mopeds; many ride them to school, especially if they live in the suburbs.

life
N'est-ce pas? is used mostly in formal style; in casual speech. especially among young people, **hein** is used.

COMPRÉHENSION

Indicate whether Marie-Claire made the following statements. If she did not, correct the sentence so that it is one of her statements.

1. J'ai des amis formidables.   **1.** vrai
2. J'ai des parents très sévères.   **2.** J'ai des parents assez sympa.
3. J'ai deux frères.   **3.** J'ai un frère.
4. J'ai trois sœurs.   **4.** J'ai deux sœurs.
5. J'ai un chien.   **5.** vrai
6. J'ai des problèmes de temps en temps.   **6.** vrai
7. J'ai un vélo qui ne marche pas.   **7.** J'ai un vélomoteur qui ne marche pas.
8. Je ne suis pas contente.   **8.** Je suis contente.

Communication

A. Qui est Marie-Claire? To find out more about Marie-Claire Laforêt, look carefully at the following photographs. They will show you some aspects of life in a small French town.

Voilà is more commonly used in spoken French than voici.

Voilà la maison et la famille de Marie-Claire.

Voilà la ville où Marie-Claire habite.

Voilà une rue à Moret-sur-Loing.

Point out that **de** in **de la maison de Marie-Claire** is the equivalent of 's in English.

Voilà le magasin de Monsieur et Madame Laforêt.

Vocabulaire			
voilà	here is (are)	**maison**	house
ville	town	**famille**	family
rue	street		

A. Les Possessions de Marie-Claire. Identify some of the things that belong to Marie-Claire.

MODÈLE

Voilà le chien de Marie-Claire.

1.

Voilà la guitare de Marie-Claire.

2.

Voilà la maison de Marie-Claire.

3.

Voilà le vélomoteur de Marie-Claire.

4.

Voilà la famille de Marie-Claire.

5.

Voilà les amis de Marie-Claire.

6.

Voilà le vélo de Marie-Claire.

B. Et vous? Using vocabulary you know, tell some of the things that you have.

EXEMPLE   Moi, j'ai un chien et un vélo.

EXPLORATION

INDICATING POSSESSION
USE OF AVOIR *(TO HAVE)*

Présentation

To indicate what you have the verb **avoir** is used. Like **être**, it is an important irregular verb.

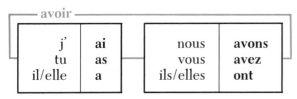

Have students repeat verb forms.

Avoir is usually followed by a noun.

- J'ai **une guitare.**
- Est-ce que vous avez **des disques**?
  z

  You may wish to point out that these nouns are direct objects.

When the verb is in the negative, the indefinite article (**un, une, des**) becomes **de** or **d'.** Compare:

- J'ai **une** radio.   Je n'ai pas **de** radio.
- J'ai **un** ami.   Je n'ai pas **d'**ami.
- J'ai **des** disques.   Je n'ai pas **de** disques.

Préparation

A. Pas moi! Anne-Marie is telling her parents about all the things that her best friend's family has. Tell what she says.

MODÈLE   un vélomoteur
Ils ont un vélomoteur.

1. une radio
2. une guitare
3. une télévision
4. des disques
5. un chien
6. une voiture
7. un vélomoteur
8. une moto

Have students redo this exercise using **elle, nous, vous,** etc.

Substitutions: J'ai un frère. tu/Anne/nous/vous/Paul et Jean   Tu as des sœurs.   nous/je/vous/Henri/Michel et Anne/tu   Nous n'avons pas de livres. tu/vous/Luc/je/les étudiants
Transformations: (affirmative → negative) J'ai une radio. Tu as un vélo. Marc a des disques. Nous avons des frères. Vous avez une voiture. Ils ont un chien.

B. Est-ce que tu as . . . ? Several students are asking each other if they have certain items. Tell what they say.

MODÈLE   Michel / un stylo
Est-ce que Michel a un stylo?

1. vous / un cahier
2. tu / un crayon
3. nous / des disques
4. Annette / un livre de maths
5. Jean et Suzanne / une radio

1. Est-ce que vous avez un cahier?
2. Est-ce que tu as un crayon?
3. Est-ce que nous avons des disques?

4. Est-ce qu'Annette a un livre de maths?
5. Est-ce que Jean et Suzanne ont une radio?

C. Possessions.   Based on the illustrations, tell what everyone has.

MODÈLE

Je . . . .   **J'ai un chien.**

1.

André . . . .   a un vélomoteur

2.

Les étudiants . . . .   ont des disques

3.

Je . . . .   J'ai une guitare

4.

Vous . . . .   avez des examens

5.

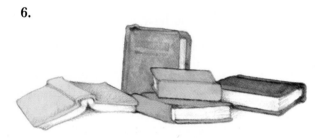

Tu . . . .   as un vélo

6.

Nous . . . .   avons des livres

D. **Il n'est pas riche!**   Alain is feeling sorry for Hervé who does not have some of the things that he would like to have. What does Alain say?

> MODÈLE   chien
> **Il n'a pas de chien.**   All answers begin with **Il n'a pas de** . . . .

1. vélo
2. vélomoteur
3. télévision
4. radio
5. guitare
6. disques
7. livres
8. chien

E. **La vie est difficile!**   Several students are complaining about the things they don't have. Tell what they say.

> MODÈLE   je / chien
> **Je n'ai pas de chien.**

1. Tu n'as pas de voiture de sport.
2. Madeleine n'a pas de vélo.
3. Je n'ai pas de moto.

1. tu / voiture de sport
2. Madeleine / vélo
3. je / moto
4. nous / télévision
5. les étudiants / livres
6. vous / guitare

4. Nous n'avons pas de télévision.   5. Les étudiants n'ont pas de livres.   6. Vous n'avez pas de guitare.

F. **La famille Legrand.**   Suzanne is asking Michel Legrand about some of the things that his family has. Give Michel's answers.

> MODÈLE   **Est-ce que vous avez une maison?** (oui)
> **Oui, nous avons une maison.**

1. Est-ce que vous avez une voiture? (oui)
2. Est-ce que vous avez une télévision? (non)

All answers begin with **Oui, nous avons** . . . or **Non, nous n'avons pas de** . . . .

3. Est-ce que vous avez un vélomoteur? (non)
4. Est-ce que vous avez une radio? (oui)
5. Est-ce que vous avez un chien? (non)
6. Est-ce que vous avez un magasin? (non)
7. Est-ce que vous avez des problèmes? (non)
8. Est-ce que vous avez des amis? (oui)

Communication

A. **Moi, j'ai . . .** Using vocabulary that you know, make a list of five things that you have and five things that you don't have.

> EXEMPLE   Moi, j'ai une sœur, mais je n'ai pas de frères.

B. **Interview.** Using vocabulary you have learned, make questions to ask other students. Then have them answer your questions.

> EXEMPLE   vélo
> Est-ce que tu as un vélo?

1. vélomoteur	4. sœurs	7. radio
2. guitare	5. disques	8. télévision
3. frères	6. voiture	9. moto

C. **Jeu de mémoire.** One student starts by naming a classroom object; the next student repeats what the first student said and adds another item, etc. See how long you can keep the game going.

> EXEMPLE   Nous avons un tableau.
> Nous avons un tableau et des affiches.
> Nous avons un tableau, des affiches, et des livres.

Although urban students often go to **lycées** far from their neighborhoods, there are usually no school buses. Students must provide their own transportation; they often take public transportation or ride their mopeds. Students who live in rural areas and attend a **lycée** take a school bus or live in the school's **internat,** where they are provided with room and board as well as study and recreational facilities.

Interlude/Culture

Compare the following photos of a typical French school and a typical American school. Then answer these questions.

1. How do students get to school?
2. How are the school buildings different?
3. Are students dressed the same?

EXPLORATION

⚜ **DESCRIBING PEOPLE AND THINGS
USING REGULAR ADJECTIVES**

══Présentation ════════════════════════════

As you saw in Chapter 2, adjectives are used to describe. An adjective in French must agree in number and in gender with the noun that it modifies. Usually the adjective follows the noun.

	SINGULAR	PLURAL
Masculine	un livre **intéressant**	des livres **intéressants**
Feminine	une affiche **intéressante**	des affiches **intéressantes**

As you also saw in Chapter 2, some adjectives change form to agree in number, but do not change form to agree in gender. Most adjectives in French, however, have different masculine and feminine forms.

A. *Adjectives that end in a silent consonant*

The final consonant is pronounced in the feminine form and is silent in the masculine form. Some important adjectives of this type are:

	feminine		masculine	
une étudiante	américaine	un étudiant	américain	
	amusante		amusant	(funny, amusing)
	contente		content	
	élégante		élégant	
	embêtante		embêtant	(annoying)
	française		français	
	intelligente		intelligent	
	parfaite		parfait	(perfect)
	patiente		patient	

> Point out that **français** is the same in the masculine singular and plural.

B. *Adjectives that end in a vowel*

The masculine and feminine forms of adjectives that end in a vowel are pronounced the same.

feminine	masculine	
compliquée	compliqué	(complicated)
fatiguée	fatigué	(tired)
jolie	joli	(pretty, good-looking)
polie	poli	(polite)

C. *Adjectives that come before nouns*

Only a few adjectives in French, such as **petit, grand,** and **joli,** come before the noun they describe.

feminine   **masculine**

une	petite	ville		un	petit	magasin	(small)
une	grande	ville		un	grand	magasin	(large, big)
une	jolie	ville		un	joli	magasin	(pretty)

Les professeurs sont embêtants. Ils ne sont pas patients.

Non, non, les professeurs sont intéressants et très, très patients.

Préparation

A. **Rivalité.** Monique is bragging about herself, but her brother Jean-Luc is not to be outdone. Tell what Jean-Luc says.

> MODÈLE Je suis intelligente.
> **Moi aussi, je suis intelligent.**

1. Je suis polie.
2. Je suis contente.
3. Je suis patiente.
4. Je suis grande.

5. Je suis amusante.
6. Je suis élégante.
7. Je suis intéressante.
8. Je suis parfaite.

B. **Comparaisons.** Several students are comparing two teachers, Madame Ladouée and Monsieur Cassepieds. Tell what they say.

> MODÈLE Il n'est pas intéressant.
> **Elle est intéressante.**

1. Il n'est pas intelligent.
2. Il n'est pas patient.
3. Il n'est pas élégant.

4. Il n'est pas amusant.
5. Il n'est pas poli.
6. Il n'est pas content.

C. Toi et moi. Vincent and Danielle are talking about some of the things they have and people they know. Using the cues provided, tell how Danielle responds to Vincent's statements.

MODÈLE J'ai un vélo américain. (français)
Moi, j'ai un vélo français.

1. J'ai des disques formidables. (intéressant)
2. J'ai une petite sœur. (grand)
3. J'ai des amis amusants. (embêtant)
4. J'ai une vie intéressante. (compliqué)
5. J'ai des amis français. (américain)
6. J'ai une voiture américaine. (français)
7. J'ai une grande maison. (joli)

D. Tout le monde. Several students are talking and asking questions about their friends. Tell what they say.

MODÈLE Le professeur est fatigué. Et les étudiants?
Les étudiants sont fatigués aussi.

1. Michel est content. Et les frères de Michel?
2. Le professeur est parfait. Et les étudiants?
3. Paul est embêtant. Et les sœurs de Paul?
4. Christine est intelligente. Et les parents de Christine?
5. Hélène est patiente. Et les frères d'Hélène?
6. Sylvie est française. Et Jacques et Nicole?

Communication

A. Descriptions. What do you think about the following? Complete these statements with one or more of the adjectives that you know.

1. Je suis _____.
2. Je ne suis pas _____.
3. Les professeurs sont _____.
4. Les professeurs ne sont pas _____.
5. Nous les étudiants, nous sommes _____.
6. Nous les étudiants, nous ne sommes pas _____.

B.   **Possessions.**   Using at least six of the illustrations, describe some of the things that you or people you know have. Begin each sentence with a form of **avoir** and use an adjective.

EXEMPLES   J'ai un vélomoteur français.
Robert a des amies sympathiques.

1. vélomoteur

2. sœurs

3. frères

4. voiture

5. guitare

6. maison

7. vélo

8. disques

9. chien

10. famille

11. parents

12. amis

C. **C'est une école formidable!** Using the suggestions below, form sentences that express your opinions about your school. Make sure that your adjectives agree.

> EXEMPLES Nous avons des examens difficiles.
> Nous n'avons pas de classes embêtantes.

Nous avons . . .
Nous n'avons pas . . .

un	école	sympathique
une	professeurs	facile
des	examens	difficile
de	livres	intéressant
d'	amis	patient
	classes	intelligent
	disques	amusant
	étudiants	embêtant
	professeur de français	parfait
		compliqué
		français
		formidable

Interlude/Lecture

Sometimes when we read (or listen to someone) a meaning emerges from the overall passage. The details add up to a general message. Read the following paragraph and determine Jean-Pierre's overall impression of his English teacher. How do you know whether he likes him or not?

J'ai un professeur d'anglais qui est assez sympathique. Il aime les étudiants intelligents, mais il n'est pas patient avec les étudiants qui ne travaillent pas. Il est sévère, c'est vrai, mais la classe et le professeur sont intéressants. Il n'est pas parfait, mais j'aime la classe d'anglais.

Ask students which phrases or sentences helped them decide on Jean-Pierre's impression.

EXPLORATION

INDICATING WHAT WE HAVE
POSSESSIVE ADJECTIVES

Répétition: Have students repeat the nouns and possessive adjectives in this table.

Présentation

You have already learned one way to indicate possession. For example, **la maison de Marie-Claire** means *Marie-Claire's house*. Another way to indicate what we have or possess is to use possessive adjectives (my, your, his, her, etc.). Possessive adjectives are among the most useful and most widely used words in French. Study the following possessives.

	SINGULAR		PLURAL
	Masculine	**Feminine**	
my	mon frère	ma sœur	mes frères mes sœurs
your	ton frère	ta sœur	tes frères tes sœurs
his/her	son frère	sa sœur	ses frères ses sœurs

Like any other adjective, the possessive adjective must agree in number and in gender with the noun it modifies. A feminine noun that begins with a vowel sound, such as **amie** or **histoire**, is an exception. In this case, **mon, ton,** and **son** are used.

mon affiche   ton histoire   son amie

The use of **son**, **sa**, or **ses** depends only on the gender and number of the noun it modifies. Each can mean *his*, *her*, or *its*.

- Robert aime **sa** voiture.
  Robert likes *his* car.

- Monique aime **sa** voiture.
  Monique likes *her* car.

Point out that the possessive adjective agrees with the object possessed, but not the possessor of the object.

- Il aime **son** style.
  He likes *its* style.

- Elle aime **son** style.
  She likes *its* style.

Préparation

A. Possessions. Michel is showing Alain pictures of his family and some of the things that are important in his life. Tell what he says.

MODÈLE

Voilà mon vélomoteur.

Substitutions: Have students repeat the following nouns changing the definite article to the indefinite article using (1) **mon, ma, mes** (2) **ton, ta, tes** (3) **son, sa, ses.**

le livre	la moto	l'examen
le cahier	la maison	les disques
le disque	la guitare	les amis
le vélomoteur	l'affiche	les professeurs
le vélo	l'amie	les parents
	l'école	

1.

Voilà mes livres.

2.

Voilà ma guitare.

3.

Voilà mon chien.

4.

Voilà mon école.

5.

Voilà ma maison.

6.

Voilà mes disques.

B. **Questions.** Alain then asks Michel about other photos. Using the cues provided, give his questions.

MODÈLE   frère   livres
C'est ton frère?   **Ce sont tes livres?**

1. amis
2. parents
3. vélo
4. radio

5. livre de maths
6. frères
7. voiture
8. famille

1. Ce sont tes amis?
2. Ce sont tes parents?
3. C'est ton vélo?
4. C'est ta radio?
5. C'est ton livre de maths?
6. Ce sont tes frères?
7. C'est ta voiture?
8. C'est ta famille?

C. **Vocabulaire français.** Alex has just arrived in Geneva to visit André. He is trying out his French by asking questions about things in André's house. What does André answer?

MODÈLE   C'est ta moto?
Oui, c'est ma moto.

Ce sont tes cahiers?
Oui, ce sont mes cahiers.

1. C'est ton chien?
2. C'est ton affiche?
3. Ce sont tes disques?
4. Ce sont tes cassettes?
5. C'est ton cahier?

6. C'est ton vélo?
7. C'est ta chaise?
8. C'est ton bureau?
9. C'est ta voiture?
10. C'est ta radio?

1. mon
2. mon
3. mes
4. mes
5. mon
6. mon
7. ma
8. mon
9. mon
10. ma

D. **Curiosité.** Jean and Micheline are walking to school. Jean asks Micheline about various people and things. Give Micheline's answers.

MODÈLE   C'est le vélomoteur de Jeannette? (oui)
Oui, c'est son vélomoteur.

Ce sont les cahiers de Raymond? (oui)
Oui, ce sont ses cahiers.

1. C'est l'ami de Paul? (oui)
2. C'est le frère de Brigitte? (non)
3. C'est le frère de Robert? (oui)
4. C'est la moto de Pierre? (oui)
5. Ce sont les sœurs d'Anne? (oui)
6. Ce sont les parents de Mimi? (non)
7. C'est l'école de Jean-Luc? (oui)
8. C'est l'école de Marianne? (oui)

1. C'est son ami.
2. Ce n'est pas son frère.
3. C'est son frère.
4. C'est sa moto.
5. Ce sont ses sœurs.
6. Ce ne sont pas ses parents.
7. C'est son école.
8. C'est son école.

Communication

A. Descriptions. Using words from each column, create sentences describing each of the following people and things. Be sure your adjectives agree.

EXEMPLE   Ma vie est amusante.
            Mes parents sont sympathiques.

*Communication A can be done orally or in writing. Students can volunteer their descriptions or respond to teacher questions (**Comment est ta maison?**).*

	maison		grand
	amis		petit
	parents		intéressant
	école	est	compliqué
Mon	vie	sont	sympathique
Ma	professeurs	n'est pas	fatigué
Mes	classes	ne sont pas	amusant
	ville		joli
	voiture		parfait
	sœur(s)		embêtant
	frère(s)		patient
			content
			intelligent

B. Questions. Make questions to ask other students about some things they have or people they know.

EXEMPLE   parents / sympathiques
            Est-ce que tes parents sont sympathiques?

1. professeur de français / patient
2. amis / sympathiques
3. examens / faciles
4. ville / jolie
5. vie / compliquée
6. classes / intéressantes

C. Comment est . . . ? Make up questions to ask another student about the following aspects of his or her life. The other student will answer your questions using statements like those in the *Exemple*.

EXEMPLE   sa maison
            Comment est ta maison?
            Ma maison est petite.

1. sa vie
2. ses amis
3. ses professeurs
4. ses classes
5. ses parents
6. sa maison

Even when you know very little French, you are able to say nice things to people you know. Using the adjectives listed below, create compliments you might give to a French friend about each of the nouns given. Be sure to make your adjectives agree.

EXEMPLE   amis
          Tes amis sont intéressants.   Have students compliment each other.

joli   élégant   intéressant
formidable   amusant   poli
sympathique   grand   parfait

1. sœur   3. disques   5. maison
2. frères   4. parents   6. amies

Tu es très élégante.

EXPLORATION

ASKING AND TELLING HOW MANY
USING NUMBERS FROM 20–59

— Présentation

20	vingt	30	trente	40	quarante	50	cinquante
21	vingt et un	31	trente et un	41	quarante et un	51	cinquante et un
22	vingt-deux	32	trente-deux	42	quarante-deux	52	cinquante-deux
23	vingt-trois	33	trente-trois	43	quarante-trois	53	cinquante-trois
24	vingt-quatre	34	trente-quatre	44	quarante-quatre	54	cinquante-quatre
25	vingt-cinq	35	trente-cinq	45	quarante-cinq	55	cinquante-cinq
26	vingt-six	36	trente-six	46	quarante-six	56	cinquante-six
27	vingt-sept	37	trente-sept	47	quarante-sept	57	cinquante-sept
28	vingt-huit	38	trente-huit	48	quarante-huit	58	cinquante-huit
29	vingt-neuf	39	trente-neuf	49	quarante-neuf	59	cinquante-neuf

To talk about age, numbers are used with the verb **avoir** and the noun **ans** (*years*). Study the following questions and answers about age.

Quel âge est-ce que vous avez?   How old are you?
J'ai quinze ans.   I'm fifteen years old.

Quel âge a le professeur?   How old is the teacher?
Elle a vingt-neuf ans.   She's twenty-nine years old.

To talk about how many things there are, **combien de** (*how much, how many*) is used with **il y a** (*there is, there are*).

Combien d'étudiants est-ce qu'il y a dans la classe?
Il y a trente-deux étudiants dans la classe.

Combien de personnes est-ce qu'il y a dans ta voiture?

Il y a vingt personnes... et un chien.

Préparation

A. Quel âge ont-ils? Annick has found out the age of her teachers. What does she say?

MODÈLE Monsieur Dupont / 42
Monsieur Dupont a quarante-deux ans.

1. Madame Legrand / 53
2. Mademoiselle Jeanson / 24
3. Monsieur Bonnot / 48
4. Madame Bonnot / 46
5. Monsieur Gros / 59
6. Madame Riboud / 33
7. Madame Marin / 27
8. Monsieur Marin / 25
9. Mademoiselle Germain / 31
10. Madame Vilars / 44

1. cinquante-trois
2. vingt-quatre
3. quarante-huit
4. quarante-six
5. cinquante-neuf
6. trente-trois
7. vingt-sept
8. vingt-cinq
9. trente et un
10. quarante-quatre

B. Distances. Students who live in an **internat** are telling how far home is from school. What do they say?

MODÈLE 33 km
trente-trois kilomètres

1. 55 km
2. 41 km
3. 26 km
4. 39 km
5. 48 km   1 km = .62 miles
6. 51 km
7. 47 km
8. 32 km

1. cinquante-cinq
2. quarante et un
3. vingt-six
4. trente-neuf
5. quarante-huit
6. cinquante et un
7. quarante-sept
8. trente-deux

C. Combien d'argent as-tu? Some friends want to go out and are telling how much money they have to spend. What do they say?

MODÈLE Robert / 25 francs
Robert a vingt-cinq francs.

1. je / 33 francs
2. Micheline et Anne / 50 francs
3. tu / 29 francs
4. Robert / 35 francs
5. nous / 46 francs
6. vous / 31 francs
7. Jean / 42 francs
8. Paulette / 21 francs

1. J'ai trente-trois . . .
2. Micheline et Anne ont cinquante . . .
3. Tu as vingt-neuf . . .
4. Robert a trente-cinq . . .
5. Nous avons quarante-six . . .
6. Vous avez trente et un . . .
7. Jean a quarante-deux . . .
8. Paulette a vingt et un . . .

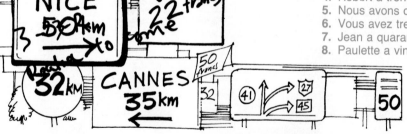

A. **Les Sports.** Imagine that you are a sportscaster for Radio Canada and are giving the scores of professional football games. What would you say?

DALLAS 28
GREENBAY 21
WASHINGTON 49
NEW YORK 35
ST. LOUIS 42
HOUSTON 17

SEATTLE 37
CHICAGO 36
PITTSBURGH 59
BUFFALO 23
TAMPA BAY 56
LOS ANGELES 24

B. **Petits problèmes.** Using the numbers 1–59, create math problems to give to other students.

You might want to teach students to multiply (**20 fois 2**) and divide (**40 divisé par 5**).

EXEMPLES   Combien font quarante plus neuf?
Combien font cinquante et un moins dix?

C. **Questions/Interview.** Answer the following questions or use them to interview another student.

1. Quel âge est-ce que tu as?
2. Quel âge a ton professeur de mathématiques?
3. Combien de frères et de sœurs est-ce que tu as?
4. Quel âge ont-ils?
5. Combien de classes est-ce que tu as?
6. Combien d'étudiants est-ce qu'il y a dans ta classe de français?
7. Combien d'étudiants est-ce qu'il y a dans ta classe d'anglais?
8. Combien d'étudiants est-ce qu'il y a dans ta classe de maths?

PERSPECTIVES

 L'Album de famille de Jacqueline Morel

Voilà mon <u>père</u>, ma <u>mère</u> et mes frères
et sœurs. Nous avons aussi un chien, mais
il n'est pas <u>sur</u> la photo.

father/mother

on, in

<u>Là</u>, ce sont mes grands-parents. Ils
habitent à Grenoble. Ils sont <u>encore</u>
jeunes. Ma grand-mère adore <u>voyager</u>,*
mais mon grand-père préfère <u>rester à</u>
la maison.

there
still
travel
stay/at

*__Voyager__ is a regular __-er__ verb except in the first person plural where an __e__ is added:
__nous voyageons.__

Là, c'est ma cousine Françoise. Elle est professeur d'anglais dans un <u>lycée</u>. Elle n'est pas contente <u>parce qu</u>'elle a quarante-deux étudiants dans sa classe.

secondary school

because

Voilà ma <u>tante</u> et mon <u>oncle</u>. Ils ont trois <u>enfants</u>: Patrick qui a dix-huit ans, Colette qui a quinze ans, et Bernadette qui a <u>seulement</u> dix ans. J'aime bien mes cousins. Ils sont sympa!

aunt/uncle

children

only

COMPRÉHENSION

Answer the following questions about Jacqueline Morel's family.

1. Est-ce que Jacqueline a des frères et des sœurs?
2. Est-ce que sa famille a un chien?
3. Est-ce que le chien est sur la photo?
4. Où est-ce que ses grands-parents habitent?
5. Est-ce que sa grand-mère aime rester à la maison?
6. Est-ce que sa cousine Françoise est professeur d'histoire?
7. Combien d'étudiants est-ce qu'il y a dans la classe de Françoise?
8. Est-ce que sa tante et son oncle ont des enfants?
9. Est-ce que Jacqueline a trois cousins?

1. Oui, elle a des frères et des sœurs.
2. Oui, sa famille a un chien.
3. Non, le chien n'est pas sur la photo.
4. Ils habitent à Grenoble.
5. Non, elle n'aime pas rester à la maison; elle aime voyager.
6. Non, elle n'est pas professeur d'histoire; elle est professeur d'anglais.
7. Il y a quarante-deux étudiants dans sa classe.
8. Oui, ils ont trois enfants.
9. Non, elle a quatre cousins.

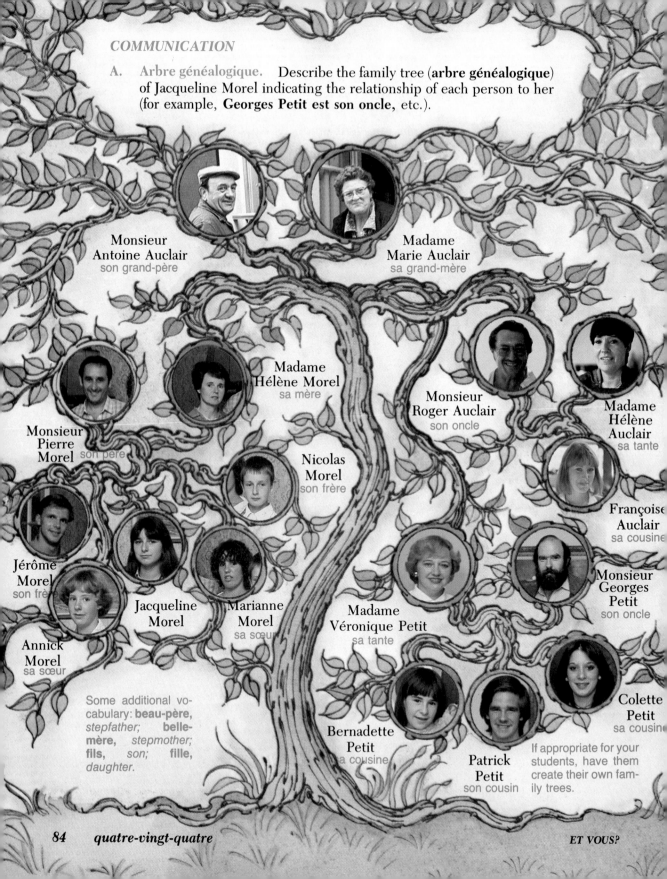

COMMUNICATION

A. **Arbre généalogique.** Describe the family tree (**arbre généalogique**) of Jacqueline Morel indicating the relationship of each person to her (for example, **Georges Petit est son oncle,** etc.).

Monsieur
Antoine Auclair
son grand-père

Madame
Marie Auclair
sa grand-mère

Madame
Hélène Morel
sa mère

Monsieur
Roger Auclair
son oncle

Madame
Hélène
Auclair
sa tante

Monsieur
Pierre
Morel son père

Nicolas
Morel
son frère

Françoise
Auclair
sa cousine

Jérôme
Morel
son frère

Jacqueline
Morel

Marianne
Morel
sa sœur

Madame
Véronique Petit
sa tante

Monsieur
Georges
Petit
son oncle

Annick
Morel
sa sœur

Some additional vo-
cabulary: **beau-père,**
stepfather; **belle-
mère,** *stepmother;*
fils, *son;* **fille,**
daughter.

Bernadette
Petit
sa cousine

Patrick
Petit
son cousin

Colette
Petit
sa cousine

If appropriate for your
students, have them
create their own fam-
ily trees.

B. **Ma famille.** Using the *Perspectives* as a guide, describe your own family. You can use your family tree or family photos to illustrate your description.

EXEMPLE   Voilà mon frère Gilbert. Il a treize ans, et il est très sympa.

C. **Compliments.** Using adjectives that you have learned, make compliments to give to the following people.

EXEMPLE   à ton professeur de français
Vous êtes très sympathique, et la classe est intéressante.

1. à un de tes amis
2. à une de tes amies
3. à ton professeur d'anglais
4. à ton frère ou à ta sœur
5. à tes parents
6. à la mère d'une de tes amies
7. au frère d'un de tes amis
8. à la sœur d'une de tes amies

D. **Lettre à une amie française.** A French friend has asked you the following questions in her last letter. What will you answer?

1. Comment est ta maison? Est-ce que c'est une grande maison ou une petite maison? Est-ce qu'elle est jolie?
2. Comment est ta ville? Est-ce que c'est une grande ou une petite ville? Est-ce que c'est une jolie ville?
3. Comment est ton école? Est-ce que c'est une grande ou une petite école? Est-ce que les professeurs sont intéressants?
4. Comment sont tes classes? Est-ce que ce sont des classes intéressantes? Est-ce que les examens sont faciles ou difficiles? Combien d'étudiants est-ce qu'il y a?
5. Comment sont tes frères ou tes sœurs? Quel âge ont-ils?

VOCABULAIRE DU CHAPITRE

NAMES OF FAMILY MEMBERS
le cousin (*m*) cousin
la cousine (*f*) cousin
l'enfant (*m* or *f*) child
la famille family
le frère brother
la grand-mère grandmother
les grands-parents (*m*) grandparents
le grand-père grandfather
la mère mother
l'oncle (*m*) uncle
les parents relatives, parents
le père father
la sœur sister
la tante aunt

NOUNS REFERRING TO OUR SURROUNDINGS
le lycée French secondary school
la maison house
la rue street
la ville city

NOUNS REFERRING TO THINGS WE MAY HAVE
l'album (*m*) album
l'ami (*m*) friend
l'amie (*f*) friend
le chien dog
le franc unit of French money
la guitare guitar
la photo photograph
le problème problem
le vélo bicycle
le vélomoteur moped

OTHER NOUNS
l'âge (*m*) age
l'an (*m*) year
le kilomètre kilometer
la vie life

ADVERBS
assez rather
encore again, yet
là there, over there
seulement only

VERBS
avoir to have
marcher to operate, run, work
rester to stay
voyager to travel

DESCRIPTIVE ADJECTIVES
américain American
amusant funny, entertaining
compliqué complex, complicated
content happy
élégant elegant
embêtant annoying
fatigué tired
français French
grand tall, big
intelligent intelligent
intéressant interesting
joli pretty, good-looking
parfait perfect
patient patient
petit small
poli polite

OTHER WORDS AND EXPRESSIONS
de temps en temps from time to time
il y a there is, there are
parce que because
qui that, who
sur on
voilà here is, here are, there is, there are

QUATRIÈME CHAPITRE

LEARNING OBJECTIVES

- ■ To talk about future plans or intentions: **aller** plus the infinitive and expressions of time
- ■ To talk about going places: the preposition **à**
- ■ To indicate time: the days of the week, months, and dates

Making Plans

4

INTRODUCTION

C'est le week-end!

Faire is used only in the infinitive until it is introduced in Chapter 5.

Tell students that **on** is often used in place of **nous** in conversation.

Didier is talking with his friend, Nicolas, about their plans for the weekend.

DIDIER	Qu'est-ce qu'on va faire aujourd'hui?	we/are going/to do/today
NICOLAS	On regarde le match France-Italie à la télé?	game
DIDIER	Ah, non alors! Rester à la maison, c'est embêtant.	not that
	Mais j'ai une idée. On va à la plage.	idea/beach
	Tu es d'accord?	do you agree
NICOLAS	D'accord! Et on va faire un pique-nique aussi?	okay
DIDIER	Oui. Mais qu'est-ce qu'on va manger?*	to eat
NICOLAS	Je ne sais pas . . . . On va regarder dans le frigo.	short for **réfrigérateur**
DIDIER	Qu'est-ce qu'il y a?	
NICOLAS	Des épinards et des carottes! Pouah!	spinach/yuk

*Manger, like **voyager,** is a regular **-er** verb except in the first person plural where an **e** is added: **nous mangeons.**

COMPRÉHENSION

Tell whether the following statements are true (**vrai**) or false (**faux**).

1. Didier n'aime pas rester à la maison.   vrai
2. Didier préfère faire un pique-nique à la plage.   vrai
3. Mais son ami Nicolas n'est pas d'accord.   faux
4. Il y a des carottes et des épinards dans le frigo.   vrai
5. Nicolas adore les carottes et les épinards.   faux

COMMUNICATION

A. **Nous aussi, on va faire un pique-nique.**   Imagine that you and some friends are planning a picnic. With another student or group of students, plan what you are going to do. Answer each question using one or more of the choices provided.

Have students report their plans to the rest of the class.

1. Où est-ce qu'on va aller?

à la piscine   à la montagne   à la campagne   à la plage

2. Qu'est-ce qu'on va manger?

des sandwiches *(m)*   des fruits *(m)*   des légumes *(m)*   des hamburgers *(m)*

3. Et qu'est-ce qu'on va faire?   Be careful that students don't repeat **faire** in their answers.

apporter une guitare   acheter* des hot-dogs   jouer   nager

B. **C'est décidé!**   Now that you have made plans for your picnic, decide
what you would like to do. For example, you might want to bring or
buy something. Begin each sentence with **je voudrais** (*I would like*).

Je voudrais . . .   organiser le pique-nique   apporter ma guitare
                      préparer des sandwiches   apporter ma radio
                      acheter des fruits et des légumes inviter les autres

*Although **acheter** has regular **-er** verb endings, the first **e** adds an **accent grave**
in all but the first and second person plural: **j'achète, tu achètes, il/elle achète,
nous achetons, vous achetez, ils/elles achètent.**

EXPLORATION

⚜ **TALKING ABOUT FUTURE PLANS AND INTENTIONS**
ALLER PLUS INFINITIVE

═ Présentation ═══════════════

To indicate future plans or intentions (what you are going to do), the verb
aller (*to go*) is used. It is also used to indicate movement or travel to a
place. Like **être** and **avoir,** it is irregular. Here are its forms.

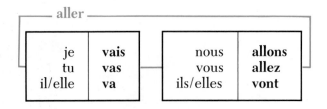

┌─ aller ─────────────────────────────────┐

je	**vais**		nous	**allons**
tu	**vas**		vous	**allez**
il/elle	**va**		ils/elles	**vont**

- Est-ce que vous allez à la piscine?
- Non, nous n'allons pas à la piscine.
- Nous allons à la plage.

When used to express future plans or intentions, **aller** is followed directly
by an infinitive. Note the placement of the **ne . . . pas** in a negative
sentence.

- Ils vont jouer.
- Je ne vais pas travailler.
- Est-ce que Georges va étudier?
- Nous n'allons pas manger.

Have students re-
peat the forms of
aller (**Je vais à la
plage, tu vas à la
plage,** etc.).

Vocabulaire

Here are some expressions of time useful in talking
about future plans or intentions.

aujourd'hui today		**pendant les vacances**	during vacation
demain tomorrow		**la semaine prochaine**	next week
après l'école after school		**le week-end prochain**	next weekend

---

Aujourd'hui je vais travailler, mais demain je vais aller à la plage.

Ah, non alors...

Substitutions: Je vais manger. travailler/étudier/danser/nager/organiser un pique-nique/faire un pique-nique/préparer des sandwiches.
Transformation: Repeat in the negative.
Other drills are found between the activities on this page.

—Préparation

A. **Projets.** Anne-Marie is telling some friends what she plans to do tomorrow. What does she say?   All answers begin with **Je vais . . . .**

> MODÈLE   travailler
> **Je vais travailler.**

1. aller à la piscine
2. étudier
3. acheter des livres
4. écouter la radio
5. regarder la télé
6. inviter des amis

Substitutions: Est-ce que vous allez à la plage aujourd'hui? demain/après l'école/
la semaine prochaine/le week-end prochain
Transformation: Repeat using **ils** or **elles** instead of **vous.**

B. **Après l'école.** Roger's mother is asking him about what he is going to do after school. Give her questions.   All answers begin with **Tu vas . . . .**

> MODÈLE   jouer avec tes amis
> **Tu vas jouer avec tes amis?**

1. aller à la plage
2. aller à la piscine
3. étudier
4. manger à la maison
5. travailler
6. écouter la radio

C. **Ah, non alors!** Sophie and Denise are very outspoken about what they don't want to do. Tell what they say.   All answers begin with **Ah, non alors. Nous n'allons pas . . . .**

> MODÈLE   rester à la maison
> **Ah, non alors! Nous n'allons pas rester à la maison.**

1. étudier aujourd'hui
2. travailler pendant les vacances
3. chanter
4. préparer des sandwiches
5. manger des épinards
6. inviter Hervé

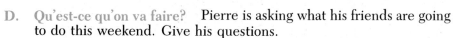

D. **Qu'est-ce qu'on va faire?** Pierre is asking what his friends are going to do this weekend. Give his questions.

> MODÈLE   Liliane?
> **Qu'est-ce que Liliane va faire?**

1. . . . vont faire?
2. . . . va faire?
3. . . . vas faire?
4. . . . allez faire?
5. . . . allons faire?
6. . . . je vais faire?

1. Lucette et Anne?
2. Paul?
3. Et toi?
4. Et vous?
5. Et nous?
6. Et moi?

This activity can also be done with other time expressions (**pendant le week-end, la semaine prochaine,** etc.).

E. Après l'école. Several students are talking about what they are going to do after school. Tell what they say.

MODÈLE   Jean . . .
Jean va travailler.

1.

Nous . . . .
allons étudier

2.

Mes amis . . . .
vont aller à la plage

3.

Tu . . . .
vas écouter des disques

4.

Je . . . .
vais faire un pique-nique

5.

Paul . . . .
va regarder la télévision

6.

Vous . . . .
allez nager à la piscine

F. **C'est embêtant!**   Hervé isn't having any luck finding someone to do something with this weekend. Give his friends' answers to his questions.

> MODÈLE   Vous allez rester à la maison?
> **Non, nous n'allons pas rester à la maison.**

1. Tu vas aller à la plage?   1. Je ne vais pas aller . . . .
2. Marc va écouter des disques?   2. Marc ne va pas écouter . . . .
3. Vous allez faire un pique-nique?   3. Nous n'allons pas faire . . . .
4. On va aller danser?   4. On ne va pas aller danser.
5. Tes parents vont rester à la maison?   5. Mes parents ne vont pas rester . . . .
6. Nous allons regarder la télé?   6. Nous n'allons pas regarder . . . .
7. On va aller à la piscine?   7. On ne vas pas aller . . . .

Communication

A. **Projets.**   Tell which of the following activities you are going to do and which you are not going to do this weekend. Share your plans with other students.

> EXEMPLE   Moi, je ne vais pas travailler. Et toi?

Have students use cues to interview each other about weekend plans (e.g., **Est-ce que tu vas travailler?**)

1. travailler
2. acheter des disques
3. regarder la télévision
4. étudier
5. aller à la plage
6. aller à la piscine
7. faire un pique-nique
8. rester à la maison
9. aller danser
10. jouer

B. **Demain.**   Using the vocabulary you know, choose one thing that you are going to do tomorrow. Other students will try to guess what you plan to do by asking you yes-or-no questions.

> EXEMPLE   Est-ce que tu vas regarder la télévision?
> Est-ce que tu vas rester à la maison?

Régine, a French high school student, and Wade, an American student, both enjoy going on picnics with friends and family. But picnics mean different things to each of them. Look at the scenes below and point out the similarities and differences you see between a French **pique-nique** and an American picnic.

EXPLORATION

TALKING ABOUT GOING PLACES
THE PREPOSITION À

Présentation

To indicate the place where you are or where you are going, the preposition **à** usually is used. Its meaning is similar to *at*, *to*, or *in*.

- Aujourd'hui, je vais **à** la maison.
- Demain, je vais **à** Nice.
- Maintenant, nous sommes **à** Paris.
- Aujourd'hui, Jacques va **à** un pique-nique.
- Est-ce que tu vas **à** ta classe d'histoire?

When **à** is used with the definite article **le** or **les,** certain contractions occur.

à + la = à la	à + l' = à l'	à + le = **au**	à + les = **aux**

Tu vas **à** la maison.

Paul va **à** l'école.

Nous allons **au** cinéma.

Elle va souvent **aux** matchs.

Vocabulaire

Have students repeat these items in chorus and individually.

Below is some useful vocabulary for talking about where you may want to go.

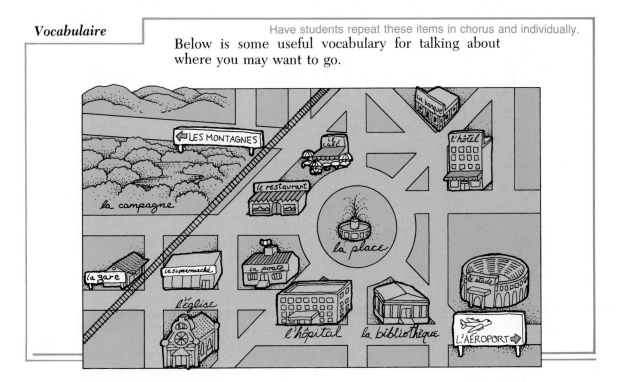

À l'école, je suis intelligent.

Au match de football, je suis formidable.

Au concert, je suis élégant.

À l'aéroport, je suis célèbre.

Quand je rêve, je suis parfait.

Préparation

See top of page 97 for Substitution drills for the Préparation.

A. **Où est-ce que tu vas?** Paul has met some friends while running some errands and asks where each one is going. Give his questions.

MODÈLE la banque
Tu vas à la banque?

1. le supermarché   1. au
2. la poste   2. à la
3. le café   3. au

4. la gare   4. à la
5. le restaurant   5. au
6. le cinéma   6. au

B. **Pendant les vacances.** Some friends are talking about where they are going to be working next summer. Tell what they say.

MODÈLE hôpital
Je vais travailler à l'hôpital.

1. poste   1. à la
2. aéroport   2. à l'
3. gare   3. à la

4. bibliothèque 4. à la
5. banque   5. à la
6. piscine   6. à la

C. **Où est-ce que Marc et Paul vont?** Tell where Marc and Paul are going.

MODÈLE plage
Ils vont à la plage.

1. banque   1. à la
2. hôtel   2. à l'
3. stade   3. au
4. gare   4. à la

5. café   5. au
6. bibliothèque 6. à la
7. église   7. à l'
8. cinéma   8. au

D. **On n'est pas content!** Josette and her brother are complaining that they never go anywhere on weekends. Tell what they say.

MODÈLE campagne
Nous n'allons jamais à la campagne.

1. plage   1. à la
2. montagne   2. à la
3. aéroport   3. à l'
4. matchs   4. aux

5. concert   5. au
6. restaurant 6. au
7. cinéma   7. au
8. stade   8. au

Substitutions: Je vais à la campagne. montagne/gare/banque   Nous allons au cinéma. supermarché/
restaurant/café   Je vais au cinéma. à la poste/au restaurant/à la bibliothèque/au stade/au match de football
Est-ce que tu vas à l'école? l'hôpital/l'aéroport/l'église

E. **Après l'école.**   Tell where each student is going after school.

> MODÈLE   Nadine / piscine
> **Nadine va à la piscine.**

1.	Norbert / aéroport	1. à l'	
2.	Janine / école	2. à l'	
3.	Sabine / restaurant	3. au	
4.	Étienne / supermarché	4. au	

5.	Lucette / campagne	5. à la
6.	Yvette / concert	6. au
7.	Odette / maison	7. à la
8.	Nadine / gare	8. à la

Communication

A. **Préférences.**   Find out if other students like to go to the following places.

> EXEMPLE   plage
> Est-ce que tu aimes aller à la plage?

1.	concert	5.	campagne
2.	piscine	6.	montagne
3.	cinéma	7.	matchs de football
4.	restaurant	8.	école

You may wish to have students answer the questions.

B. **Habitudes.**   Tell how often you go to the following places. Use **souvent, rarement, quelquefois,** or **jamais.**

> EXEMPLE   montagne
> Je ne vais jamais à la montagne.

1.	montagne	6.	matches de football
2.	plage	7.	supermarché
3.	concert	8.	banque
4.	restaurant	9.	poste
5.	campagne	10.	bibliothèque

BOWLING DE PARIS

Jardin d'Acclimatation
Bois de Boulogne - Tél. 747-77-55
De 11 h à 2 h du matin.
*Fréquenté par beaucoup d'étrangers,
le plus grand bowling de Paris.*

C. **Interview.**   Use the words and phrases below to find out when another student plans to visit the following places.

> EXEMPLE   cinéma aujourd'hui
> Est-ce que tu vas au cinéma aujourd'hui?

1. supermarché après l'école
2. plage pendant les vacances
3. campagne le week-end prochain
4. stade demain
5. banque la semaine prochaine
6. poste aujourd'hui

As in the United States, people in France enjoy going to the beach or to the mountains. Study the map to locate popular beach and mountain vacation areas in France. Then indicate whether the statements below are true (**vrai**) or false (**faux**).

1. J'aime passer mes vacances à la plage; je voudrais aller à Biarritz.
2. Maurice va passer ses vacances à la montagne; il va aller à Nice.
3. Mes parents vont aller à Grenoble parce qu'ils adorent la plage.
4. Le week-end prochain nous allons à la montagne; nous allons à Deauville.
5. J'adore les montagnes; je passe mes vacances à Chamonix.
6. Pauline aime nager; elle va à La Baule.

1. vrai
2. faux
3. faux
4. faux
5. vrai
6. vrai

EXPLORATION

INDICATING WHEN
THE DAYS OF THE WEEK

Présentation

In addition to telling what you are going to do, you often want to tell on what days you are going to do something or on what day of the week something usually happens. Study the days of the week indicated on this Canadian calendar.

dimanche *Sunday*	lundi *monday*	mardi *Tuesday*	mercredi *wednesday*	jeudi *Thursday*	vendredi *Friday*	samedi *Saturday*
	1	2	3	4	5	6
7	8	9	10	11	12	13
14	15	16	17	18	19	20
21	22	23	24	25	26	27
28	29	30				

To ask what day of the week it is, say:

Point out that the days of the week are not capitalized in French. Have students repeat the days of the week.

- Quel jour est-ce aujourd'hui? C'est lundi.
- Quel jour sommes-nous? C'est mardi.

Normally the days of the week are used without an article:

- Dimanche prochain, nous allons faire un pique-nique.

To indicate, however, that an action happens repeatedly on a particular day, the definite article **le** is used.

*Have students give the days of the week beginning with **lundi.** Then give a day of the week and have students give the day before and the day after it.*

- Paul va à l'église le dimanche.   Paul goes to church on Sundays.

Vocabulaire   Here are other useful words for talking about when you do things.

le matin   in the morning
l'après-midi   in the afternoon
le soir   in the evening

demain matin   tomorrow morning
demain après-midi   tomorrow afternoon
demain soir   tomorrow evening

jeudi matin   Thursday morning
samedi après-midi   Saturday afternoon
lundi soir   Monday evening

lundi   mardi   mercredi   jeudi   Vendredi   Samedi

Substitutions: Gérard ne va pas à l'école aujourd'hui. le mercredi après-midi/le samedi après-midi/le dimanche   Les étudiants français vont à l'école le lundi. le mardi/le mercredi matin/le jeudi/le samedi matin   Est-ce que vous allez à la plage dimanche?   demain matin/aujourd'hui/mercredi après-midi/pendant le week-end

═ Préparation

A. Tu vas à la plage?   Robert is trying to find out when his friends are going to the beach. Give his questions.

MODÈLE   lundi
Tu vas à la plage lundi?

1. lundi
2. mardi
3. mercredi
4. jeudi
5. vendredi
6. samedi
7. dimanche

B. Une Semaine dans la vie de Jean-Louis. Jean-Louis's father wants to know what his son's plans are for this week. His mother answers him using Jean-Louis's weekly calendar. What does she say?

MODÈLE   Quand est-ce qu'il va aller à la poste?
Il va aller à la poste lundi. Point out that French calendars begin on Monday, whereas American and Canadian calendars begin on Sunday.

lundi	mardi	mercredi	jeudi	vendredi	samedi	dimanche
étudier	aller à la banque et à la poste	travailler à la bibliothèque	manger au restaurant Café France	aller au concert avec Annie	acheter des disques	faire un pique-nique avec Janine

1. Quand est-ce qu'il va étudier?
2. Quand est-ce qu'il va faire un pique-nique?
3. Quand est-ce qu'il va acheter des disques?
4. Quand est-ce qu'il va travailler à la bibliothèque?
5. Quand est-ce qu'il va aller au concert?
6. Quand est-ce qu'il va manger au restaurant?

1. mardi
2. dimanche
3. samedi
4. mercredi
5. vendredi
6. jeudi

C. Habitudes. Monsieur and Madame Laroutine always follow a regular schedule. What do they say they do?

MODÈLE   lundi / concert
Le lundi nous allons au concert.

1. lundi / supermarché
2. mardi / banque
3. mercredi / restaurant
4. jeudi / piscine
5. vendredi / cinéma
6. samedi / campagne
7. dimanche / église

1. au
2. à la
3. au
4. à la
5. au
6. à la
7. à l'

D. Interprète. Susan wants to write her French pen pal about some of the activities she likes. What does she write?

1. Tuesday evening I'm going to the swimming pool.
2. On Mondays I like to stay home.
3. I'm going to the movies on Friday night.
4. On Sundays I go to church with my parents.

1. Mardi soir je vais à la piscine.
2. Le lundi j'aime rester à la maison.
3. Je vais au cinéma vendredi soir.
4. Le dimanche je vais à l'église avec mes parents.

Communication

A. Visite d'un ami français. Imagine that a French exchange student is spending a week with you. Plan different activities for each day of the week.

Jour de la semaine	Activité
lundi	
mardi	
mercredi	
jeudi	
vendredi	
samedi	
dimanche	

EXEMPLE   Lundi nous allons manger au restaurant.

B. Activités personnelles. Using vocabulary you know, plan your evening activities for the coming week.

EXEMPLE   Lundi soir je vais étudier.

aller à la plage   aller à la campagne

manger au restaurant

aller au concert

aller au cinéma   faire un pique-nique

ALLER AU MATCH DE FOOTBALL   inviter des amis

aller au supermarché

After you have planned your activities, get together with other students and ask them yes-or-no questions to find out what they have planned for this week.

EXEMPLES   Est-ce que tu vas au cinéma lundi soir?
Est-ce que tu vas étudier lundi soir?

While visiting her cousin in France, Susan has some problems because she doesn't know that the French do certain things on different days of the week than Americans do. Can you help her find the solutions to her problems?

ON VA À LA PLAGE?

SUSAN On va à la plage samedi matin. Tu es d'accord?

DIDIER Mais écoute, ce n'est pas possible.

SUSAN Ce n'est pas possible . . . ? Je ne comprends pas.

Solutions Possibles

a. Most French young people don't like the outdoors; they prefer to read and discuss politics.

b. Didier would like to sleep late tomorrow because he's had a bad week.

c. French students have to go to school on Saturday mornings because they have Wednesday afternoons off.

ON VA AU MATCH DE FOOTBALL?

SUSAN On va au match de football vendredi après-midi?

DIDIER Je voudrais bien, mais ce n'est pas possible.

SUSAN Mais qu'est-ce qu'on va faire alors?

Solutions Possibles

a. High school soccer games are usually played on Saturday nights in France.

b. Although the French are very interested in soccer, interscholastic games are usually played on Wednesday afternoons with few spectators.

c. Didier would rather go to the movies but is hesitant to say so.

ON VA À LA BANQUE?

SUSAN Je voudrais aller à la banque lundi.

DIDIER Lundi après-midi ce n'est pas possible!

SUSAN Mais pourquoi?

Solutions Possibles

a. Many French stores and businesses are closed on Mondays.

b. Didier thinks that Susan already has enough cash.

c. You have to be a French citizen to use a French bank.

EXPLORATION

INDICATING WHEN MONTHS AND DATES

If students are not already doing so, encourage them to write dates on their papers (**lundi, 27 février**). You might also want to point out the short form of a date (**27/2**).

Substitutions: Nous allons à la plage en avril. mai/juin/juillet/août/septembre Je ne vais pas à la plage en octobre. novembre/décembre/janvier/février/mars/octobre

Présentation

To talk about the various dates that matter to us, we need to know the months of the year (**les mois de l'année**). They are:

janvier	avril	juillet	octobre
février	mai	août	novembre
mars	juin	septembre	décembre

Have students repeat the months of the year. Then give a month and have students give the month that follows and precedes it.

To say that something happens in a particular month, the preposition **en** is used. En juin, ils vont à la montagne. Nous n'allons pas à l'école en juillet et en août.	To identify a particular date, **le** + the number is used, except that **le premier (le 1ᵉʳ)** is used for the first day of the month. Nous allons à Paris le 6 avril. Nous avons un examen le 1ᵉʳ avril.
To ask the date say: Quelle est la date aujourd'hui? C'est le 14 janvier. Notice that **quel** (or **quelle**) is an adjective that agrees with the noun that it modifies. Note the double "l" in the feminine.	To ask when someone's birthday is, say: Quelle est la date de ton anniversaire? C'est le 17 mars.

Préparation

A. C'est quand ta fête? In France many people celebrate their saint's day (**la fête**) as well as their birthday. Use the calendar to tell in which month and on what day each of the following people celebrate their **fête**.

Inform students that since the majority of French people are Catholics, most people would go to an **église**. There are also **temples** for Protestants, **synagogues** for Jews, and **mosquées** for Moslems.

MODÈLE　Maurice
La fête de Maurice est le 22 septembre.

JANVIER	FÉVRIER	MARS	AVRIL	MAI	JUIN
☉ 7 h 45 a 16 h 03	☉ 7 h 23 a 16 h 47	☉ 6 h 34 a 17 h 33	☉ 5 h 30 a 18 h 20	☉ 4 h 32 a 19 h 04	☉ 3 h 54 a 19 h 44
1 J JOUR DE L'AN	1 D S° Ella	1 D S. Aubin	1 M S. Hugues	1 V FÊTE du TRAVAIL	1 L S. Justin
2 V S. Basile	2 L Presentation	2 L S. Charles le B	2 J S° Sandrine	2 S S. Boris	2 M S° Blandine ●
3 S S° Geneviève	3 M S. Blaise	3 M S. Gerard	3 V S. Richard	3 D SS Phil. Jacq.	3 M S. Kevin
4 D Épiphanie ●	4 M S° Veronique ●	4 M Cendres	4 S. Isidore ●	4 L S. Sylvain ●	4 J S° Clotilde
5 L S. Edouard	5 J S° Agathe	5 J S. Olive	5 D S° Irene	5 M S. Judith	5 V S. Igor
6 M S. Melaine ●	6 V S. Gaston	6 V S° Colette ●	6 L S. Marcellin	6 M S° Prudence	6 S S. Norbert
7 M S. Raymond	7 S S° Eugenie	7 S S° Félicité	7 M S. J-B de la S.	7 J S° Gisele	7 D PENTECÔTE
8 J S. Lucien	8 D S° Jacqueline	8 D Carême	8 M S° Julie	8 V S° Desire	8 L S. Medard
9 V S° Alix	9 L S° Apolline	9 S° Françoise R	9 J S. Gautier	9 S S. Pacôme	9 M S° Diane
10 S S. Guillaume	10 M S. Arnaud	10 M S. Vivien	10 V S. Fulbert	10 D Fête J.-d'Arc	10 M S. Landry
11 D S. Paulin	11 M N-D Lourdes	11 M S° Rosine	11 S S. Stanislas	11 L S° Estelle	11 J S. Barnabe
12 L S° Tatiana	12 J S° Felix	12 J S° Justine	12 D Rameaux	12 M S. Achille	12 V S. Guy
13 M S° Yvette	13 V S° Béatrice	13 V S. Rodrigue	13 L S° Ida	13 M S° Rolande	13 S S. Antoine de P.
14 M S° Nina	14 S S. Valentin	14 S S° Mathilde	14 M S. Maxime	14 J S. Matthias	14 D S. Elisee
15 J S. Remi	15 D S. Claude	15 D S° Louise de M.	15 M S. Paterne	15 V S° Denise	15 L S° Germaine
16 V S. Marcel	16 L S° Julienne	16 L S° Bénédicte	16 J S. Benoit-J	16 S S. Honore	16 M S. J.-F Regis
17 S S° Roseline	17 M S. Alexis	17 M S. Patrice	17 V S. Anicet	17 D S. Pascal	17 M S. Herve
18 D S° Prisca	18 M S° Bernadette	18 M S. Cyrille	18 S S. Parfait	18 L S. Eric	18 J S. Leonce
19 L S. Marius	19 J S. Gabin	19 J S. Joseph	19 D PÂQUES	19 M S. Yves	19 V S. Romuald
20 M S. Sébastien	20 V S° Aimee	20 V PRINTEMPS	20 L S° Odette	20 J S. Bernardin	20 S S° Silvere
21 M S° Agnès	21 S S° P Damien	21 S S° Clemence	21 M S. Anselme	21 J S. Constantin	21 D Fête-Dieu ÉTÉ
22 J S. Vincent	22 D S° Isabelle	22 D S° Lea	22 M S. Alexandre	22 V S. Émile	22 L S. Alban
23 V S. Barnard		23 L S. Victorien	23 J S. Georges	23 S S. Didier	23 M S° Audrey
24 S S. Fr. de Sales	23 L S. Lazare	24 M S° Cath. de Su	24 V S. Fidele	24 D S. Donatien	24 M S. Jean-Bapt.
25 D Conv S Paul	24 M S. Modeste	25 M Annonciation	25 S S. Marc		25 J S. Prosper
	25 M S. Romeo	26 J S° Larissa	26 D Jour du Souv.	25 L S° Sophie	26 V S. Anthelme
26 L S° Paule	26 J S. Nestor	27 V S. Habib		26 M S. Berenger	27 S S. Fernand
27 M S° Angele	27 V S° Honorine	28 S S. Gontran	27 L S° Zita	27 M S. Augustin	28 D S° Irenee
28 M S. Th d'Aquin	28 S S. Romain	29 D S° Gwladys	28 M S° Valerie	28 J ASCENSION	
29 J S. Gildas			29 M S° Cath de Si	29 V S. Aymard	29 L SS. Pierre, Paul
30 V S° Martine		30 L S. Amédee	30 J S. Robert	30 S S. Ferdinand	30 M S. Martial
31 S S° Marcelle		31 M S. Benjamin		31 D Fête des Mères	

JUILLET	AOUT	SEPTEMBRE	OCTOBRE	NOVEMBRE	DECEMBRE
☉ 3 h 53 a 19 h 56	☉ 4 h 25 a 19 h 28	☉ 5 h 03 a 18 h 32	☉ 5 h 51 a 17 h 29	☉ 6 h 39 a 16 h 29	☉ 7 h 24 a 15 h 55
1 M S. Thierry ●	1 S S. Alphonse	1 L S. Gilles	1 J S° Th. de E.-J	1 D TOUSSAINT	1 M S° Florence
2 J S. Martinien	2 D S. Julien-Ey	2 M S. Ingrid	2 V S. Leger	2 L Defunts	2 M S° Viviane
3 V S. Thomas	3 L S° Lydie	3 M S. Gregoire	3 S S. Gerard	3 M S. Hubert	3 J S. Xavier
4 S S. Florent	4 M S. J-M Vian	4 J S° Rosalie	4 D S. Fr-d'Assise	4 M S. Charles	4 V S° Barbara
5 D S. Antoine M.	5 M S. Abel	5 V S° Raissa	5 L S° Fleur	5 J S° Sylvie	5 S S. Gerald
6 L S° Mariette G	6 J Transfiguration	6 S S. Bertrand	6 M S. Bruno	6 V S° Bertille	6 D S. Nicolas
7 M S. Raoul	7 V S° Gaetan	7 L S° Reine	7 M S. Serge	7 S S° Carine	7 L S. Ambroise
8 M S. Thibaut	8 S S. Dominique	8 M Nativite N-D	8 J S° Pelagie	8 D S. Geoffroy	8 M Imm. Concept
9 J S° Amandine	9 D S. Amour	9 M S. Alain	9 V S. Denis	9 L S. Théodore	9 M S. P.-Fourier
10 V S. Ulrich	10 L S. Laurent	10 J S° Ines	10 S S. Ghislain	10 M S. Léon	10 J S. Romaric
11 S S. Benoit	11 M S° Claire	11 V S° Adelphe	11 D S. Firmin	11 M ARMISTICE	11 V S. Daniel
12 D S. Olivier	12 M S° Clarisse	12 S S° Apollinaire	12 L S. Wilfried	12 J S. Christian	12 S S° Jeanne-F C
13 L SS Henri, Joel	13 J S° Hippolyte	13 D S° Aime	13 M S. Geraud	13 V S. Brice	13 D S° Lucie
14 M FÊTE NATIONALE	14 V S. Evrard	14 L La St-Croix	14 M S. Juste	14 S S. Sidoine	14 L S° Odile
15 M S. Donald	15 S ASSOMPTION	15 M S. Roland	15 J S° Th. d'Avila	15 D S. Albert	15 M S° Ninon
16 J N-D Mt Carm.	16 D S. Armel	16 M S° Edith	16 V S° Edwige	16 L S° Marguerite	16 M S° Alice
17 V S° Charlotte	17 L S. Hyacinthe	17 J S. Renaud	17 S S. Baudouin	17 M S° Elisabeth	17 J S. Gael
18 S S S Frederic	18 M S° Helene	18 V S° Nadege	18 D S. Luc	18 M S° Aude	18 V S. Gatien
19 D S. Arsene	19 M S. Jean Eudes	19 S S° Émilie	19 L S. Rene	19 J S. Tanguy	19 S S. Urbain
20 L S° Marina	20 J S. Bernard	20 D S. Davy	20 M S° Adeline	20 V S. Edmond	20 D S. Abraham
21 M S. Victor	21 V S. Christophe	21 L S. Matthieu	21 M S° Celine	21 S Près. de Marie	21 L HIVER
22 M S° Marie-Mad	22 S S. Fabrice	22 M S. Maurice	22 J S° Elodie	22 D S° Cécile	22 M S° Françoise-X.
23 J S° Brigitte	23 D S° Rose de L	23 M AUTOMNE	23 V S. Jean de C.	23 L S. Clement	23 M S. Armand
24 V S° Christine G	24 L S. Barthelemy	24 J S° Thecle	24 S S° Florentin	24 M S° Flora	24 J S° Adele
25 S S. Jacques	25 M S. Louis	25 V S. Hermann	25 D S. Crepin	25 M S° Catherine L	25 V NOEL
26 D SS Anne, Joa	26 M S° Natacha	26 S SS Côme, Dam	26 L S. Dimitri	26 J S° Delphine	26 S S. Etienne ●
27 L S° Nathalie	27 J S° Monique	27 D S. Vinc. de Paul	27 M S° Emeline	27 V S. Severin	27 D S. Jean
28 M S. Samson	28 V S. Augustin	28 L S. Venceslas ●	28 M SS. Sim.-Jude	28 S S° Jacq.de la M.	28 L SS Innocents
29 M S° Marthe	29 S S° Sabine	29 M S. Michel	29 J S. Narcisse	29 D Avent	29 M S. David
30 J S° Juliette	30 D S. Fiacre	30 M S. Jerome	30 V S° Bienvenue	30 L S. Andre	30 M S. Roger
31 V S. Ignace de L	31 L S. Aristide		31 S S. Quentin		31 J S. Sylvestre

Fonderie CASLON · Paris

1. David
2. Didier
3. Roseline
4. Justin
5. Béatrice
6. Claire
7. Frédéric
8. Françoise
9. Émilie
10. Valérie
11. Bruno
12. Alice

1. le 29 décembre
2. le 23 mai
3. le 17 janvier
4. le 1er juin
5. le 13 février
6. le 11 août
7. le 18 juillet
8. le 9 mars
9. le 19 septembre
10. le 28 avril
11. le 6 octobre
12. le 16 décembre

Remind students that the date precedes the month in French.

B. Et ton anniversaire, c'est quand? French young people also celebrate their birthdays (**anniversaire**) in much the same way we do. Tell when each of the following have their birthdays.

> MODÈLE   Michel 21 / 2
> **L'anniversaire de Michel est le vingt et un février.**

1. Thérèse 17 / 10
2. Gilbert 13 / 2
3. Régis 3 / 5
4. Régine 1 / 8

5. Antoinette 18 / 12
6. Serge 11 / 1
7. Laurent 5 / 4
8. Lynne 7 / 7

1. le dix-sept octobre
2. le treize février
3. le trois mai
4. le premier août
5. le dix-huit décembre
6. le onze janvier
7. le cinq avril
8. le sept juillet

Communication

A. Quand est ton anniversaire? Ask yes-or-no questions to find out in as few questions as possible the birthday of another student.

> EXEMPLES   Est-ce que tu as ton anniversaire en mars?
> Est-ce que ton anniversaire est en juillet?

B. Bon anniversaire! Give the birthdays of members of your family or friends.

> EXEMPLE   L'anniversaire de mon frère est le sept janvier.

Have students tell when their favorite television or movie stars celebrate their birthdays.

C. Les mois. Tell in what month(s) people generally do the following things.

> EXEMPLE   aller à la piscine
> On va à la piscine en juin, en juillet, et en août.

1. aller en vacances
2. aller aux matches de football
3. aller à la plage

4. faire des pique-niques
5. aller à la montagne
6. aller à l'école

PERSPECTIVES

Le secret des étoiles

Reading this horoscope provides a very important new experience in learning French. It is your first experience with extending what you have already learned in French to new words and expressions. You will see new words that are related to familiar words (for example, the noun *le travail* is related to the verb *travailler*, and the verb *embêter* to the adjective *embêtant*). You will also encounter words used in new combinations (for example, *faire un voyage* and *ça ne va pas être facile*). Use what you know already, and you'll quickly discover you can understand the new material.

This reading can be done in one or several days because the *Compréhension* questions on p. 110 follow the order of the horoscope.

Horoscope et signes du zodiaque

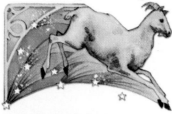

Capricorne   Capricorn

(21 décembre–19 janvier)

Ton <u>travail</u> va <u>bien marcher</u>. Mais ta vie va être assez compliquée. Tu vas <u>peut-être</u> faire un voyage.

work/go well

perhaps

Verseau   Aquarius

(20 janvier–18 février)

Tu vas avoir une semaine difficile à l'école. Mais tu vas peut-être passer un week-end formidable <u>chez</u> des <u>copains</u>.

at (the house of) friends

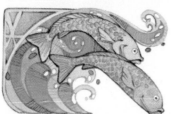

Poissons   Pisces

(19 février–20 mars)

Jeudi va être ton jour de <u>chance</u>. Tu vas avoir des résultats excellents dans ton travail.

luck

Bélier   Aries

(21 mars–20 avril)

La chance va être avec toi. Tu vas continuer à être le leader de ton petit groupe. Ton travail va bien marcher.

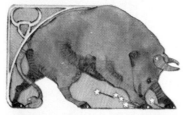

Taureau   Taurus

(21 avril–20 mai)

<u>Ça</u> ne va pas être facile. Tes parents vont être très sévères, et tes copains vont être embêtants.

it, that

Gémeaux   Gemini

(21 mai–21 juin)

Tu <u>risques</u> d'avoir des difficultés dans ton travail à l'école. Tu vas <u>être obligé de</u> travailler beaucoup.

run the risk

have to

Cancer Cancer

(22 juin–23 juillet)

En général, tu es dans une excellente période. Mais <u>attention</u>! <u>Si</u> tu n'es pas prudent, tu risques d'avoir des problèmes avec tes copains.

careful/if

Lion Leo

(24 juillet–22 août)

Ça va assez bien. Tu es toujours énergique et dynamique. Mais attention! Ton énergie risque de <u>fatiguer</u> tout le monde.

tire (out)

Vierge Virgo

(23 août–22 septembre)

Ça va être une période assez facile mais pas très intéressante. Tu vas être obligé d'aider tes parents à la maison.

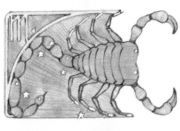

Balance Libra

(23 septembre–22 octobre)

Tu vas avoir une excellente semaine! Tu vas aider un de tes copains dans une situation difficile.

Scorpion Scorpio

(23 octobre–21 novembre)

C'est ta semaine de chance. Mais ce n'est pas une raison <u>pour</u> <u>oublier</u> tes responsabilités.

for/forget

Sagittaire Sagittarius

(22 novembre–20 décembre)

Le week-end va être difficile. Les <u>choses</u> ne vont pas aller comme tu désires. Mais ce n'est pas une raison pour <u>embêter</u> tout le monde.

things

annoy

1. Je vais peut-être faire un voyage.
2. Je vais peut-être passer le week-end avec des copains.
3. Je vais avoir des résultats excellents dans mon travail.

4. La chance va être avec moi.
5. vrai
6. vrai

COMPRÉHENSION   Answers may vary when students correct the statements.

Did the following people understand their horoscope? If not, correct their statements.

1. Marie-Paul (Capricorne)
   "Je vais être obligée de rester à la maison pour aider mes parents."
2. Bernard (Verseau)
   "Je vais aller passer le week-end chez mes grands-parents qui habitent à la campagne."
3. Gilbert (Poissons)
   "Mon travail ne va pas bien marcher."
4. Jean-Claude (Bélier)
   "Je ne vais pas avoir de chance."
5. Chantal (Taureau)
   "Je vais avoir des problèmes avec mes copains."
6. Josette (Gémeaux)
   "Mon travail à l'école ne va pas très bien marcher."
7. Philippe (Cancer)
   "En général, je vais avoir une semaine très difficile."
8. Corinne (Lion)
   "Je suis très fatiguée, et je vais avoir une semaine très difficile."
9. Valérie (Vierge)
   "Je vais passer la semaine chez des amis de mes parents."

Point out that **obligée** agrees with the subject.

10. Christian (Balance)
    "Un de mes copains va avoir des problèmes."
11. Catherine (Scorpion)
    "Ça va être ma semaine de chance."
12. Jean-Max (Sagittaire)
    "Je vais passer un excellent week-end avec mes copains."

7. Je suis dans une excellente période.
8. Je suis toujours énergique et dynamique.
9. Je vais être obligée d'aider mes parents à la maison.

10. vrai
11. vrai
12. Le week-end va être difficile.

COMMUNICATION

A. **Apprentis astrologues.**   Madame Claire Voyante did not have time to complete one of her horoscopes for this week's paper. Help her by completing the blanks in the following paragraph with the appropriate word or phrases. Use vocabulary you know and refer to the horoscopes in the *Perspectives* for additional help.

Ça va être une période . . . pour toi. Tu vas aider tes . . . , et ils vont être très . . . . À l'école tu vas avoir . . . , et à la maison tes parents vont être . . . . Le week-end va être . . . pour toi. Mais attention! Tu vas être obligé d(e) . . . . Si tu . . . , tu risques d(e) . . . .

B.   **Vous êtes astrologue!**   Find out the zodiac signs of several students in your class. Then write a short horoscope for them using the vocabulary you know.

C.   **Questions/Interview.**   Using the words and phrases provided, make up questions to ask another student or group of students to find out what they are planning to do. Remember to use a form of the verb **aller** and a group of words describing the activity.

EXEMPLES   Est-ce que tu vas aller au cinéma vendredi soir?
Est-ce que tes amis vont aller à la plage en
juillet?

Tu Vous Tes amis Tes parents	aller au cinéma être obligé(e/s) de travailler manger au restaurant aller au concert rester à la maison aider à la maison aller au match de football faire un voyage aller à la plage aller chez des copains aller à l'école faire un pique-nique ?	vendredi soir pendant les vacances la semaine prochaine pendant le week-end samedi matin dimanche prochain lundi après-midi ?

The "?" in the right-hand column is an invitation to say what you want using vocabulary you know. You might, for example, want to ask: **Est-ce que tu vas aller chez tes grands-parents le week-end prochain?**

You may wish to have students ask questions using the words provided and then use the question mark option to prepare original questions.

D.   **C'est mon anniversaire.**   Using the suggestions below, tell what gift(s) you would like to receive for your birthday and what you would like to do.

EXEMPLE   Je voudrais un vélo, et je voudrais inviter des amis.

Je voudrais	une radio une guitare des livres un vélo une moto une voiture ?	et je voudrais	faire un pique-nique inviter des amis aller au concert aller à la plage aller à la campagne aller à la montagne ?

VOCABULAIRE DU CHAPITRE

NOUNS REFERRING TO PLACES

l'**aéroport** (m)   airport
la **banque**   bank
la **bibliothèque**   library
le **café**   café
la **campagne**   country
l'**église** (f)   church
la **gare**   railroad station
l'**hôpital** (m)   hospital
l'**hôtel** (m)   hotel
la **montagne**   mountain
la **piscine**   swimming pool
la **plage**   beach
la **poste**   post office
le **restaurant**   restaurant
le **stade**   stadium
le **supermarché**   supermarket

OTHER NOUNS

l'**anniversaire** (m)   birthday
la **carotte**   carrot
la **chance**   luck
la **chose**   thing
le **concert**   concert
le **copain**   pal, friend
la **difficulté**   difficulty
l'**énergie** (f)   energy
les **épinards** (m)   spinach
la **fête**   saint's day, holiday
le **frigo**   refrigerator
le **fruit**   fruit
le **groupe**   group
le **hamburger**   hamburger
l'**idée** (f)   idea
le **leader**   leader
les **légumes** (m)   vegetables
le **match**   game, match
on (pronoun)   one, we, they
la **raison**   reason
la **responsabilité**   responsibility
le **résultat**   result
le **sandwich**   sandwich
la **situation**   situation
le **travail**   work
le **voyage**   voyage, trip

VERBS

acheter   to buy
aider   to help
aller   to go
apporter   to bring
continuer   to continue
embêter   to annoy
être obligé de   to have to
faire   to do, make
fatiguer   to tire (out)
inviter   to invite
jouer   to play
manger   to eat
nager   to swim
oublier   to forget
organiser   to organize
passer   to spend, pass
préparer   to prepare
risquer   to run a risk of

WORDS RELATED TO TIME

l'**après-midi** (m)   afternoon
aujourd'hui   today
demain   tomorrow
le **matin**   morning
le **mois**   month
la **période**   period
le **premier**   first
la **semaine**   week
le **soir**   evening

OTHER WORDS AND EXPRESSIONS

alors   then, so
bien marcher   to go well
Non alors!   Not that!
Attention!   Be careful!
ça   that
d'accord   okay
Je voudrais . . .   I would like . . .
peut-être   perhaps
si   if

ADJECTIVES

dynamique   dynamic
énergique   energetic
prochain   next
prudent   careful
quel, quelle   what

PREPOSITIONS

après   after
chez   at the home of
pendant   during
pour   for

CINQUIÈME CHAPITRE

Favorite Foods

5

INTRODUCTION

Qu'est-ce que vous aimez manger?

Menu

Daube de Provence
ou vin rouge
Paella Valencienne
Côtelette aux
tomates grillées
Rôti de Boeuf

Salade
Pommes Frites
Haricots Verts
Petits Pois Carottes
Fromage
Pâtisseries
Café Thé

Point out that Toulon is a city in southern France on the Mediterranean Sea.

A French food chain is interested in finding out what French teenagers like to eat. In the following conversation, one of their representatives is interviewing Daniel Sabatier, a French teenager from Toulon.

L'INTERVIEWEUR	Quel <u>repas</u> est-ce que vous préférez?	meal
DANIEL	Le dîner. Le matin, je suis toujours <u>pressé</u>. Et à <u>midi</u>, je mange à l'école.	in a hurry noon
L'INTERVIEWEUR	Quelle sorte de <u>viande</u> est-ce que vous aimez?	meat
DANIEL	J'adore le <u>poulet rôti</u>.	roast chicken
L'INTERVIEWEUR	Quels <u>légumes</u> est-ce que vous préférez?	vegetables
DANIEL	En général, je n'aime pas beaucoup les légumes.	
L'INTERVIEWEUR	Et comme dessert, qu'est-ce que vous préférez?	
DANIEL	Mon dessert préféré est la <u>tarte aux fraises</u> ou <u>la glace</u> au chocolat.	strawberry tart ice cream
L'INTERVIEWEUR	Et comme <u>boisson</u>?	drink, beverage
DANIEL	<u>Le coca</u>.	a cola drink

1. le dîner
2. à l'école
3. le poulet rôti
4. Il n'aime pas les légumes.
5. La tarte aux fraises, la glace au chocolat
6. le coca

COMPRÉHENSION

Answer the following questions based on the interview.

1. Quel repas est-ce que Daniel préfère?
2. Où est-ce qu'il mange à midi?
3. Quelle viande est-ce qu'il aime?
4. Est-ce que Daniel aime beaucoup les légumes?
5. Quels desserts est-ce qu'il préfère?
6. Quelle boisson est-ce qu'il aime?

What kinds of food do you like? Imagine that you are participating in the survey. Using the scale below, indicate how much you like or dislike each item.

| Je déteste | Je n'aime pas | J'aime assez | J'aime beaucoup | J'adore |

1. Quel repas est-ce que vous préférez?

le petit déjeuner   le déjeuner   le dîner

2. Quelle sorte de viande est-ce que vous aimez?

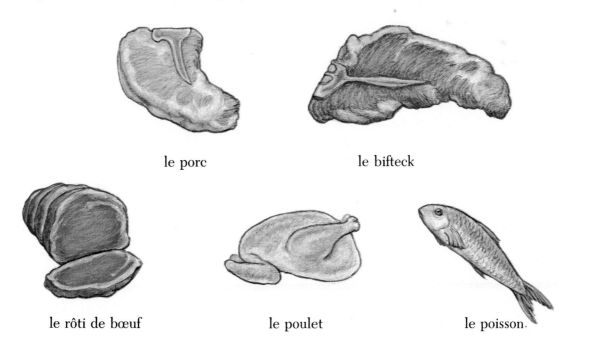

le porc   le bifteck

le rôti de bœuf   le poulet   le poisson

3. Quels légumes est-ce que vous préférez?

les pommes de terre (*f*)   les haricots verts (*m*)   les petits pois (*m*)

les carottes (*f*)   les tomates (*f*)   la salade

4. Quelle sorte de dessert est-ce que vous préférez?

le fromage   les pâtisseries (*f*)   les fruits (*m*)   les glaces (*f*)

5. Quels fruits est-ce que vous préférez?

les pommes (*f*)   les raisins (*m*)   les poires (*f*)

les cerises (*f*)   les oranges (*f*)   les bananes (*f*)

6. Quelles boissons est-ce que vous aimez?

le lait   l'eau minérale (*f*)   le thé

le coca   le café   le jus d'orange

7. Quelle sorte de petit déjeuner est-ce que vous préférez?

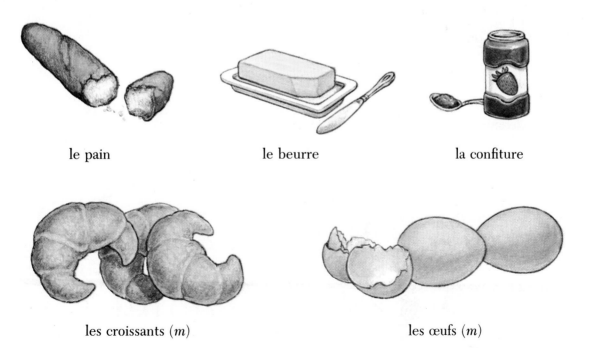

le pain   le beurre   la confiture

les croissants (*m*)   les œufs (*m*)

Point out that **des œufs** is pronounced
/dezø/ whereas the singular is /oēnœf/.

EXPLORATION

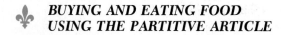

BUYING AND EATING FOOD
USING THE PARTITIVE ARTICLE

Présentation

When talking about food, both in English and in French, we find that there are some nouns with which numbers are not generally used. They are things that are not countable. We don't usually say, for example, "three butters," "six waters," or "two breads." Instead we often use the words "some" or "any" before these nouns.

In French the meaning of *some* or *any* is conveyed by what is called the partitive article. Its forms are:

Before a Masculine Noun	Before a Feminine Noun	Before a Noun beginning with a Vowel Sound
du chocolat	**de la** viande	**de l'**eau

Répétition: Je mange de la salade. du chocolat/de la viande Je voudrais du coca. du lait/du pain/du beurre

A. The partitive article may not be omitted in French as it sometimes is in English. Study its use in these sentences.

- Nous mangeons de la glace.
- Est-ce que vous avez du porc?
- Paul va acheter de l'eau minérale.

Substitutions: Je vais acheter du pain. confiture/fromage/glace Il y a de la viande. eau minérale/ salade/poulet/porc

B. Just like the indefinite article, after a negative verb the partitive article always becomes **de** (or **d'** before a vowel sound).

- Il n'y a pas de dessert.
- Vous n'avez pas d'eau minérale?

Préparation

A. **Vérification.** Jeannette and Olivier are getting ready to leave the market. Jeannette is checking her shopping list to make sure they have everything they need. What does Olivier say?

> MODÈLE   le pain
> **Nous avons du pain.**

1. le beurre	1. du	**5.** la confiture	5. de la
2. la glace	2. de la	**6.** le poisson	6. du
3. le lait	3. du	**7.** le poulet	7. du
4. la viande	4. de la	**8.** l'eau minérale	8. de l'

B. **Le petit déjeuner.** Laure is asking her mother what's for breakfast. What does her mother say?

> MODÈLE   pain
> **Il y a du pain.**

1. thé	1. du	**4.** confiture	4. de la
2. café	2. du	**5.** chocolat	5. du
3. beurre	3. du	**6.** pain	6. du

C. **Qu'est-ce qu'il y a dans le frigo?** Before going shopping, Jacqueline checks to see what she has in the refrigerator. Tell what she's out of.

> MODÈLE   fromage
> **Il n'y a pas de fromage.**   All answers begin with **Il n'y a pas de (d')** . . . .

1. pain	**5.** viande
2. beurre	**6.** confiture
3. eau minérale	**7.** poisson
4. glace	**8.** lait

D. Qu'est-ce que Jacqueline va acheter? Using the items below, tell what Jacqueline is going to buy.

MODÈLE

Elle va acheter du fromage.

1.
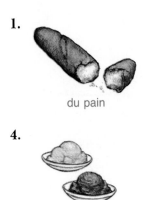
du pain

2.

du beurre

3.

de l'eau minérale

4.

de la glace

5.

du porc

6.

de la confiture

7.

du poisson

8.
du lait

9.
du rôti de bœuf

10.
du poulet

11.

du thé

12.

du café

E. Pas de dessert pour moi! Madame Legros is on a diet and must reject all the waiter's suggestions for dessert.

MODÈLE   De la glace, madame?
            Non, merci. Je ne mange pas de glace.

All answers begin with **Je ne mange pas de . . . .**

1. Des pâtisseries?
2. Des tartes?
3. De la glace aux fraises?
4. Du fromage?
5. Des raisins?
6. Des bananes?

Communication

A. **Interview.** Using the words given below, make questions to ask other students about their food preferences.

EXEMPLES le rôti
Est-ce que tu manges souvent du rôti?

Oui, je mange souvent du rôti.
Non, je mange rarement du rôti.
Non, je ne mange jamais de rôti.

1. le poisson
2. le porc
3. le poulet
4. le fromage
5. la glace
6. la tarte aux fraises
7. le chocolat
8. le pain
9. les légumes
10. les petits pois
11. les haricots verts
12. les carottes

B. Au restaurant. Use the menu items below to play the role of customer or waiter in a restaurant. The waiter asks the customers which items they wish to order, and each customer answers.

EXEMPLE   pain

Point out to students that **merci** can also mean *No, thank you.*

Le garçon	Vous désirez du pain?
Le client	Oui, je voudrais du pain.
La cliente	Non, pas de pain, merci.

1. poisson
2. poulet
3. rôti de bœuf
4. porc
5. eau minérale
6. lait
7. thé
8. café
9. coca
10. salade
11. fromage
12. glace

MENU DU JOUR
PRIX FIXE

Foie gras
Rôti de porc en croûte
Pommes de terre à la maison et haricots verts
Salade
Plateau de fromages
Tarte aux poires

C. On va bien manger! It's your turn to plan the breakfast, lunch, and dinner menu for your family. Tell what you are going to buy.

EXEMPLE   Pour le petit déjeuner, je vais acheter des croissants, du beurre, et de la confiture.

Deux bonnes sources de vitamine A.

La vitamine A, c'est une vitamine indispensable à la croissance des enfants.
Pour les parents aussi, c'est vraiment une bonne vitamine : bonne pour la vue, la peau et les cheveux; elle renforce l'organisme, et lui permet de mieux réagir contre les agressions du quotidien.
Le beurre, comme certains légumes et certains fruits, est une source naturelle de vitamine A.

CENTRE NATIONAL INTERPROFESSIONNEL DE L'ECONOMIE LAITIERE   Feldman, Calleux & Associés

Le beurre, un bon aliment.

Un hamburger est un hamburger est un hamburger. Vrai ou faux? Faux.
Les Français mangent aussi des hamburgers de temps en temps, mais
un hamburger français n'est pas un hamburger américain. Quelles sont
les différences?

EXPLORATION

Présentation

You have now learned to use three different articles. They are important because they are used so frequently and because they convey different meanings. Contrast the uses in the following chart.

To Convey the Meanings "a," "an," "some," or "any"				To Convey the Meaning "the" or to refer to a noun in general the definite article is used.
Indefinite articles are used with nouns that are countable.		Partitive articles are used with nouns that are *not* countable.		J'aime . . . le bœuf la viande l' eau minérale les livres
un des	croissant croissants	du	beurre	
une des	tomate tomates	de la	viande	
une des	orange oranges	de l'	eau	
In the negative the indefinite and the partitive articles become **de** or **d'**.				No article change occurs with the definite article after a negative.
pas de pas de pas d'	croissants tomates oranges	pas de pas de pas d'	beurre viande eau	Je n'aime pas . . . le bœuf la viande l' eau

In English you do not always have to distinguish between the partitive and definite articles. In French, however, the article may not be omitted.

I like fish.	J'aime le poisson.
I'm eating fish.	Je mange du poisson.
I don't like vegetables.	Je n'aime pas les légumes.
I don't eat vegetables.	Je ne mange pas de légumes.

Préparation

A. Au supermarché.   Armand is shopping with his mother. He doesn't like anything that she wants to buy. What does Armand say?

> MODÈLE   On achète du porc?
> **Non, je n'aime pas le porc.**

Non, je n'aime pas . . . .

1. On achète du fromage?
2. On achète du poisson?
3. On achète de la confiture?
4. On achète des fraises?
5. On achète de l'eau minérale?
6. On achète des légumes?

1. le fromage
2. le poisson
3. la confiture
4. les fraises
5. l'eau minérale
6. les légumes

B. Dîner chez Gérard.   Laurent has been invited to dinner at Gérard's house. Gérard tries to find out what Laurent would like to eat. Give Laurent's answers.

> MODÈLE   Est-ce que tu aimes le poisson?
> **Oui, je mange souvent du poisson.**

Oui, je mange souvent . . . .

1. Est-ce que tu aimes la tarte?   de la tarte
2. Est-ce que tu aimes le fromage?   du fromage
3. Est-ce que tu aimes le porc?   du porc
4. Est-ce que tu aimes le poulet?   du poulet
5. Est-ce que tu aimes la salade?   de la salade

C. Au restaurant.   It is late in the evening and Monsieur Dufour's favorite restaurant has run out of a number of items on the menu. How does the waiter answer him when he gives his order?

> MODÈLE   Il y a des cerises?
> **Il n'y a pas de cerises.**

All answers begin with **Il n'y a pas de . . . .**

1. Il y a du poulet rôti?
2. Il y a des haricots verts?
3. Il y a des poires?
4. Il y a de la glace?
5. Il y a des fraises?
6. Il y a des petits pois?

A. **Habitudes.** Indicate how often you eat the following foods.

> EXEMPLES   le rôti
> Je mange souvent du rôti.
> Je mange rarement du rôti.
> Je ne mange jamais de rôti.

1. le poisson
2. les carottes
3. les épinards
4. les pommes de terre
5. la salade
6. le fromage

B. **Préférences.** Indicate how well you like the following foods.

> EXEMPLES   le porc
> J'aime beaucoup le porc.
> Je n'aime pas le porc.

1. le pain
2. les cerises
3. les poires
4. la glace
5. les pâtisseries
6. la confiture

C. **Interview.** Using the words and phrases provided, ask questions to find out about another student's food preferences.

> EXEMPLES   manger souvent / bifteck
> Est-ce que tu manges souvent du bifteck?
>
> aimer beaucoup / bifteck
> Est-ce que tu aimes beaucoup le bifteck?

1. aimer / légumes
2. manger souvent / légumes
3. préférer / haricots ou petits pois
4. manger quelquefois / poisson
5. préférer / poisson ou viande
6. aimer / fromage
7. préférer / fromage ou pâtisseries
8. manger quelquefois / fromage français
9. préférer / pain français ou pain américain

FROMAGES

Fromage de monsieur, *2F*
Triple crème, *3F*
Brie, *4,50F*
Munster, *4,50F*
Livarot, *3,50F*
Pont-Lévêque, *3F*
Vacherin, *6F*
Fourme d'Ambert, *3,50F*
Bleu d'Auvergne, *3,50F*
Brillat savarin, *4,50F*
Emmenthal, *3F*
Comté, *3F*
Beaufort, *3,80F*

Les illustrations représentent des repas assez typiques dans une famille française.

Le petit déjeuner
Sur la table il y a . . .
    du thé
    du café
    du chocolat
    des croissants
    du pain et
        de la confiture

Le déjeuner
Aujourd'hui on va manger . . .
    des artichauts
    un bifteck avec de la salade
        et des pommes de terre
    du fromage
    une tarte aux pommes
    Et bien sûr, du pain

Le dîner
Et pour le dîner il y a . . .
    de la soupe
    une omelette
    du fromage et
        des fruits
    du pain

Et vous, qu'est-ce que vous mangez pour le petit déjeuner, le déjeuner, et le dîner?

EXPLORATION

EXPRESSING NEEDS
EXPRESSIONS WITH *AVOIR*

Présentation

A. Using **avoir faim** and **avoir soif.**

To talk about being hungry or thirsty, the verb **avoir** is used with the nouns **faim** (*hunger*) and **soif** (*thirst*). This is different from English, which uses the verb *to be* with adjectives. Study the following sentences, which show uses of these expressions.

J'ai faim.   I'm hungry.
Est-ce que tu as soif?   Are you thirsty?

B. Using **avoir besoin de.**

Répétition: J'ai faim, tu as faim, etc. J'ai soif, tu as soif, etc,

To talk about needing something, **avoir besoin de** is used. **Avoir besoin de** can be followed by a noun or an infinitive.

J'ai besoin d'argent.   I need some money.
J'ai besoin d'acheter un stylo.   I need to buy a pen.
Nous avons besoin de viande,   We need some meat,
   de pain, et de légumes.   bread, and vegetables.

Répétition: J'ai besoin de manger, tu as besoin de manger, etc.

Préparation

A. **Au supermarché.**   Monsieur and Madame Legrand are getting ready to go to the supermarket. What do they say they need?

> MODÈLE   légumes
> **Nous avons besoin de légumes.**

Point out that **de** is always used with **avoir besoin.**

1.	fromage	**1.** de	3. eau minérale	**3.** d'	5. œufs	**5.** d'
2.	lait	**2.** de	4. viande	**4.** de	6. pommes	**6.** de

B. **Obligations.**   Several students are talking about what they need to do after school. Tell what they say.

> MODÈLE   nous / étudier
> **Nous avons besoin d'étudier.**

1. nous / aller à la bibliothèque
2. Catherine / étudier
3. Roland / aller au supermarché
4. vous / aller à la poste
5. tu / aider tes parents
6. je / acheter des cahiers

1. Nous avons besoin d' . .
2. Catherine a besoin d' . .
3. Roland a besoin d' . . . .
4. Vous avez besoin d' . . .
5. Tu as besoin d' . . . .
6. J'ai besoin d' . . . .

C. **Au café.**   A group of friends is at a neighborhood café and is ordering things to eat and drink. Based on what they say, complete their statements with the appropriate form of **avoir faim** and **avoir soif.**

MODÈLE

You might want to tell students about other stores in France: **la poissonnerie, la charcuterie, le marchand de fruits et légumes, le marchand de vins.** Mention also that the **épicerie,** although small, is somewhat similar to neighborhood groceries in
(cont. on next page)

D. Attention! Madame Bacquet is always concerned about whether or not her children are well taken care of. Give her children's answers to her questions.

MODÈLE   Vous avez besoin d'aller à la bibliothèque? (non)
Non, nous n'avons pas besoin d'aller à la bibliothèque.

1. Est-ce que tu as faim, Michelle? (oui)   1. J'ai faim.
2. Est-ce que Janine a soif? (non)   2. Elle n'a pas soif.
3. Et tes frères, est-ce qu'ils ont soif? (oui)   3. Ils ont soif.
4. Est-ce que tu as besoin d'étudier, Gérard? (non)   4. Je n'ai pas besoin d'étudier.
5. Et ta petite sœur, est-ce qu'elle a besoin d'étudier? (oui)   5. Elle a besoin d'étudier.

Communication

Besoins. Using the items below, tell whether or not you need the following.

EXEMPLES   une semaine de vacances
Mais oui! J'ai besoin d'une semaine de vacances.

travailler
Mais non! Je n'ai pas besoin de travailler.

1. étudier
2. manger des légumes et des fruits
3. aider mes parents à la maison
4. aller au supermarché
5. un week-end à la plage
6. oublier mes problèmes
7. une voiture
8. acheter des crayons

See teacher's notes at top of pp. 130–31.

Interlude/Culture

Quand les Américains ont besoin de pain, de lait, ou de fruits, ils vont au supermarché. Les Français aussi vont souvent au supermarché. Mais beaucoup préfèrent aller dans des petits magasins. Dans quels magasins est-ce qu'ils vont?

Pour acheter du pain, ils vont à la boulangerie.

the United States, and carries most products except meat. In addition, many people in France like to shop in an open-air market, **le marché,** which is usually held once a week, on Saturday.

Mention a product and have students tell where they would buy it (**pain → on va à la boulangerie**).

Pour acheter du café, de l'eau minérale, des fruits, des légumes, etc., ils vont à l'épicerie.

Quand les Français ont besoin de lait, de beurre, ou de fromage, ils vont à la crémerie.

Et bien sûr, pour acheter des pâtisseries, des tartes, ou de la glace, ils vont à la pâtisserie.

Quand ils ont besoin de viande, ils vont à la boucherie.

You may wish to review the singular forms of possessive adjectives, which are found on p. 73.

Have students repeat the adjectives and nouns in the chart. Have students note that **votre** and **vos** are used when talking to several people or to a person with whom they would use the formal **vous**.

EXPLORATION

⚜ *INQUIRING ABOUT OTHERS*
USING THE PLURAL POSSESSIVE ADJECTIVES

Présentation

When talking or inquiring about others, the words *our*, *your*, and *their* are important. The French equivalents for these possessive adjectives are:

		Singular	Plural
our		**notre** livre **notre** classe	**nos** livres **nos** classes
your		**votre** livre **votre** classe	**vos** livres **vos** classes
their		**leur** livre **leur** classe	**leurs** livres **leurs** classes

Note that the forms of these possessive adjectives are the same for masculine and feminine nouns.

- Notre ville est assez grande, mais notre aéroport est petit.
- Leur tarte est excellente, mais leur pain n'est pas formidable.

Préparation

A. **Restaurant "Chez Pierre."** André is asking a friend about the food at a small neighborhood restaurant. Give his questions.

MODÈLES   le poisson   les légumes
          Comment est leur poisson?   **Comment sont leurs légumes?**

1. leur
2. leurs
3. leurs   **1.** le poulet   **3.** les pommes de terre   **5.** la salade   **7.** le vin
4. leur   **2.** les haricots verts **4.** le poisson   **6.** les fruits   **8.** les tartes

5. leur
6. leurs
7. leur
8. leurs

B. **Notre cuisine est excellente!** Before ordering his meal, Monsieur Richard wants to know about the items on the menu. Give the waiter's answers.

MODÈLE   Comment est votre rôti?
         Notre rôti est excellent.

1. Comment est votre poisson?   1. notre   **4.** Comment sont vos fromages?   4. nos
2. Comment sont vos biftecks?   2. nos   **5.** Comment est votre glace?   5. notre
3. Comment sont vos petits pois?   3. nos   **6.** Comment sont vos pâtisseries?   6. nos

C. **C'est un chef!** Denis is studying to be a chef at the **école hôtelière** in Grenoble. He is very eager to know what his teacher thinks about the meal he prepared. Tell what his teacher says.

MODÈLE   Est-ce que vous aimez mon poisson?
         Votre poisson est excellent.

1. Est-ce que vous aimez mon poulet?   **4.** Est-ce que vous aimez ma salade?
2. Est-ce que vous aimez mes petits pois? **5.** Est-ce que vous aimez mon café?
3. Est-ce que vous aimez mes pommes   **6.** Est-ce que vous aimez ma tarte
de terre?   aux cerises?

1. votre   4. votre
2. vos   5. votre
3. vos   6. votre

Communication

A. **Interview.** Using the words below, make questions to find out about other students' favorite foods. Then use your questions to interview a group of two or more students.

EXEMPLE   légumes
          Quels sont vos légumes préférés?

1. les légumes   **3.** le repas   **5.** le dessert
2. la boisson   **4.** les fruits **6.** la viande

B. **Leurs préférences.** Report back to the class the preferences of the group you interviewed.

EXEMPLE   repas
          Leur repas préféré est le dîner.

PERSPECTIVES

Petit déjeuner international

Before beginning the *Perspectives*, have students locate Senegal (#28), Switzerland (#30), Martinique (#2), and Quebec (#5) on the map of the French-speaking world on pp. 6–7.
Have students describe what they typically eat for breakfast and what most Americans usually eat in the morning.

Je m'appelle Amadou. Je suis sénégalais. Le matin je mange du porridge. Mon plat préféré est le couscous.

native of Senegal
dish/a typical North African dish

Moi, je m'appelle Nadine. J'habite à Genève. Le matin j'adore manger des croissants ou du pain grillé avec du chocolat chaud. J'aime bien faire la cuisine. Ma spécialité est la fondue au fromage.

Geneva (Switzerland)
toasted bread/hot
cook, do the cooking/ cheese fondue

Mon <u>nom</u> est Désirée. Je suis <u>martiniquaise</u>, et ma famille habite à Fort-de-France. Pour le petit déjeuner, nous mangeons souvent des papayes et des bananes. Mais nous mangeons aussi du pain grillé avec de la confiture, comme les <u>Français</u>.

name/native of Martinique

French people

Je m'appelle Laurent. J'habite à Montréal. Notre petit déjeuner ressemble beaucoup au petit déjeuner américain. En général, nous mangeons des œufs au bacon, ou des céréales.

COMPRÉHENSION

Answer the following questions based on the reading.

1. Qu'est-ce qu'Amadou mange pour le petit déjeuner? **1.** du porridge
2. Quel est son plat préféré? **2.** le couscous
3. Où est-ce que Nadine habite? **3.** à Genève
4. En général, qu'est-ce que Nadine mange pour son petit déjeuner? **4.** des croissants ou du pain grillé
5. Et les Martiniquais, qu'est-ce qu'ils mangent pour leur petit déjeuner? **5.** des papayes et des bananes
6. Est-ce que le petit déjeuner martiniquais ressemble au petit déjeuner français? **6.** Ils mangent aussi du pain grillé avec de la confiture.
7. Dans quelle ville est-ce que Laurent habite? **7.** Montréal
8. Qu'est-ce qu'il mange pour son petit déjeuner? **8.** des œufs au bacon, ou des céréales

COMMUNICATION

A. **Un client difficile!** Imagine the conversation that would take place between a difficult customer and a waiter. Using vocabulary you know, complete the following dialogue with appropriate items.

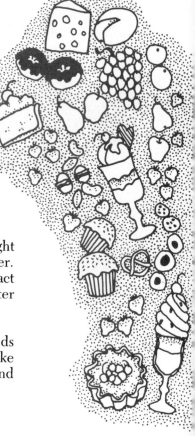

LE CLIENT   Qu'est-ce que vous avez comme viande?
LE GARÇON   Nous avons _____.
LE CLIENT   Vous n'avez pas de _____?
LE GARÇON   Non, mais nous avons _____.
LE CLIENT   Et comme légumes, qu'est-ce que vous avez?
LE GARÇON   Nous avons _____.
LE CLIENT   Comment sont vos _____?
LE GARÇON   Nos _____ sont _____.
LE CLIENT   Et comme dessert, qu'est-ce que vous avez?
LE GARÇON   Nous avons _____.
LE CLIENT   Vous n'avez pas de _____?
LE GARÇON   Non, mais nous avons _____.
LE CLIENT   Comme boisson je voudrais _____.

B. **Au restaurant.** With another student, create a dialogue that might take place between a waiter or waitress and his or her customer. Use the dialogue in the preceding activity as a guide and then act out the situation you have created. One student will play the waiter and the other the customer.

C. **Des invités français.** You have some French-speaking friends who are spending the weekend at your house. You want to make sure that they are enjoying themselves. What would you say to find out the following information?

> EXEMPLE   Ask them if they need to go to the post office.
> Est-ce que vous avez besoin d'aller à la poste?

Ask them . . . .

1. if they also need to go to the bank
2. if they are going to buy some American records
3. if they are hungry
4. if they prefer to eat some cheese or some ice cream
5. if they are thirsty
6. if they prefer soda or orange juice
7. if they prefer coffee or tea

D. **À la caféteria!** Tell what foods you like and how often they are served in your school cafeteria.

> EXEMPLE J'aime le poisson, mais on mange rarement du poisson.

E. **On invite les copains.** Using words you already know, plan a dinner for you and some friends. Write out your plans using the following questions as a guide.

1. Qui est-ce que vous allez inviter?
2. Qu'est-ce que vous allez manger?
3. Qu'est-ce que vous avez besoin d'acheter?
4. Qu'est-ce que vous allez faire après le dîner?

VOCABULAIRE DU CHAPITRE

NOUNS REFERRING TO FOOD

le bacon   bacon
la banane   banana
le beurre   butter
le bifteck   steak
le bœuf   beef
la boisson   drink
le café   coffee, café
les céréales (f)   cereals
les cerises (f)   cherries
le chocolat   chocolate
le coca   a cola drink
la confiture   jam
le couscous   couscous
les croissants (m)   crescent rolls
le déjeuner   lunch, mid-day meal
le dessert   dessert
le dîner   dinner, evening meal
l'eau (f)   water
l'eau minérale   mineral water
la fondue   fondue
les fraises (f)   strawberries
le fromage   cheese
la glace   ice cream
les haricots verts (m)   green beans
le jus   juice
le lait   milk

l'œuf (m)   egg
l'orange (f)   orange
le pain   bread
le pain grillé   toast
la papaye   papaya (a tropical fruit)
les pâtisseries (f)   pastry
le petit déjeuner   breakfast
les petits pois (m)   peas
le plat   dish, course (part of a meal)
la poire   pear
le poisson   fish
la pomme   apple
la pomme de terre   potato
le porc   pork
le porridge   porridge
le poulet   chicken
les raisins (m)   grapes
le repas   meal
le rôti   roast
la salade   salad
la spécialité   specialty
la tarte   tart
le thé   tea
la tomate   tomato
la viande   meat

OTHER NOUNS

la caféteria   cafeteria
les Français (m)   French people
midi (m)   noon
le nom   name
la sorte   kind, sort

VERBS AND VERB PHRASES

avoir besoin de   to need
avoir faim   to be hungry
avoir soif   to be thirsty
faire la cuisine   to do the cooking, cook
ressembler   to resemble, look like

ADJECTIVES

chaud   hot, warm
martiniquais   native of Martinique
pressé   hurried
sénégalais   native of Senegal

OTHER WORDS

comment . . . ?   how . . . ?

LEARNING OBJECTIVES
■ To talk about doing things: **faire**
■ To talk about sports: **jouer à** and **faire**
■ To talk about the weather: **faire** and weather expressions
■ To talk about specific people or things: demonstrative adjectives

SIXIÈME CHAPITRE

Recreation and Sports

6

INTRODUCTION

C'est samedi.

C'est samedi. Les étudiantes ont l'après-midi <u>libre</u>. Des <u>copines</u> parlent   free/friends
de leurs <u>projets</u>.   plans

VALÉRIE	Tu vas au stade?
JEANNE	Non, je <u>rentre</u> <u>tout de suite</u> à la maison. J'ai des <u>devoirs</u> à faire.
ALICE	Et toi, Valérie, tu vas au match de <u>basket</u>? Notre <u>équipe</u> joue <u>contre</u> le lycée Ampère.
VALÉRIE	Non, je vais <u>faire du sport</u>. Nager, ou jouer au tennis peut-être . . . si je <u>trouve</u> un <u>partenaire</u>. Tu es libre, Isabelle?
ISABELLE	Non, je n'ai pas le <u>temps</u>. J'ai besoin de travailler pour <u>gagner</u> de l'argent.

going back/right away/
   homework

basketball/team

against

play sports

find/partner

time

earn

COMPRÉHENSION

Point out that, although French students attend school six days
a week, Wednesday and Saturday are half days.

Indicate whether the following statements are true (**vrai**) or false (**faux**).
If a statement is false, reword it to make it true.

1. Jeanne va rentrer à la maison pour aider ses parents.   **1.** Non, elle a des devoirs.
2. Valérie va aller à un match de basket.   **2.** Non, elle va faire du sport.
3. Leur équipe va jouer contre l'équipe du lycée Ampère.   **3.** vrai
4. Alice a besoin de travailler pour gagner de l'argent.   **4.** Non, Isabelle
5. Isabelle n'est pas libre.   **5.** vrai
6. Isabelle a des devoirs à faire.   **6.** Non, elle a besoin de travailler pour gagner de l'argent.

COMMUNICATION

Pour ou contre les sports?

People react to sports in different ways. Below are some of the reasons that people give for taking part or not taking part in sports.

Pourquoi est-ce que vous aimez faire du sport?

C'est bon pour la santé.

Ça développe les muscles.

Ça développe l'esprit d'équipe.

Ça développe l'esprit de compétition.

C'est amusant.

Pourquoi est-ce que vous n'aimez pas faire du sport?

C'est fatigant.

Ça coûte trop cher.

Ça développe trop les muscles.

Je n'ai pas le temps.

Je préfère regarder les matchs à la télé.

Vocabulaire

pourquoi *why*	**esprit** *spirit*
bon (*m*), **bonne** (*f*) *good*	**fatigant** *tiring*
santé *health*	**cher** (*m*), **chère** (*f*) *expensive*
amusant *fun*	**trop** *too much*

A. **Opinions.** Which of the reasons described above do you believe people give most frequently for taking part or not taking part in sports? Place your reasons in order by putting first the reason you think is given most often.

B. **Et vous?** What are your reasons for taking part or not taking part in sports?

EXPLORATION

 TALKING ABOUT DOING THINGS
THE VERB *FAIRE*

Présentation

Faire is an important irregular verb that is used in talking about many activities. Its basic meaning is *to do* or *to make*. Here are its forms.

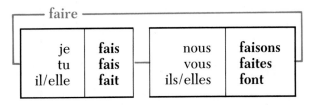

faire			
je	**fais**	nous	**faisons**
tu	**fais**	vous	**faites**
il/elle	**fait**	ils/elles	**font**

Répétition: Je fais du sport, tu fais du sport, etc. Point out the pronunciation of the **nous** form: /nu fə zō/.

- Qu'est-ce que vous faites ici?
- Nous faisons notre travail.
- Paul fait une salade.

In addition to expressions you already know (for example, **faire un pique-nique, faire des devoirs, faire la cuisine, faire du sport**), **faire** is used in many other idiomatic expressions. Study its uses in the following sentences.

faire du camping   (to go camping)
Nous allons faire du camping.

faire une promenade   (to go for a walk)
On fait une promenade.

faire la vaisselle   (to do the dishes)
Laurent fait la vaisselle.

faire le ménage   (to do the housework)
Anne et Serge font le ménage.

Substitutions: 1. Moi, je fais la salade. le ménage/des courses/mes devoirs/le marché/
la vaisselle 2. Ils font la cuisine. une promenade/le ménage/des pâtisseries/un pique-
nique/une tarte 3. Anne fait une promenade. tu/nous/les enfants/je/vous 4. Je ne fais
pas le ménage. nous/les Duroc/ma famille/tu/vous

faire le marché   (to go shopping)
Je fais le marché le lundi.

faire des courses   (to run errands)
Je vais faire des courses demain.

Tu fais une salade ?

Je fais une omelette.

Tu fais un dessert ?

Non, je fais un rôti de boeuf.

Tu fais souvent la cuisine ?

═Préparation

A.   Responsabilités.   Several students are talking about what they have
to do at home. Tell what they say.

> MODÈLE   le ménage
> **Nous faisons le ménage.**   All answers begin with **nous faisons . . . .**

1. la vaisselle
2. la cuisine
3. le ménage
4. les courses
5. la salade
6. le marché
7. nos devoirs
8. des pâtisseries

B.   Questions.   Michel is trying to find out what his friends are doing
this Saturday. Give his questions.

> MODÈLE   Véronique
> **Qu'est-ce que Véronique fait samedi?**

1. tu
2. tes copains
3. nous

1. fais
2. font
3. faisons

4. vous
5. Jacques

4. faites
5. fait

C. **Réponses.** Michel's friends are discussing what they are doing Saturday. Tell what they say.

> MODÈLE je / faire des courses
> **Je fais des courses.**

1. mes copains / faire du camping
2. nous / faire une promenade
3. Jacques / faire du sport
4. tu / faire le ménage
5. Véronique et moi, nous / faire le marché
6. je / faire mes devoirs

1. font
2. faisons
3. fait
4. fais
5. faisons
6. fais

D. **Activités.** Anne-Marie is telling what various members of her family are doing. Based on the illustrations, tell what she says.

MODÈLE Ma sœur . . .
Ma sœur fait le marché.

1. Mon père . . . .
fait le ménage

2. Mes grands-parents . . . .
font une promenade

3. Ma mère . . . .
fait la cuisine

4. Mes frères . . . .
font la vaisselle

5. Moi, je . . . .
fais des devoirs

Communication

A. **Vrai ou faux?** Are the following statements true or false for you? If a statement is false, reword it to make it true.

> EXEMPLES   Je fais souvent le marché avec mes parents.
> Je fais rarement le marché avec mes parents.

1. Je fais toujours mes devoirs tout de suite après l'école.
2. Je fais souvent la cuisine.
3. Mes copains et moi, nous faisons souvent du sport.
4. Dans ma famille on fait souvent des pique-niques.
5. Les familles américaines font souvent des promenades.
6. Je fais souvent la vaisselle.
7. J'aime bien faire des courses dans les magasins.

B. **Interview.** Using the words given below, make questions to ask another student about some of his or her activities.

> EXEMPLE   faire souvent le marché
> Est-ce que tu fais souvent le marché?

1. faire souvent le ménage
2. aimer faire le ménage
3. faire la vaisselle de temps en temps
4. aimer faire la cuisine
5. faire bien la cuisine
6. faire souvent du sport

Interlude/Culture

People enjoy different activities during their free time. According to a recent survey, French people enjoy the following activities.

1. Je fais des promenades. (75.0%)

2. Je regarde la télé. (72.7%)

3. Je travaille dans mon jardin. (64.3%)

4. J'invite des amis. (62.0%)

These are the results of a survey. You may wish to have your students compare their expectations (stereotypes) with the results.

5. J'aime passer mon temps avec un bon livre ou des magazines. (60.2%)

6. Je fais des petites réparations dans la maison. (51.0%)

7. J'aime tricoter, etc. (41.2%)

8. Je fais du sport. (18.7%)

9. Je vais au cinéma. (17.1%)

10. Je vais au théâtre ou au concert. (15.3%)

11. Je vais à la pêche. (14.6%)

12. Je vais au café. (14.6%)

Et vous, quelles sont vos activités préférées? Et votre famille? Et les Américains en général?

EXPLORATION

 **TALKING ABOUT SPORTS
USING *JOUER À* AND *FAIRE***

Tell students that **jouer** is used if you can "play" the game; otherwise, use **faire**.

Présentation

Because different verbs are used when talking about participation in various sports, it is necessary to learn which verb to use with each sport.

A. **Jouer à** is used with many competitive games and sports.

Point out that **faire de la gymnastique** can mean either to exercise or to participate in gymnastics.

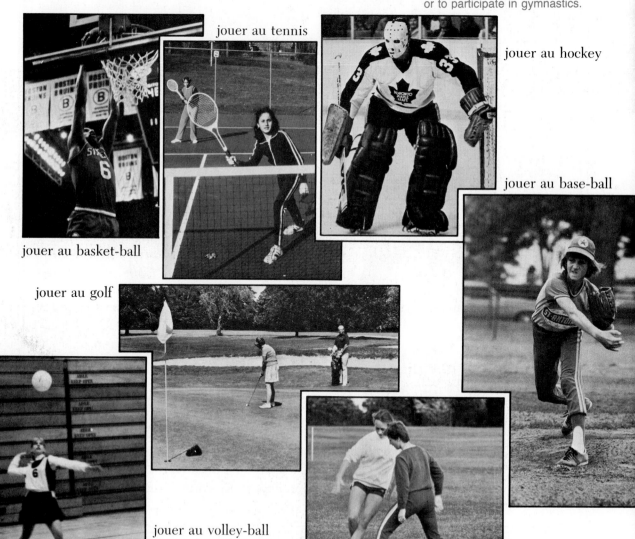

jouer au tennis

jouer au hockey

jouer au base-ball

jouer au basket-ball

jouer au golf

jouer au volley-ball

jouer au football

Other sports that students might want to know are: **jouer au badminton; jouer au ping-pong; aller à la pêche; aller à la chasse; faire du patinage de vitesse; faire des courses automobiles; faire de la boxe; faire du cheval; faire de l'alpinisme; faire du patinage à roulettes; faire de la course à pied; faire du saut en hauteur; faire du saut en longueur.**

B. **Faire** is used for sports and activities that are often recreational but that can involve competition.

Note that the article becomes **de** in the negative.

Remind students that **nager** means to swim and that American football is **le football américain.**

- Je ne fais jamais **de** gymnastique.

faire de l'athlétisme

faire du jogging

faire du patinage sur glace

faire du camping

faire de la lutte

faire du ski nautique

faire du ski

faire de la gymnastique

faire du vélo

149

Je voudrais jouer au basket-ball avec vous.

Préparation

A. Tu fais du sport? Marie-Lise is asking a friend what kinds of sports she plays. Give her questions.

1. joues au
2. fais de la
3. fais de l'
4. joues au
5. fais du
6. joues au
7. fais du
8. fais du

MODÈLES   tennis
Est-ce que tu joues au tennis?

jogging
Est-ce que tu fais du jogging?

1. hockey
2. gymnastique
3. athlétisme
4. tennis
5. patinage sur glace
6. golf
7. ski
8. vélo

Substitutions: Didier joue au tennis. golf/football/hockey/basket-ball/base-ball   Tu fais du ski? lutte/gymnastique/jogging/ski nautique/patinage sur glace   Je ne fais pas de vélo. ski/gymnastique/patinage/jogging/camping

B. Quel est leur sport préféré? Using the illustrations below, tell what sports the following people are practicing.

MODÈLE

Nous . . .   **Nous faisons souvent du jogging.**

2. Moi, je . . . .
fais du ski nautique

1. Mes sœurs . . . .
jouent au football

3. Mes parents . . . .
jouent au golf

4. Mes amis et moi, nous . . . .
faisons du vélo

5. Ma sœur . . . .
joue au volley-ball

6. Guy . . . .
joue au hockey

C. **Célébrités du monde du sport.** Tell what sport the following people play.

MODÈLE Johnny Bench
Johnny Bench joue au base-ball.

1. Chris Evert Lloyd
2. Terry Bradshaw
3. Bjorn Borg
4. Les Harlem Globetrotters
5. Nancy Lopez
6. Cathy Rigby
7. Pélé
8. Jack Nicklaus
9. Eric Heiden
10. Steve Garvey
11. Wilma Rudolph
12. Reggie Jackson

1. joue au tennis
2. joue au football
3. joue au tennis
4. joue au basket-ball
5. joue au golf
6. fait de la gymnastique
7. joue au football
8. joue au golf
9. fait du patinage sur glace
10. joue au base-ball
11. fait de l'athlétisme
12. joue au base-ball

ATHLÉTISME
Les marathoniens français en force
Statistiques finales de la Ligue canadienne
Pour la deuxième fois finale Borg-McEnroe à Wimbledon
COUPE DU MONDE DE BOXE
Leonard défendra son titre
BASEBALL
PATINAGE ARTISTIQUE
Le trophée Cy-Young
La Série Mondiale
LES JOUEURS DU MOIS
DEMI-FINALES EN FOOTBALL COLLÉGIAL AA

Communication

A. **À vous de jouer!** Give the names of sports figures. Have the rest of the class tell what sports these people play.

EXEMPLE Tony Dorsett
Il joue au football américain.

B. **Interview.** Using the phrases given below, make questions to ask another student.

EXEMPLE faire du patinage de temps en temps
Est-ce que tu fais du patinage de temps en temps?

1. préférer jouer au basket-ball ou au volley-ball
2. faire du camping de temps en temps
3. faire de la gymnastique le matin
4. faire souvent du jogging
5. nager bien
6. jouer bien au tennis
7. aimer jouer au football
8. aimer faire des promenades

```
                              6
                              S
          1
          F  O  O  T  B  A  L  L
                              A
                              D                    7
          2                8                        T                 9
          P  A  R  T  E  N  A  I  R  E              E                 P
                          A                         N                 H
          3                                         N                 Y
          J  O  G  G  I  N  G                        I                 S
          O                   E                    5                  I
          U                   R                    S  K  I            Q
  4                                                                    U
  H  O  C  K  E  Y                                                    E
          R
```

Horizontal
1. Earl Campbell joue au _____ américain.
2. Pour jouer au tennis on est obligé de trouver un _____.
3. Pour développer ses muscles on fait du vélo ou du _____.
4. Un sport qu'on joue sur la glace.
5. On va à la montagne pour faire du _____.

Vertical
3. Faire de la gymnastique mais _____ au tennis.
6. Pour regarder un match de football on va au _____.
7. Tracey Austin joue au _____.
8. On va à la piscine pour _____.
9. On fait du sport dans la classe d'éducation _____.

EXPLORATION

TALKING ABOUT THE WEATHER
FAIRE AND WEATHER EXPRESSIONS

Présentation

To talk about the weather (**le temps**), you need to know the vocabulary for the various weather conditions.

Quel temps est-ce qu'il fait aujourd'hui?
What is the weather like today?

Have students repeat these weather expressions.

Il fait beau.

Il fait mauvais.

Il fait froid.

Il fait chaud.

Il fait du vent.

Il fait du soleil.

Il pleut.

Il va pleuvoir.

Il neige.

Il va neiger.

Une semaine de vacances

Préparation

A. **Quel temps est-ce qu'il fait?** A Canadian forecaster is reporting the weather conditions in various French-speaking cities around the world. Tell what he says.

Tell students about **le mistral,** a strong northern wind that often blows down the Rhone Valley. The Mistral can be so strong that it overturns cars.

MODÈLE

À Genève , . . .
À Genève, il fait beau.

1.

À Fort-de-France, ...
il fait chaud

2.

À Chamonix, ...
il neige

3.

À Marseille, ...
il fait du vent

4.

À Québec, ...
il pleut

5.

À Paris, ...
il va pleuvoir

6.

À Lucerne, ...
il fait froid

ET VOUS?

Remind the students that the centigrade thermometer is used throughout the French-speaking world; the Fahrenheit scale is used in the United States. On the centigrade thermometer, 0 degrees Celsius is the freezing point for water, and the boiling point for water is 100 degrees Celsius.

B. **Et demain?** *La Presse*, a Montreal newspaper, provides tomorrow's weather forecast. Tell what the weather will be like in each of the following Canadian cities.

MODÈLE   À Toronto . . .   **1.** À Montréal, ...   **2.** À Vancouver, ...

À Toronto, il va neiger.   il va faire froid   il va faire du vent

3. À Québec, ...   **4.** À Ottawa, ...   **5.** À Winnipeg, ...

il va faire du soleil   il va pleuvoir   il va neiger

Communication

A. **Préférences.** What kind of weather fits the following situations? Complete the following sentences with an appropriate weather expression.

1. Je n'aime pas jouer au tennis quand . . . .
2. J'aime nager quand . . . .
3. On va rarement à la plage quand . . . .
4. Je fais souvent des promenades quand . . . .
5. Je fais du sport seulement quand . . . .
6. On ne fait pas de ski nautique quand . . . .
7. On ne joue pas au base-ball quand . . . .
8. On fait du ski quand . . . .
9. Je n'aime pas rester à la maison quand . . . .
10. Je n'aime pas faire du camping quand . . . .

B. La météo. Imagine that you are giving the weather forecast (**le bulletin météorologique**) on the morning news. Tell what the weather will be today and tomorrow.

EXEMPLE   Aujourd'hui il pleut, mais demain il va faire beau.

Interlude/Culture

The climate in France and Canada is somewhat similar to that of the United States. There are, however, many French-speaking countries that have tropical climates. Study the chart below and answer the following questions.

EXEMPLE   Quel temps est-ce qu'il fait à Dakar en janvier?
Il fait du soleil, et la température est de vingt et un
degrés.   Have students locate these areas on the map on
pp. 6–7.

1. Quel temps est-ce qu'il fait à Dakar en juillet?
2. Quel temps est-ce qu'il fait à l'Île Maurice en décembre?
3. Quel temps est-ce qu'il fait à Abidjan en octobre?
4. Quel temps est-ce qu'il fait à Agadir en août?
5. Quel temps est-ce qu'il fait à Djerba en mars?

QUEL MOIS CHOISIR POUR VOS VACANCES EXOTIQUES?

	janvier	février	mars	avril	mai	juin	juillet	août	septembre	octobre	novembre	décembre	
DJERBA (TUNISIE)	12°	21°	23°	19°	24°	25°	27°	37°	27°	23°	25°	19°	Il fait du soleil.
AGADIR (MAROC)	21°	22°	20°	24°	24°	25°	27°	37°	27°	26°	25°	21°	
DAKAR (SÉNÉGAL)	21°	19°	27°	21°	23°	26°	27°	27°	27°	27°	26°	23°	Il fait un temps chaud et humide.
ABIDJAN (CÔTE D'IVOIRE)	26°	26°	21°	27°	27°	25°	26°	24°	25°	26°	26°	24°	
L'ÎLE MAURICE	26°	26°	28°	24°	23°	21°	21°	21°	21°	22°	24°	26°	Il pleut et il fait beau.
L'ÎLE DE LA RÉUNION	27°	27°	21°	26°	24°	23°	22°	22°	22°	23°	25°	26°	

158   *cent cinquante-huit*

ET VOUS?

EXPLORATION

⚜ IDENTIFYING SPECIFIC THINGS OR PEOPLE USING DEMONSTRATIVE ADJECTIVES

Présentation

To indicate a particular person, thing, or group, we use *this*, *that*, *these*, or *those* in English. The French demonstrative adjectives express these same meanings and, like all articles and adjectives, they agree with the nouns they modify.

	Singular	Plural
Masculine before a consonant sound	**ce** sport	**ces** sports
Masculine before a vowel sound	**cet** étudiant	**ces** étudiants
Feminine	**cette** équipe	**ces** équipes

Répétitions: Ce vélo coûte cher. ce disque/cet album/ce dîner/cette affiche/cette voiture/ce vélo Tu achètes ces carottes? ces fraises/ces pâtisseries/ces haricots verts/ces œufs/ces petits pois.

══ Préparation ═══════════════════════════

A. Quand? A group of friends is talking about when they are going skiing. What do they say?

> MODÈLE   matin
> **Je vais faire du ski ce matin.**

1. après-midi   cet
2. week-end   ce
3. soir   ce
4. matin   ce
5. semaine   cette

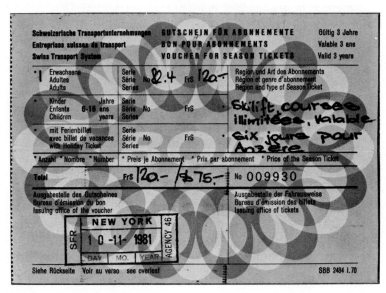

B. Opinions. A group of students is talking about school life. Tell what these students say.

> MODÈLE   le professeur / intéressant
> **Ce professeur est intéressant.**

1. les examens / difficiles   1. ces
2. les livres / intéressants   2. ces
3. les affiches / jolies   3. ces
4. la classe / excellente   4. cette
5. les cahiers / trop chers   5. ces
6. l'équipe de football / excellente   6. cette
7. l'album / formidable   7. cet
8. le stade / trop petit   8. ce

C. À la terrasse d'un café. Several friends are sitting at a sidewalk café making comments about the things and people they see. Using the cues provided, tell what they are saying.

> MODÈLE   voiture / formidable
> **Cette voiture est formidable.**

Point out that cafés in France place tables outdoors on the sidewalk.

1. café / froid   1. ce
2. sandwich / excellent   2. ce
3. glace / formidable   3. cette
4. famille / amusante   4. cette
5. groupe / sympathique   5. ce
6. étudiant / pressé   6. cet
7. voiture / trop chère   7. cette
8. thé / trop chaud   8. ce

Communication

Êtes-vous d'accord? Do you agree or disagree with the statements made about the following pictures? Be sure to use a demonstrative adjective in your response.

EXEMPLE   Voilà un travail amusant.

Oui, ce travail est amusant.
Non, ce travail n'est pas amusant.

2.   Voilà un sport fatigant.

1.   Voilà une jolie maison.

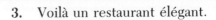

3. Voilà un restaurant élégant.

4. Voilà des étudiants
élégants.

5. Voilà un match
intéressant.

Cyclones contre Turbines

Mesdames et Messieurs, le match de hockey va <u>bientôt</u> commencer.*   soon/start

Le hockey est un sport qui élimine les différences de religion, de classe sociale, et de race.

*__Commencer__ is a regular **-er** verb except that a cedilla is added to the **nous** form: **nous commençons.**

Aujourd'hui, notre équipe locale, Les Cyclones, joue contre les terribles Turbines de Manicouagan.

Le <u>rêve</u> de ces braves petits <u>joueurs</u>
est de gagner la <u>récompense</u> suprême:
<u>goûter</u> le lait de la <u>victoire</u>.

dream/players

reward

taste/victory

Pour les joueurs, comme pour leurs chers parents, les émotions sont variées.

La vie d'un joueur de hockey n'est pas toujours facile.

ready
It's 5:30!

once again

Mais il y a des récompenses: il a l'admiration de ses professeurs et de ses petites amies.

Guy Lafleur is a star player with the Montreal Canadians.

Un joueur de hockey est aussi un poète.

okay

to giv
teeth
even

Et maintenant, bonne chance à nos jeunes héros.

good luck

Point out that "O Canada" is the Canadian national anthem.

Extrait et adapté d'un dessin animé de *Mic Mac, Le Magazine des Jeunes Québécois* (Éditions le Normédia)

COMPRÉHENSION

Answer the following questions based on the *Perspectives* reading.

1. Qui sont les Cyclones? 1. des joueurs de hockey, l'équipe locale
   Et qui sont les Turbines? l'équipe de Manicouagan
2. Est-ce que les joueurs sont des enfants? 2. Oui, ce sont des enfants.
3. Contre qui est-ce que les Cyclones vont jouer aujourd'hui? 3. l'équipe de Manicouagan
4. Est-ce que les Cyclones sont l'équipe locale, ou l'équipe de
   Manicouagan? 4. l'équipe locale
5. Quelle est la récompense pour l'équipe qui gagne le match? 5. goûter le lait de la victoire
6. Est-ce que les professeurs de Gérard sont contents de son travail? 6. Non, il n'a pas leur admiration.
7. Qu'est-ce que Gérard est prêt à donner pour son sport préféré? 7. son temps, ses dents, et même ses chers parents

COMMUNICATION

A. **Célébrité sur glace.**   Imagine that you are a famous hockey player for the Montreal Canadians. Using the vocabulary from this chapter and other vocabulary you know, answer the interviewer's questions.

LE REPORTER Pourquoi est-ce que vous faites du sport?

VOUS _____

LE REPORTER Quelle est votre réaction quand votre équipe ne gagne pas?

VOUS _____

LE REPORTER Qu'est-ce que vous êtes prêt à donner pour le sport?

VOUS _____

LE REPORTER Est-ce qu'il y a des choses que vous n'êtes pas prêt à donner pour le sport?

VOUS _____

LE REPORTER Quelle est la récompense suprême pour un joueur de hockey?

VOUS _____

LE REPORTER Qu'est-ce qu'on a besoin de faire pour être un bon joueur de hockey?

VOUS _____

LE REPORTER Qu'est-ce que vous faites après les matchs?

VOUS _____

LE REPORTER Qu'est-ce que vous faites quand vous ne jouez pas au hockey?

VOUS _____

LE REPORTER Est-ce que la vie d'un joueur de hockey est toujours facile?

VOUS _____

LE REPORTER Quel est votre rêve?

VOUS _____

B. **Vous et le sport.** Using the questions below as a guide, describe your attitude toward sports and the role of sports in your school.

1. Est-ce que vous faites souvent du sport? Pourquoi ou pourquoi pas?
2. Quels sports aimez-vous?
3. Quel est votre sport préféré? Pourquoi?
4. Est-ce que vous préférez faire du sport ou regarder des matchs à la télé?
5. Est-ce que les sports sont importants dans votre école?
6. Combien d'équipes de sport avez-vous dans votre école?
7. Contre qui jouez-vous?

C. **Obligations et récréation.** Which of the following are things that you have to do, and which are things that you enjoy doing? Using the words given below, make a list of your own personal obligations and your fun activities.

EXEMPLES   Obligations   Récréation
            Je fais la vaisselle.   Je fais du sport.

1. faire du sport
2. faire du camping
3. faire mes devoirs
4. faire la vaisselle
5. faire le ménage
6. jouer au tennis
7. faire de la gymnastique
8. nager
9. faire la cuisine
10. aller au cinéma ou à des concerts.
11. inviter des amis
12. aider mes amis
13. aider mes parents
14. faire le marché
15. aller à l'école
16. travailler pour gagner de l'argent
17. aller à des matchs de football

D. **Interview.** Find out about the obligations and fun activities of other students in your class. Then report back what you have found out to the rest of the class.

EXEMPLES   Qu'est-ce que tu es obligé(e) de faire?
            Qu'est-ce que tu aimes faire?

E. **Temps, occupations, et passe-temps.** Sometimes the weather is good, but sometimes it interferes with your plans. Using vocabulary you know, what are you likely to do in the following situations?

Qu'est-ce que vous allez faire?

1. C'est samedi après-midi.
   Il pleut.
2. Vous êtes en vacances.
   Il fait beau.
3. Nous sommes en janvier.
   Il fait très froid.

4. Vous avez l'après-midi libre.
   Mais il va peut-être neiger.
5. Vous allez faire du camping avec votre famille.
   Mais il va pleuvoir et faire du vent pendant le week-end.

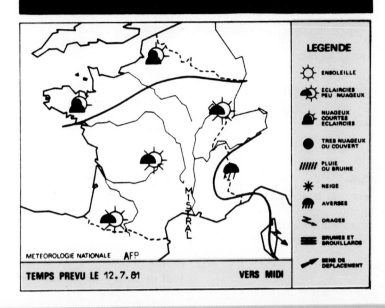

VOCABULAIRE DU CHAPITRE

NOUNS RELATED TO SPORTS
le base-ball baseball
le basket-ball (basket) basketball
le camping camping
la compétition competition
l'équipe (*f*) team
l'esprit (*m*) spirit
le golf golf
le hockey hockey
le joueur (*m*) player
la joueuse (*f*) player
les muscles (*m*) muscles
le partenaire partner
la récompense reward
la santé health
la victoire victory
le volley-ball volleyball

OTHER NOUNS
l'admiration (*f*) admiration
le courage courage
la dent tooth
la différence difference
l'émotion (*f*) emotion
la fois time, instance
une fois once
l'idiot (*m*) idiot
le poème poem
le poète (*m*) poet
le premier ministre prime minister
le projet plan, project
la race race
la religion religion
le rêve dream
le temps weather, time

WEATHER EXPRESSIONS

Il fait . . .
- **beau** It's nice.
- **chaud** It's hot, warm.
- **froid** It's cold.
- **mauvais** It's nasty.
- **du soleil** It's sunny.
- **du vent** It's windy.

Il neige. It's snowing.
Il va neiger. It's going to snow.
Il pleut. It's raining.
Il va pleuvoir. It's going to rain.

SPORTS EXPRESSIONS WITH *FAIRE*

faire . . .
- **de l'athlétisme** to do track and field
- **de la gymnastique** to exercise, do gymnastics
- **du jogging** to jog
- **de la lutte** to wrestle
- **du patinage sur glace** to go ice-skating
- **du ski** to go skiing
- **du ski nautique** to go water skiing
- **du sport** to participate in sports or in athletics

EXPRESSIONS WITH *FAIRE* DESCRIBING DAILY ACTIVITIES

- **faire des courses** to go shopping
- **faire des devoirs** to do homework
- **faire le marché** to go shopping
- **faire le ménage** to do housework
- **faire une promenade** to go for a walk
- **faire la vaisselle** to do the dishes

OTHER VERBS

- **commencer** to begin
- **développer** to develop
- **donner** to give
- **éliminer** to eliminate
- **gagner** to earn, win
- **goûter** to taste
- **réciter** to recite
- **rentrer** to go back
- **trouver** to find

ADJECTIVES

- **bon, bonne** good
- **brave** brave
- **cher, chère** expensive
- **libre** free
- **local** local
- **prêt** ready
- **social** social
- **suprême** supreme
- **terrible** terrible
- **varié** varied

ADVERBS

- **bientôt** soon
- **même** even
- **tout de suite** right away
- **trop** too

OTHER WORDS

- **ce, cet, cette** this, that
- **ces** these
- **contre** against
- **hein?** okay?
- **pourquoi** why

SEPTIÈME CHAPITRE

LEARNING OBJECTIVES

■ To talk about the order of things: ordinal numbers
■ To ask questions: inversion
■ To tell time: expressions of time
■ To express wants and wishes: **vouloir**

Entertainment

INTRODUCTION

Qu'est-ce qu'il y a à la télé?

C'est le soir. La famille Bontemps va regarder la télévision. Il y a la grand-mère, le père, la mère, Thérèse (12 ans), Robert (17 ans), et Nicolas (8 ans). Le problème, c'est le <u>choix</u> d'un programme.

choice

Encore un western américain. Je voudrais regarder <u>autre chose.</u>³

Qu'est-ce qu'il y a sur les <u>autres</u>⁴ <u>chaînes</u>⁵?

Est-ce que c'est <u>l'heure</u>¹ des <u>informations</u>²?

Qu'est-ce que tu fais encore <u>là</u>⁸, toi? C'est l'heure d'aller <u>au lit.</u>⁹

Il n'y a pas de <u>dessins animés</u>⁷ ce soir?

Où est <u>Télé 7 Jours</u>⁶? Je voudrais consulter les programmes.

1. hour, time
2. news
3. something else
4. other
5. channels

6. similar to *TV Guide*
7. cartoons
8. there
9. bed

COMPRÉHENSION

Based on the above conversation, tell which member of the family would probably make the following statements.

1. Tu n'es pas fatigué, mon petit?
2. Regarder encore un film idiot! Ah, non alors!
3. Moi, les dessins animés, j'aime bien ça.
4. J'espère qu'ils vont parler du temps qu'il va faire demain.
5. Est-ce que tu as mon *Télé 7 Jours*?

1. la mère
2. Thérèse
3. Nicolas
4. la grand-mère
5. le père

COMMUNICATION

Et vous, quels sont vos programmes préférés? Below are some typical types of television programs. Using the scale below, tell how well you like each type of program.

Je déteste   Je n'aime pas beaucoup   J'aime beaucoup   J'adore

J'aime

les reportages sportifs   les matchs télévisés   les jeux télévisés   les westerns

les documentaires   les feuilletons   les publicités   les films

les informations   les dessins animés   les comédies   les spectacles de variété

EXPLORATION

⚜ ***TALKING ABOUT THE ORDER OF THINGS***
ORDINAL NUMBERS

═Présentation ═══════════════════

To talk about the order in which things or events are placed (first, second, third, etc.), you use ordinal numbers. Note in the list below that nearly all ordinal numbers follow a regular pattern: **ième** is added to the number word. If the number word ends in an **e**, the **e** is dropped before adding the **ième: quatrième.**

The only exceptions are for *first*, where **premier** (*m*) and **première** (*f*) are used, and for *last*, where **dernier** (*m*) and **dernière** (*f*) are used.

premier, première	(1er, 1ère)	dix-septième	(17e)
deuxième	(2e)	dix-huitième	(18e)
troisième	(3e)	dix-neuvième	(19e)
quatrième	(4e)	vingtième	(20e)
cinquième	(5e)*	vingt et unième	(21e)
sixième	(6e)	vingt-deuxième	(22e)
septième	(7e)	vingt-troisième	(23e)
huitième	(8e)	vingt-quatrième	(24e)
neuvième	(9e)*	vingt-cinquième	(25e)
dixième	(10e)	vingt-sixième	(26e)
onzième	(11e)	vingt-septième	(27e)
douzième	(12e)	vingt-huitième	(28e)
treizième	(13e)	vingt-neuvième	(29e)
quatorzième	(14e)	trentième	(30e)
quinzième	(15e)	etc.	
seizième	(16e)		

Point out to students that the **u** in **unième** is pronounced /y/.

Have students repeat the ordinal numbers 1–20 and then count by 10s to 60 (**dixième, vingtième,** etc.).

- C'est le dernier jour du mois.
- Qu'est-ce qu'il y a sur la deuxième chaîne?

Ordinal numbers are commonly used with **fois** (*time, instance*).

- Je vais aller à Paris pour la première fois de ma vie.

*Note the addition of **u** after the **q** in **cinq** and that the **f** in **neuf** becomes **v**.

Substitution: Give a cardinal number and have students give the corresponding ordinal number (e.g., 17 → 17ᵉ). Then give an ordinal number and have students give the ordinal number that follows or precedes it.

Préparation

A. **En quelle classe tu es?** The French system for numbering grades goes in the opposite direction from the American system. A French student starts high school in **sixième** and then proceeds through **cinquième, quatrième,** etc. to **première.** The student then has one more year of specialization (**classe terminale**) before finishing the **lycée.** Several French high school students are telling what grade they are in. What do they say?

> MODÈLE 3ᵉ
>
> **Je suis en troisième.**

1. 1ᵉʳᵉ
2. 5ᵉ
3. 4ᵉ
4. 6ᵉ
5. 2ᵉ
6. 3ᵉ

1. en première
2. en cinquième
3. en quatrième
4. en sixième
5. en deuxième
6. en troisième

B. **Quel est ton classement?** French students' performance in each school subject is often ranked in comparison with their classmates. Gérard is telling his parents how well he did in school. What does he say?

> MODÈLE maths 8ᵉ
>
> **Je suis huitième en maths.**

1. anglais 1ᵉʳ
2. français 10ᵉ
3. histoire 5ᵉ
4. musique 4ᵉ
5. sciences 11ᵉ
6. éducation physique dernier

1. premier
2. dixième
3. cinquième
4. quatrième
5. onzième
6. dernier

═Communication ═════════════════════

Quel est votre choix? List the following types of television programs according to your preferences.

EXEMPLE   Les comédies sont mon premier choix.

Tell students that poorer neighborhoods are often located in the suburbs **(la banlieue)**, although there are also well-to-do suburbs.

═ Interlude/Culture ═════════════════

If you visit France, you'll quickly encounter the use of ordinal numbers in various aspects of everyday life. For example, train, plane, and subway tickets are for **première classe** or **deuxième classe**. Television channels are called **la première chaîne, la deuxième chaîne,** whereas we talk about Channel 2, Channel 4, etc.

Ordinal numbers are also used to divide Paris into neighborhoods called **arrondissements**. There are about 20 **arrondissements** in Paris. A Parisian may live in the **16ᵉ**, a well-to-do, fashionable neighborhood, while another lives in the **5ᵉ**, the **Quartier Latin** (Latin Quarter), where many students and artists live. Newspapers list movie theatres in Paris by **arrondissements**. Tell in which **arrondissement** each **cinéma** is located:

MODÈLE   Le Mayfair / XVIᵉ
          Le Mayfair est dans le seizième.

The **16ᵉ arrondissement** is located between the Seine and the Bois de Boulogne.

1. L'Ambassade / VIIIᵉ
2. Le Cosmos / VIᵉ
3. Les Templiers / IIIᵉ
4. L'Escorial / XIIIᵉ
5. L'Action Lafayette / XIXᵉ
6. Le Moulin Rouge / XVIIIᵉ

EXPLORATION

ASKING QUESTIONS
USING INVERSION

═ Présentation ═

You already know the most common ways of asking questions—by using **est-ce que** or by simply raising your voice at the end of a sentence. Another way, which is used more frequently in writing, is to reverse the order of the subject and the verb.

Substitution: As-tu une télévision? une voiture/une radio/ une guitare/un vélo

Vous allez regarder les informations?   Allez-vous regarder les informations?
Tu as mon *Télé 7 Jours*?   As-tu mon *Télé 7 Jours*?
C'est un programme intéressant?   Est-ce un programme intéressant?

Notice that, in writing, a hyphen is put between the subject and the verb. In the third person singular (**il/elle**), a **t** is also inserted. Notice how the "t" makes the verb easier to say.

Point out that verbs ending in t are followed by the subject pronoun: **Est-il.**

Joue-t-elle dans ce film?
Y a-t-il autre chose à la télé ce soir?
Travaille-t-il cet après-midi?

Substitution: Ce film est-il intéressant? Ce programme/ ce reportage/ce documentaire/ce spectacle

A. In the third person singular or plural (**il/elle; ils/elles**), when there is a noun subject, the noun remains and the pronoun is added after the verb.

Substitution: Y a-t-il un documentaire à la télé ce soir? un feuilleton/une comédie/ un reportage/un dessin animé

Paul Piché va être à la télé?   Paul Piché va-t-il être à la télé?
Les jeunes regardent trop la télé?   Les jeunes regardent-ils trop la télé?

B. Inversion is not as common as **est-ce que** in conversational yes-or-no questions, but it is used very often with question words like **comment, quand, où,** etc.

Comment allez-vous?
Où cette chanteuse habite-t-elle?
Quand aimes-tu regarder la télé?
Quel temps fait-il aujourd'hui?

Avez-vous nos devoirs?

Maintenant je comprends la fonction de l'interrogatif. C'est pour embêter les profs!

Quand avons-nous notre prochain examen?

Pourquoi avons-nous un examen aujourd'hui?

Comment dit-on "cheerleaders" en français?

Préparation

A. Une interview difficile. A **député** (French legislator) being interviewed by Janine Bollert is hesitant to answer her questions. She has to repeat them before she can get an answer. Repeat her questions using inversion.

MODÈLE   Est-ce que vous donnez souvent des interviews?
Donnez-vous souvent des interviews?

1. Est-ce que vous espérez être premier ministre?
2. Est-ce que vous êtes optimiste?
3. Est-ce que les jeunes aiment vos idées?
4. Pourquoi est-ce qu'ils sont contre vos idées?
5. Est-ce que vous aimez votre travail?
6. Est-ce que vous risquez d'avoir des difficultés?

1. Espérez-vous . . . ?
2. Êtes-vous . . . ?
3. Les jeunes aiment-ils . . . ?
4. Pourquoi sont-ils . . . ?
5. Aimez-vous . . . ?
6. Risquez-vous d'avoir . . . ?

B. Reportage sportif. Jean-Louis Laforêt, the host of a weekly sports show in Canada, is interviewing a hockey player. Based on his guest's responses, what are the questions he asked?

MODÈLE   Oui, mon frère joue aussi au hockey.
Votre frère joue-t-il aussi au hockey?

1. Oui, nous allons jouer contre l'équipe de Montréal.
2. Oui, le hockey est un sport difficile.
3. Non, je ne suis pas content de notre dernier match.
4. Oui, je regarde les matchs à la télé.
5. Non, je n'aime pas les autres sports.

1. Allez-vous jouer contre l'équipe de Montréal?
2. Le hockey est-il un sport difficile?
3. Êtes-vous content de votre dernier match?
4. Regardez-vous les matchs à la télé?
5. Aimez-vous les autres sports?

Communication

A. Interview avec un étudiant français. You are interviewing a French exchange student for your school paper and want to find out the following information. How would you ask your questions using inversion?

EXEMPLE   aimer regarder la télévision
Aimes-tu regarder la télévision?

1. écouter souvent la radio
2. préférer les feuilletons ou les comédies
3. regarder souvent les spectacles de variété
4. aller souvent au cinéma
5. préférer faire du sport ou regarder les matchs à la télé
6. trouver les documentaires intéressants
7. préférer la télévision française ou la télévision américaine

Transformation 3: Have students change the following **est-ce que** questions to inverted questions. 1. Est-ce que nous allons regarder les informations? 2. Est-ce que Pierre aime regarder les documentaires? 3. Est-ce que c'est un programme amusant? 4. Est-ce qu'il y a un autre programme?

B. **Interview.** Use the questions you have prepared in activity A to interview another student in your class. You may want to ask additional questions.

Interlude/Culture

Viewers of French television often watch programs from other countries, including the United States. These programs (often older series) are dubbed with French soundtracks. What are the American titles of the following programs on French television?

1. La Légende d'Adams et de l'ours Benjamin
2. Hawaii Police d'état
3. Les Rues de San Francisco
4. L'Homme qui venait de l'Atlantide
5. Drôles de dames
6. Holocauste

LA LÉGENDE D'ADAMS ET DE L'OURS BENJAMIN
Série américaine
LES JOIES DE LA NATURE

Grizzly Adams (Dan Haggerty) et Mad Jack (Denvers Pyle)

Grizzly Adams . . . . **Dan Haggerty**
Mad Jack . . . . **Denver Pyle**
Nahoma . . . . **Don Shanks**
Ben, l'ours . . . . **Bozo**
Au cours de ses pérégrinations. Grizzly donne à un capitaine en retraite une belle leçon sur l'amitié entre hommes et animaux...

LA PETITE MAISON DANS LA PRAIRIE
SÉRIE DE TREIZE ÉMISSIONS
L'ENFANT MALHEUREUX
RÉALISATION DE VICTOR FRENCH

Le couple Ingalls et ses enfants.

Charles Ingalls . . . . **Michael Landon**
Caroline Ingalls . . . . **Karen Grassle**
Loudy . . . . **John Ireland**
Laura Ingalls . . . . **Melissa Gilbert**
Mary Ingalls . . . . **Melissa Sue Anderson**
———————— *Diffusé en 1977* ————————

1. Grizzly Adams
2. Hawaii Five-O
3. Streets of San Francisco
4. The Man from Atlantis
5. Charlie's Angels
6. Holocaust

EXPLORATION

Point out that before the half hour the French add the number of minutes. After the half hour they subtract the minutes from the next hour. Thus **8 h 25** is **huit heures vingt-cinq**, but **8 h 40** is **neuf heures moins vingt**. However, in this age of digital watches one increasingly hears **huit heures trente-cinq, huit heures quarante**, etc.

⚜ TELLING TIME
EXPRESSIONS OF TIME

══ Présentation ══════════════

When you want to ask a French-speaking person what time it is, you say:

- Quelle heure est-il?
- Vous avez l'heure, s'il vous plaît?

In colloquial speech, one often says: **Quelle heure il est?**, or **Il est quelle heure?**

These questions can be answered in the following ways:

A. On the hour

Have students repeat the times given below.

Il est une heure.   Il est quatre heures.   Il est midi.   Il est minuit.

Répétition: Il est trois heures. trois heures dix/trois heures et quart/

B. On the quarter- or the half-hour   trois heures et demie/quatre heures moins le quart/quatre heures

Il est trois heures et demie.   Il est sept heures et quart.   Il est dix heures moins le quart.

You may need to point out that **et** is not used in talking about minutes after the hour except with **quart** and **demie.**

C. Minutes before or after the hour

Point out that **le** is used with quarter of.

Il est neuf heures cinq.   Il est minuit moins vingt.   Il est neuf heures moins vingt-cinq.

D. To ask or to tell at what time an event occurs, the preposition **à** is used.

À quelle heure commence le film?
Le film commence à huit heures et demie.

E. French does not use A.M. or P.M. The words **du matin, de l'après-midi,** and **du soir** are used instead.

Les programmes commencent à onze heures du matin.
Je vais rentrer à deux heures de l'après-midi.
Nous mangeons à huit heures du soir.

The next *Interlude/Culture* covers the 24-hour system.

Note that **heures** can be abbreviated **h** (or **H**): **3 h** or **3 H, 10 h 30** or
10 H 30.

Bernard, il est sept heures.
C'est l'heure d'aller à l'école.

Bernard, il est sept heures et quart.

Bernard, il est sept heures et demie.

Oh, pardon, Bernard.
C'est dimanche.

== Préparation ==

Exercices: Have students give (1) the time beginning at 1 o'clock on the hour (**1 heure,
2 heures,** etc.); (2) the time at five-minute intervals from 5 to 6 o'clock (**5 h 05, 5 h 10,**
etc.); (3) the time at fifteen-minute intervals from 6 to
8 o'clock (**6 h, 6 h 15,** etc.).

A. **Quelle heure est-il?** Jeannette Lefranc, a French disc jockey, works the eight in the morning to two in the afternoon shift. At various intervals, she gives the time to her listeners. What time would she give at each of the following points?

MODÈLE   8 h 15
       Il est huit heures et quart.

1. 8 h 25
2. 9 h 15
3. 10 h 40
4. 11 h 20
5. 12 h 30
6. 12 h 45
7. 1 h 55
8. 2 h

1. huit heures vingt-cinq
2. neuf heures et quart
3. onze heures moins vingt
4. onze heures vingt
5. midi et demie
6. une heure moins le quart
7. deux heures moins cinq
8. deux heures

1. À six heures vingt-cinq . . . .
2. À sept heures . . . .
3. À huit heures . . . .
4. À neuf heures moins le quart . . . .
5. À neuf heures et quart . . . .

B. **Qu'est-ce qu'il y a à la télé ce soir?** Solange is telling Joëlle what's on television tonight. What does she say?

Heure Officielle

Official Time

> MODÈLE   5 h 30 / des dessins animés
> **À cinq heures et demie, il y a des dessins animés.**

1. 6 h 25 / un reportage sportif
2. 7 h / les informations
3. 8 h / un spectacle de variété
4. 8 h 45 / un documentaire
5. 9 h 15 / un film

Communication

A. **Les programmes du soir.** Imagine you are looking at a schedule of a French television channel. Read the schedule below and answer the questions that follow.

Gilles Vigneault is a well-known Canadian poet-singer-composer.

Cette Semaine

jeudi	
4 h 30 Ce soir: les programmes du soir	**7 h 15** Football: reportage du match France-Italie
4 h 35 Mickey Mouse et ses petits copains (dessins animés)	**7 h 30** Les informations
5 h 40 Reportage spécial: le sport dans les écoles	**8 h 30** Québec: ses chanteurs et ses poètes (documentaire)
6 h 15 Des enfants terribles (feuilleton télévisé)	**9 h 15** Concert: Gilles Vigneault
7 h 05 Bulletin météo: le temps demain	**9 h 50** Télé-ciné: *Mon oncle* (un film de Jacques Tati)

1. À quelle heure les programmes du soir commencent-ils?
2. À quelle heure est le feuilleton télévisé?
3. Est-ce que le film commence à 8 h 30?
4. À quelle heure y a-t-il un programme intéressant pour les enfants?
5. Le concert de Gilles Vigneault est à quelle heure?
6. À quelle heure commence le dernier programme?
7. Qu'est-ce qu'il y a à la télé à 7 h 30?
8. Quel(s) programme(s) allez-vous regarder et à quelle heure?

1. 4 h 30
2. 6 h 15
3. Non, 9 h 50
4. 4 h 35
5. 9 h 15
6. 9 h 50
7. les informations
8. Answers will vary.

B. **À quelle heure . . . ?** Answer the following questions or use them to interview another student.

1. À quelle heure manges-tu ton petit déjeuner?
2. À quelle heure est ta première classe?
3. À quelle heure est ta dernière classe?
4. À quelle heure rentres-tu à la maison?
5. À quelle heure manges-tu à l'école?
6. À quelle heure est ton programme préféré à la télé?
7. À quelle heure fais-tu tes devoirs le soir?

Students can try to guess when another student does something (e.g., **Est-ce que tu manges ton petit déjeuner à sept heures?**, etc.).

In telling official time (schedules for planes, trains, buses, radio or television programs), the French use a twenty-four hour system.

OFFICIAL USE	**CONVERSATIONAL USE**
onze heures trente	onze heures et demie
douze heures	midi
treize heures dix	une heure dix
dix-neuf heures quarante	huit heures moins vingt
vingt-trois heures cinquante-cinq	minuit moins cinq

In France the **speakerine** announces the schedules of television programs each day, using a twenty-four hour time system. Tell what time it would be in a twelve-hour system in each of the following instances.

EXEMPLE   14 h 15
          deux heures et quart

1. 16 h 30   4. 20 h
2. 18 h 45   5. 22 h 20
3. 19 h 10   6. 23 h 35

1. quatre heures et demie
2. sept heures moins le quart
3. sept heures dix
4. huit heures
5. dix heures vingt
6. minuit moins vingt-cinq

EXPLORATION

EXPRESSING WANTS AND WISHES
THE VERB VOULOIR

Présentation

We often need to talk about things that we want or activities that we want to do. In French, the verb **vouloir** means *to want* or *to wish*. It is irregular, and here are its forms:

vouloir			
je	**veux**	nous	**voulons**
tu	**veux**	vous	**voulez**
il/elle	**veut**	ils/elles	**veulent**

- Voulez-vous regarder ce documentaire?
- Est-ce que tu veux acheter *Télé 7 Jours*?
- Je ne veux pas regarder les informations ce soir.

Point out that **je voudrais** should always be used when ordering, purchasing, or making requests (e.g., in stores, offices, restaurants, etc.).

You have already learned a special form of the verb **vouloir: je voudrais** —which is similar to *I would like*. **Je voudrais** is much more polite than **je veux.**

Substitution: Je voudrais regarder un bon film. faire du ski/aller à la campagne/faire une promenade.

- Je voudrais un sandwich et un coca.
- Je voudrais consulter le programme.

Préparation

A. **Choix d'un programme.** Each member of the Bontemps family has a program that he or she wants to watch. What are their choices?

> MODÈLE   je / les informations
> **Je veux regarder les informations.**

You can also have the family members indicate what they don't want to watch (e.g., **Je ne veux pas regarder les informations.**).

1. Jean / des dessins animés
2. Nous / un feuilleton
3. Vous / une comédie
4. Je / un documentaire
5. Les grands-parents / un reportage sportif
6. Tu / un film

1. veut   4. veux
2. voulons 5. veulent
3. voulez 6. veux

B. **Qu'est-ce qu'ils veulent faire?** Based on the visuals, tell what the following people *want* or *do not want* to do.

> MODÈLE   Ils . . . aller au cinéma.
> **Ils ne veulent pas aller au cinéma.**

1. Jean-Luc . . . *veut* regarder la télévision.

2. Vous . . . *voulez* danser.

3. Je . . . *veux* voyager.

4. Le petit frère de Luc . . . *ne veut pas* aller au lit.

5. Jean-Louis et Pierre . . . *ne veulent pas* aller au match de hockey.

═══ Communication ═══

Oui ou non?   Using the illustrations, tell which of the following activities you want to do or don't want to do next Saturday morning.

Je veux faire de la gymnastique.
Je ne veux pas faire de gymnastique.

1.

2.

3.

4.

5.

6.

7.

8.

PERSPECTIVES

Quels films est-ce qu'on joue?

BELMONDO

9 NOMINATIONS AUX "OSCARS"

Dustin Hoffman
dans

Kramer contre Kramer

Distribué par Warner Columbia Film

"Le guignolo"

UN FILM DE
GEORGES LAUTNER

DIALOGUE
MICHEL AUDIARD

G   producteur délégué ALAIN POIRÉ

Distribution: GAUMONT CERITO RENÉ CHATEAU

Quel film Françoise et Henri vont-ils aller <u>voir</u>?

HENRI	Tu veux aller au ciné?	
FRANÇOISE	Oui, c'est une bonne idée. On joue un bon film au Rex.	
HENRI	Ah oui? Qu'est-ce que c'est?	
FRANÇOISE	*Kramer contre Kramer.* C'est un film américain.	
HENRI	C'est une histoire assez triste, non?	
FRANÇOISE	Oui, assez. Mais c'est <u>passionnant</u>.	
HENRI	Il n'y a pas autre chose? Je voudrais voir <u>quelque chose d'amusant</u>.*	
FRANÇOISE	Tu veux aller voir le dernier film de Belmondo?	
HENRI	Oui, <u>je veux bien</u>.	

to see

a colloquial form of *cinéma*

The infinitive **voir** has high communicative value. The less communicative present tense forms appear later.

exciting

something funny

That's fine, I'm willing.

COMPRÉHENSION

Often considered complex, **quelque chose d(e)** is really very simple and useful. Students need only to place a masculine adjective after **quelque chose d(e)**.

1. Est-ce que Françoise veut aller au cinéma?
2. Quel film veut-elle voir?
3. Est-ce qu'Henri veut aussi voir ce film?
4. Est-ce qu'il veut voir quelque chose de triste?
5. Quel autre film joue-t-on?
6. Est-ce qu'Henri veut voir ce film?

1. Oui, ...
2. . . . *Kramer contre Kramer.*
3. Non, ...
4. Non, . . . quelque chose d'amusant.
5. . . . le dernier film de Belmondo.
6. Oui, ...

****Quelque chose de** + an adjective expresses the idea of something interesting, good, sad, etc. The adjective is always in the masculine singular (**quelque chose de bon, d'intéressant**, etc.).

COMMUNICATION

A. Habitudes et préférences. Answer the following questions or use them to interview another student.

1. Regardes-tu souvent la télévision pendant la semaine? Et pendant le week-end?
2. Quand préfères-tu regarder la télé?
3. Quel est ton programme préféré?
4. Préfères-tu les feuilletons ou les films?
5. Regardes-tu souvent les informations?
6. Est-ce qu'il y a quelque chose d'intéressant à la télé ce soir?
7. Préfères-tu regarder la télévision ou aller au ciné?
8. Vas-tu souvent au ciné?
9. Quel est ton film préféré?
10. Est-ce qu'on joue quelque chose d'amusant cette semaine au cinéma?

B. Jeu des 20 questions. Decide what your favorite television program is. Then other students will try to guess what program you have chosen by asking you yes-or-no questions.

EXEMPLES   Ce programme est-il amusant?
Est-ce à neuf heures du soir le lundi?
Est-ce un feuilleton?

C. **Qu'est-ce qu'il y a à faire cette semaine?** You have been asked to help the entertainment editor of a television station prepare a summary of next week's entertainment possibilities. Using vocabulary you know, complete the following paragraph.

You may want to provide a list of words in random order and have students choose the appropriate words to fill in the blanks.

Vous avez de la chance ____cette____ semaine. Ça va être une semaine _____ pour tout le monde. Il y a un bon ____film____ qui joue au cinéma Rex, et au Palace on ____joue____ un film de Hitchcock. Et si vous voulez ____voir____ quelque chose d'____amusant____, il y a deux bonnes comédies au cinéma Gaumont. À la radio, il y a un ____concert____ d'un très bon groupe américain. Et après le concert, il y a un ____match____ de football— Lyon contre Strasbourg. À dix ____heures____, il y a le hit-parade avec vos ____chanteurs____ préférés. À la ____télévision/télé____ il y a aussi une grande variété de ____programmes____ : pour les enfants, des dessins ____animés____, pour les étudiants, un ____documentaire/reportage____ spécial sur les écoles américaines. Et si vous aimez le sport il y a ____quelque chose____ de très intéressant, c'est le match McEnroe ____contre____ Borg à Wimbledon.

(les mots dans les blancs : intéressante/amusante)

D. **L'Idéal et la réalité.** Indicate at what time you generally do the following activities, and then indicate at what time you would ideally like to do these activities.

EXEMPLE   aller à l'école
Je vais à l'école à sept heures et demie, mais je voudrais aller à l'école à onze heures du matin.

aller à l'école	faire mes devoirs	rentrer à la maison
faire la vaisselle	faire le ménage	regarder la télé
écouter la radio	aller au lit	

VOCABULAIRE DU CHAPITRE

NOUNS RELATED TO TELEVISION
la chaîne television channel
la comédie comedy
les dessins animés (*m*) cartoons
le documentaire documentary
le feuilleton serial program, series
le film film
les informations (*f*) news
le jeu game
le programme program
la publicité advertising
le reportage reporting, report
le spectacle show
la variété variety
le western western

OTHER NOUNS
le ciné colloquial form of *cinéma*
le choix choice
la demi-heure half an hour
l'heure (*f*) time, hour
le lit bed
midi (*m*) noon
minuit (*m*) midnight
le quart quarter (fourth)

ADJECTIVES
autre other
demi half
dernier, dernière last
idiot dumb
passionnant exciting
premier, première first
sportif, sportive athletic
télévisé televised

VERBS
consulter to consult
voir to see
vouloir to wish, to want
vouloir bien to be willing, agree

OTHER WORDS AND EXPRESSIONS
autre chose something else
quelque chose something

HUITIÈME CHAPITRE

Vacations and Travel

8

■ To give directions, advice, or orders: imperative forms
■ To talk about location: prepositions
■ To describe and give opinions: adjectives that precede nouns

INTRODUCTION

Chaque <u>saison</u> apporte ses <u>plaisirs</u> mais aussi ses problèmes. Quand on n'est pas content où on est, un voyage dans un autre <u>pays</u> est peut-être une bonne idée. Notre agence de voyage propose les solutions <u>suivantes</u>.

each/season/pleasures

country
following

VOTRE PROBLÈME	NOTRE SOLUTION	
"En <u>hiver</u>, il fait un temps horrible ici."	Tahiti! Un pays où il fait toujours beau.	winter
"Au <u>printemps</u>, il pleut <u>tout le temps</u>."	Un passeport et un <u>billet</u> <u>d'avion</u> pour le Mexique. Vous n'avez pas besoin d'autre chose.	spring/ticket all the time/plane
"En <u>été</u>, je vais avoir trois mois de vacances, mais j'ai besoin de pratiquer mon anglais."	Pourquoi ne pas visiter les <u>États-Unis</u> et avoir l'occasion de parler anglais?	summer United States Have students note that **ne pas** precedes the infinitive. They will not have to use this construction actively.
"En <u>automne</u>, je suis triste parce que l'hiver va bientôt arriver."	Pourquoi être triste quand il fait <u>si</u> beau à la Martinique?	so

COMPRÉHENSION

Fill in the blanks of these sentences taken from travel brochures.

1. Chaque saison a ses problèmes mais aussi ses _____ .
2. Si vous n'êtes pas _____ chez vous, pourquoi ne pas visiter un _____ pays?
3. Il fait un _____ horrible ici en hiver, mais Tahiti est un _____ où il fait toujours beau.
4. Vous voulez _____ votre anglais? Notre solution: Les États-Unis.
5. Êtes-vous souvent triste en _____ parce que l'hiver va bientôt arriver? Notre solution: un _____ d'avion pour la Martinique.
6. Si vous voulez visiter le Mexique, le _____ est une bonne saison.

1. plaisirs
2. content . . . autre
3. temps . . . pays
4. pratiquer
5. automne . . . billet
6. printemps

COMMUNICATION

Et vos vacances? Everyone has different vacation preferences. What are yours?

1. Comment préférez-vous voyager?

Other items are **voyager en autocar,** which refers to bus travel between towns (**autobus** is for city buses), **aller à pied, faire de l'auto-stop** (to hitchhike), and **voyager en bateau.**

en voiture   en train   en avion   en moto   en vélo

2. Où est-ce que vous aimez passer vos vacances?

à la plage   dans une colonie de vacances   à la campagne

Où est-ce que vous aimez passer vos vacances?

à la montagne

dans un autre pays

dans une ville

3. Quelles sont vos activités préférées?

visiter des musées

visiter des cathédrales

voir des monuments

acheter des souvenirs

aller au théâtre

4. Où préférez-vous rester?

Point out that although the French normally stay in hotels, the number of motels in France has increased in recent years.

chez des amis

chez vos grands-parents

dans des campings

dans des hôtels

EXPLORATION

 TALKING ABOUT CITIES AND COUNTRIES
PREPOSITIONS WITH PLACE NAMES

═Présentation ═══════════════

When talking about travel plans, places of residence, or current events, names of countries and cities become important. The names of most cities are easily recognizable (for example, Paris, Genève, Londres, Québec). To indicate being *in* or *at* or going *to* a city, the preposition **à** is used.

- Nous allons à Paris.
- Gérard habite à Montréal.
- Nous sommes maintenant à Tunis.

To indicate you are *in* or going *to* a country, you must consider the gender of the country. With feminine names of countries, the preposition **en** is used without any article. Countries whose names end in an **e** are usually feminine.

Point out that one says **la Hollande** (not **l'**) and **en Hollande** without liaison because of the aspirated **h**.

l'Allemagne (Germany)   la France
l'Angleterre (England)   la Suisse
la Belgique   la Hollande
l'Espagne (Spain)   l'Italie
    la Russie (ou l'Union Soviétique)

La Russie is also called **U.R.S.S.** (**L'Union des républiques socialistes soviétiques**)

- Nous allons voyager en France.
- Les Duroc vont passer l'été en Italie.

With masculine names of countries, the prepositions **au** or **aux** are generally used. Some countries with masculine names are: **le Canada, le Mexique, le Portugal,** and **les États-Unis.**

You may also want to give students the names of other countries: **l'Iran** (*m*)—**en Iran, Israël** (*m*)—**en Israël, l'Irlande** (*f*), **la Chine,** and **le Japon.** You may also wish to refer students to the map on pages 6–7.

- Pablo habite au Mexique.
- Nous allons passer nos vacances aux États-Unis.

Hier en Angleterre, aujourd'hui en France, demain en Italie...

Même ma guitare est fatiguée.

Répétition: Ils habitent en Italie/en France/en Allemagne/en Espagne Je vais au Canada/au Mexique/au Portugal/aux États-Unis
Substitution: Allez-vous à Paris? Montréal/Chicago/Londres
Substitutions: Tu vas voyager au Mexique/Canada/Portugal/États-Unis Je vais au Portugal/Italie/Russie/États-Unis/Allemagne/Canada/Angleterre/Belgique

Préparation

A. Où allez-vous cet été? French people also enjoy summer travel. Tell where each of these families is going to spend its vacation.

MODÈLE   les Picard / la Belgique
Les Picard vont en Belgique.

Have students note that no *s* is added to the family name, and that the names of many French people reflect their ethnic origins.

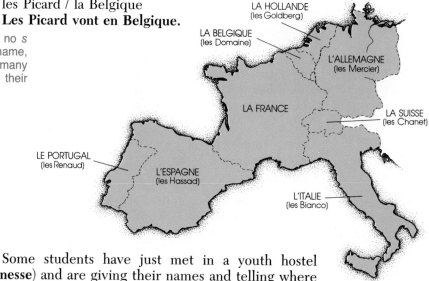

B. En vacances. Some students have just met in a youth hostel (**auberge de jeunesse**) and are giving their names and telling where they live. What do they say?

MODÈLE   Brigitte / Belgique
Je m'appelle Brigitte. J'habite en Belgique.

1. Erika / Hollande
2. Marcel / Canada
3. María / Espagne
4. Karl / Allemagne
5. Paco / Mexique
6. Denise / Suisse
7. Vicki / États-Unis
8. Richard / Angleterre

1. en, 2. au, 3. en, 4. en,
5. au, 6. en, 7. aux, 8. en

Communication

A. Vous et la géographie. How well do you know your geography? To find out, see if you can tell in what countries the following cities are located.

EXEMPLE   Où est Marseille?
Marseille est en France.

Students can be divided into teams for this activity and other city names used: **Venise, Toronto, San Francisco, Leningrad,** etc.

1. Et Amsterdam?   1. en Hollande
2. Et Londres?   2. en Angleterre
3. Et Genève?   3. en Suisse
4. Et Berlin?   4. en Allemagne
5. Et Rome?   5. en Italie
6. Et Madrid?   6. en Espagne
7. Et Lisbonne?   7. au Portugal
8. Et Québec?   8. au Canada
9. Et Moscou?   9. en Russie
10. Et Acapulco?   10. au Mexique

B. **Bon voyage!** Based on the illustrations, tell where the following people are going and what they might do on their vacations.

1. en Allemagne
2. aux États-Unis
3. en Italie
4. en Angleterre
5. en Espagne

EXEMPLE

Ils vont en Suisse pour faire du ski.

C. **Le Voyage de vos rêves.** If time and money were no problem, tell what cities and countries you would like to visit.

EXEMPLES   Je voudrais aller à Londres.
Je voudrais voyager au Portugal.
Je voudrais passer mes vacances en Espagne.

Interlude/Culture

Les auberges de jeunesse (*youth hostels*) sont une solution pratique et économique pour les jeunes qui aiment voyager. En France, vous avez le choix: il y a des auberges dans les villes, à la campagne, à la plage, et même dans les montagnes. On trouve aussi des auberges de jeunesse dans les autres pays; par exemple, en Angleterre, en Espagne, en Tunisie, au Mexique, au Sénégal, aux États-Unis, en Suisse, et en Hollande.

Passer la nuit ou manger un repas dans une auberge ne coûte pas cher, mais les auberges de jeunesse acceptent seulement les jeunes entre 14 et 30 ans. Dans certaines auberges il y a aussi des activités spéciales pour les jeunes (ski, vélo, promenades, etc.). En général, tout le monde participe au travail de l'auberge (on fait la vaisselle, le ménage, les lits) sous la direction du père ou de la mère aubergiste qui est responsable de l'auberge. You may wish to point out that the French place the day before the month when writing a date. (Question #3)

Nom de l'AJ	Adresse	Téléphone	Distance gare SNCF	Périodes et heures d'ouverture	Nombre de lits	Places camping	Cuisine individuelle	Repas préparés	Repas groupe seul	Petit dej seul
Nîmes	Chemin de la Cigale 30000 Nîmes	66 67 63 53	3,5 km	5 1/17 12 7h/10h 18h/22h	78		●			●
Oinville	Impasse de la rue de Gournay 78250 Oinville Montcient		Meulan 4 km	1 1/31 12	25		●			
Orléans	14, faubourg Madeleine 45000 Orléans	38 62 45 75	1 km	16 2/31 8 16 9/31 12	50		●			
Paimpol	Château Keraoul 22500 Paimpol	96 20 83 60	1,5 km	1 1/31 12	80		●	●	●	
Paris/Rueil Malmaison	4, rue des Marguerites 92500 Rueil Malmaison	749 43 97	1,2 km	1 1/31 12 7h30/10h 17h/01h du matin	96 25			●		
Perpignan	Parc de la Pépinière Avenue Grande Bretagne 66000 Perpignan	68 34 63 32	800 m	21 1/19 12 7h/10h 18h/23h	58			●		
Phalsbourg	Château d'Einartzhausen 57370 Phalsbourg	57 07 13 72	Saverne 6 km	1 1/31 12	60		●	●		
Poitiers	17, rue de la Jeunesse B P 241 86006 Poitiers	49 58 03 05	2,8 km	1 1/31 12 6h/10h 12h/14h 17h/22h30	160 60		●	●		
Pontivy	15, rue Général Quinivet 56300 Pontivy		1,5 km	1 6/30 9	30		●			
Praz-de-Lys 1500 m	Chalet Communal Praz de Lys 74440 Taninges	50 90 21 20	23 km	15 12/1 5 1 6/15 9	40			●		

AUBERGES de JEUNESSE

1. Y a-t-il des repas préparés à l'auberge de Poitiers? **1.** oui
2. À Orléans, quelle est la distance entre la gare et l'auberge? **2.** 1 km
3. Quelles sont les dates d'ouverture de l'auberge de Perpignan? **3.** 21.1/19.12
4. Quel est le nombre de lits dans l'auberge de Paris/Rueil Malmaison? **4.** 96
5. Y a-t-il des places pour le camping à Phalsbourg? **5.** non
6. Quelles sont les périodes d'ouverture de l'auberge de Pontivy? **6.** 1.6/30.9

EXPLORATION

 GIVING DIRECTIONS, ADVICE, OR ORDERS
IMPERATIVE FORMS

Présentation

When we give directions, advice, or orders, we often use a verb form without a subject (for example: Speak more slowly. Turn left at the corner. Take your raincoat.) Such sentences are called *imperatives*.

A. In French, when giving advice or directions to people with whom you use **vous,** use the **vous** form of the verb alone.

- Voyagez en avion.
- N'oubliez pas votre passeport.

Substitutions: Voyagez en avion. en train/en bateau/en moto N'oubliez pas votre passeport. votre argent/votre billet

B. If you normally use **tu** with a person, give directions or advice in the **tu** form without the subject pronoun. Notice that in spelling, the **s** is dropped from regular **-er** verbs and **aller.**

- Fais un voyage et oublie tes problèmes.
- N'achète pas ton billet aujourd'hui.
- Va à la gare.

Fais un voyage. un pique-nique/une promenade
N'achète pas ce livre. cette cassette/ces revues/ce stylo
Va en Suisse. en Italie/en France/en Espagne

C. An irregular verb that is frequently used in the imperative is **être.** Learn its forms.

Avoir, which has irregular forms (**aie, ayez**), has little communicative value and is therefore omitted here.

Sois prudent. patient/optimiste
Ne soyez pas si sévère. bête/embêtant/timide/triste/pessimiste

Sois
Soyez

- Sois prudent.
- Ne soyez pas trop sévères.

Substitutions: Faites un voyage. /Fais/; Allez à Paris. /Va/; Proposez une solution. /Propose/; Soyez prudent. /Sois/; Ne mangez pas cette pomme. /Ne mange pas/

Transformation: Have students put these sentences into the **vous** imperative: Vous êtes poli. Vous écoutez bien. Vous n'allez pas à la plage. Vous faites du camping. Vous ne regardez pas ce programme.

Préparation

A. À l'agence de voyage. Robert Moreau, a travel agent, is giving advice to his clients. Tell what he says.

Transformation: Have students put the following sentences into the **tu** imperative: Tu fais du jogging. Tu pratiques ton anglais. Tu ne vas pas au café. Tu ne visites pas cette ville.

MODÈLE   faire un voyage en Suisse
Faites un voyage en Suisse.

1. acheter vos billets à la gare
2. rester dans un petit hôtel
3. voyager au printemps
4. aller à la montagne
5. faire des promenades
6. être très prudents

Repeat using negative commands. (**Ne faites pas un voyage en Suisse.**)

1. Achetez . . . .
2. Restez . . . .
3. Voyagez . . . .
4. Allez . . . .
5. Faites . . . .
6. Soyez . . . .

B. Précautions. Hervé is about to leave on a trip, and his parents are giving him some last-minute advice. Tell what they say.

MODÈLE   ne pas oublier ton argent
N'oublie pas ton argent.

1. ne pas oublier ton passeport
2. ne pas voyager en moto
3. ne pas manger trop
4. ne pas aller dans les clubs
5. ne pas faire de camping
6. ne pas visiter les grandes villes
7. ne pas faire de ski
8. ne pas oublier tes parents

1. N'oublie pas . . . .
2. Ne voyage pas . . . .
3. Ne mange pas . . . .
4. Ne va pas . . . .
5. Ne fais pas . . . .
6. Ne visite pas . . . .
7. Ne fais pas . . . .
8. N'oublie pas . . . .

C. Qu'est-ce que je vais faire? Henri is trying to plan his summer vacation at the beach and would like his friend's opinion. What does his friend tell him?

MODÈLE   Je vais passer l'été à la plage.
Oui, passe l'été à la plage.

1. Je vais aller à Nice. (oui)   1. Oui, va à Nice.
2. Je vais rester dans un hôtel. (non)   2. Non, ne reste pas . . . .
3. Je vais faire du camping. (oui)   3. Oui, fais du camping.
4. Je vais voyager en voiture. (non)   4. Non, ne voyage pas . . . .
5. Je vais faire du jogging. (oui)   5. Oui, fais du jogging.
6. Je vais manger tout le temps au restaurant. (non)   6. Non, ne mange pas . . . .
7. Je vais organiser des pique-niques. (oui)   7. Oui, organise . . . .
8. Je vais visiter les monuments de la ville. (oui)   8. Oui, visite . . . .

Communication

A. Un voyage aux États-Unis. A French friend is planning a trip to the United States. Indicate whether you think the plans are good or bad. Use the imperative in your response.

> EXEMPLE Je voudrais visiter New York.
> Oui, visite New York.
> Non, ne visite pas New York.

1. Je voudrais faire du camping.
2. Je voudrais voyager en train.
3. Je voudrais parler avec des étudiants américains.
4. Je voudrais aller à Denver.
5. Je voudrais acheter des souvenirs.
6. Je voudrais visiter ta ville.
7. Je voudrais manger des hamburgers américains.
8. Je voudrais aller à un match de base-ball.
9. Je voudrais visiter ton école.
10. Je voudrais acheter des disques américains.

B. Conseils. New students in your school are interested in finding out what they should or shouldn't do. What advice (**conseils**) would you give them?

> EXEMPLE Manger à l'école?
> Non, ne mangez pas à l'école.
>
> Étudier beaucoup?
> Oui, étudiez beaucoup.

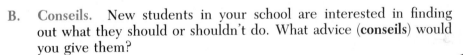

1. étudier le français?
2. écouter en classe?
3. parler tout le temps en classe?
4. faire les devoirs?
5. être patients avec les professeurs?
6. embêter les profs et les copains?
7. passer votre temps à regarder la télévision?
8. manger à l'école à midi?

C. **On va jouer à Montréal.** Your school's soccer team has been invited to play in Montreal, and you want to give some parting advice to individual players and to the team in general. Give advice by selecting the most appropriate suggestions below.

EXEMPLE Situation: Il y a un joueur qui n'aime pas voyager en avion.

Suggestion: Ne voyage pas en avion.
or
Voyage en train.

Remind students to use the **tu** form of the imperative when talking to one player and the **vous** form when talking to more than one player.

Situations:
1. Il y a des joueurs qui étudient le français.
2. Il y a un joueur qui ne parle pas français.
3. Il y a un joueur qui adore l'histoire.
4. Il y a des joueurs qui n'ont pas d'argent.
5. Il y a un joueur qui veut pratiquer son français.
6. Il y a un joueur qui adore la cuisine française.
7. Il y a des joueurs qui veulent acheter des souvenirs.

Suggestions:

parler français avec l'équipe de Montréal
commencer à étudier le français
aller faire des courses dans les magasins
rester chez les étudiants de l'autre équipe
aller manger dans un restaurant français
manger à l'école
visiter des musées à Montréal
regarder des programmes à la télévision
inviter l'autre équipe aux États-Unis
?

Les auberges de jeunesse sont une solution pour les jeunes qui veulent visiter un autre pays. Mais il y a aussi d'autres possibilités. Il y a, par exemple, des camps internationaux de travail où des jeunes de différents pays travaillent en équipe à la restauration de vieilles maisons ou de vieux monuments. Quand on travaille dans un camp, on ne gagne pas d'argent, mais on a un lit, des repas substantiels, la compagnie des autres jeunes, et l'occasion d'habiter dans un autre pays.

Imagine that you are the leader of one of the work teams and are giving orders to the members of your group. What would you say?

EXEMPLE   préparer les repas
          Préparez les repas.

1. faire la cuisine   **1.** Faites la cuisine.
2. aller faire les courses en ville   **2.** Allez faire des courses en ville.
3. préparer les pommes de terre   **3.** Préparez les pommes de terre.
4. faire le ménage   **4.** Faites le ménage.
5. faire les lits   **5.** Faites les lits.
6. acheter les légumes   **6.** Achetez les légumes.
7. aider les autres   **7.** Aidez les autres.
8. organiser les équipes de travail   **8.** Organisez les équipes de travail.

EXPLORATION

 TALKING ABOUT LOCATION
USING PREPOSITIONS

Présentation

To talk about where people or things are located, we often have to indicate the position of objects, persons, or places. These prepositions are especially useful:

Sur and dans have already been introduced.

près de	near	**devant**	in front of
loin de	far from	**derrière**	behind
à côté de	next to, beside	**entre**	between
en face de	across from, facing	**sous**	under
au coin de	on the corner of	**jusqu'à**	as far as, up to

Substitution: L'hôtel est près de la gare. loin de/à côté de/en face de/devant/derrière

- Est-ce que l'hôtel est loin de la gare?
- Est-ce qu'on va passer sous l'Arc de Triomphe?
- Allez jusqu'au coin de la rue.

Here are some other expressions that are useful in directing someone to a place:

Allez **tout droit.**	Go straight ahead.
Tournez **à droite.**	Turn right.
Tournez **à gauche.**	Turn left.

Substitution: Allez tout droit. à gauche/à droite/jusqu'au musée/jusqu'à l'église/jusqu'à la place/jusqu'au coin de la rue

Substitution: Le café est à côté du cinéma. /près de/devant/loin de/en face de/ derrière. Nous habitons près de l'église. /la poste/le café/l'école/l'aéroport/la cathédrale

═══Préparation ═══════════════════════════════════╤═╕

A. **Où est mon passeport?** Martine has lost her passport in her hotel room. Her friend Solange is helping her look for it. Give Solange's questions.

Students can also be asked to give Martine's answers. (**Non, il n'est pas sous la table.**)

> MODÈLE   sous la table
> **Est-ce qu'il est sous la table?**

1. derrière la porte
2. sous le lit
3. devant la porte

4. entre le lit et la table
5. dans le lit
6. sur le bureau

All answers begin with **Est-ce qu'il est. . . .**

B. **Pardon, Monsieur l'agent.** Some American tourists are asking a French police officer for directions. What does he say?

> MODÈLE   Est-ce que l'hôtel est loin de la gare? (non/près)
> **Non, il est près de la gare.**

1. Est-ce que le cinéma est derrière le théâtre? (non/devant)
2. Est-ce que la poste est près de la banque? (oui/à côté)
3. Est-ce que la cathédrale est près d'ici? (non/loin)
4. Est-ce que le musée est à côté de l'église? (non/en face)
5. Est-ce que la bibliothèque est devant le musée? (non/derrière)
6. Est-ce que la gare est loin d'ici? (non/près)

Point out that **agent de police** means *police officer* and that one addresses a police officer as **Monsieur l'agent.**

C. Album de photos. Christine is describing some photos she took while on vacation at her aunt's and uncle's home. Complete her statements by adding the appropriate preposition.

MODÈLE
Mon oncle et ma tante habitent à Lyon.
C'est ___loin___ de Paris.

1. Ici, nous sommes ___devant___ leur maison.

2. Leur maison est ___à côté de___ la poste.

3. Il y a un magasin de fruits ___en face de___ la maison de mon oncle et ma tante.

4. Là, ___entre/devant___ mon oncle et ma tante, c'est mon cousin Georges.

5. Ma sœur est ___derrière___ ma tante Yvonne.

—Communication —————————————

A. **À la gare.** While you are at the railroad station, people ask you for directions. Using the map below, what directions would you give them?

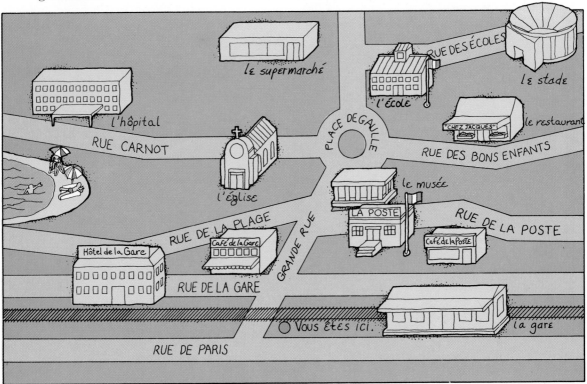

EXEMPLE   Où est la rue de la Plage, s'il vous plaît?
Allez tout droit et tournez à gauche à la deuxième rue.

1. Je voudrais aller à l'hôpital. Où est-ce, s'il vous plaît?
2. Où est l'Hôtel de la Gare, s'il vous plaît?
3. Je voudrais aller au supermarché. Où est-ce, s'il vous plaît?
4. Où est l'école, s'il vous plaît?
5. Et le musée? Où est-ce, s'il vous plaît?
6. Où est la rue Carnot, s'il vous plaît?

B. **Qui est-ce?** Choose another student in your class. The rest of the class will try to guess whom you have chosen by asking yes-or-no questions.

EXEMPLE   Est-ce qu'il (ou elle) est derrière Monique?
Est-ce qu'il (ou elle) est entre Jean-Luc et Anne?

Students could also bring in photographs of family and friends and describe the people in the photos. (**Voilà ma mère. Entre ma mère et mon père est ma petite sœur Janine, etc.**)

HUITIÈME CHAPITRE   *deux cent sept*   **207**

Interlude/Culture

Paris is one of the most beautiful cities in the world. Imagine you are visiting Paris and looking at a map of the city. Indicate whether the following statements are true or false. If a statement is false, reword it to make it true.

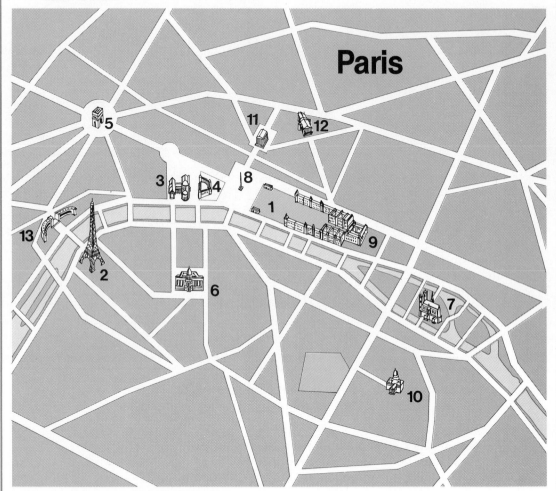

1. Les Tuileries (1) sont à côté de la Tour Eiffel (2).
2. Le Grand Palais (3) est à côté du Petit Palais (4).
3. L'Arc de Triomphe (5) est près de l'Hôtel des Invalides (6).
4. La Cathédrale Notre Dame (7) est derrière la place de la Concorde (8).
5. Le Louvre (9) est loin du Panthéon (10).
6. L'Église de la Madeleine (11) est près de l'Opéra (12).
7. Le Palais de Chaillot (13) est en face de la Tour Eiffel (2).

1. faux
2. vrai
3. faux
4. faux
5. vrai
6. vrai
7. vrai

EXPLORATION

 DESCRIBING AND GIVING OPINIONS
USING ADJECTIVES THAT PRECEDE NOUNS

Présentation

As you have already learned, adjectives are used to describe or to express opinions. You have seen that a few important adjectives are placed before the noun rather than after it. Here are some adjectives familiar to you that are placed before the noun.

Have students repeat these phrases as well as those in the table below.

un **bon** repas
un **mauvais** film
un **petit** café
un **grand** voyage
un **joli** pays

une **bonne** idée
une **mauvaise** situation
une **petite** ville
une **grande** maison
une **jolie** église

Point out that **grand** sometimes means *great*.

A. There are three other important adjectives that precede nouns: **beau**, *beautiful;* **nouveau**, *new;* and **vieux**, *old.* These adjectives have irregular forms, including a different masculine singular form before a vowel sound.

Masculine

s i n g u l a r	before a consonant	un **beau** musée	un **nouveau** musée	un **vieux** musée
	before a vowel sound	un **bel** hôtel	un **nouvel** hôtel	un **vieil** hôtel
plural		de **beaux** pays	de **nouveaux** pays	de **vieux** pays

Students should note that there is only one masculine plural form.

Feminine

singular	une **belle** photo	une **nouvelle** photo	une **vieille** photo
plural	de **belles** motos	de **nouvelles** motos	de **vieilles** motos

B. When adjectives that precede the noun are used with the plural indefinite article, the **des** becomes **de** in formal language. However, in conversational French many people use **des.**

> **Formal:** Ce sont de vieux amis.
> **Conversational:** Ce sont des vieux amis.

C. Like all adjectives, these adjectives also follow the verb **être.**

- Ces monuments ne sont pas beaux.
- Cette cathédrale est très grande.
- Ce nouvel hôtel est beau.

— Préparation —

A. Opinions. Several tourists have just visited a museum, and they each have different opinions about it. Tell what they say.

MODÈLE   beau
All answers begin with **C'est un beau musée.**
C'est un . . . .

1. grand
2. joli
3. beau
4. vieux
5. petit
6. mauvais
7. bon
8. nouveau

Répétition: 1. un bon hôtel, une bonne maison, un bon musée 2. un vieil hôtel, une vieille maison, un vieux musée 3. un bel hôtel, une belle maison, un beau musée 4. un nouvel hôtel, une nouvelle maison, un nouveau musée

Substitutions: 1. C'est un petit pays. hôtel/ville/montagne/auto 2. C'est une belle église. cathédrale/musée/saison/hôtel 3. C'est un vieux musée. aéroport/église/école/passeport 4. C'est un grand repas. gare/pays/voyage/hôtel 5. C'est une nouvelle voiture. maison/livre/étudiant/étudiante

B. Cluny, c'est comment? David is going to visit his relatives in Cluny. His friends want to know what kind of town it is. Give their questions.

Cluny is the site of the Benedictine monastery from which sprang one of the great monastic reform movements of medieval Europe.

MODÈLE   petit
C'est une petite ville?

1. joli
2. grand
3. beau
4. nouveau
5. vieux
6. petit

1. jolie
2. grande
3. belle
4. nouvelle
5. vieille
6. petite

C. **Les nouvelles amies.** Paulette is trying to get to know a new class-mate and is asking her a lot of questions as they walk home. Tell what her new friend answers.

> MODÈLE   Est-ce que tu habites dans une grande maison? (non)
> **Non, je n'habite pas dans une grande maison.**

1. Tu as un petit frère, n'est-ce pas? (oui)
2. Est-ce que tu aimes les grandes villes? (non)
3. Est-ce que tu aimes ta nouvelle école? (oui)
4. Tu aimes tes nouveaux professeurs? (oui)
5. Est-ce que tu aimes ces vieilles maisons? (non)
6. Est-ce que tu aimes les grands magasins? (oui)

1. Oui, j'ai un petit frère.
2. Non, je n'aime pas les grandes villes.
3. Oui, j'aime ma nouvelle école.
4. Oui, j'aime mes nouveaux professeurs.
5. Non, je n'aime pas ces vieilles maisons.
6. Oui, j'aime les grands magasins.

D. **Commentaires.** Annick is making comments about things that she sees on her vacation. Her friend Giselle agrees with her. Tell what Giselle says.

Have students give negative answers as well. (**Non, ce n'est pas un grand hôtel.**)

> MODÈLE   Cet hôtel est grand, n'est-ce pas?
> **Oui, c'est un grand hôtel.**

1. Cette église est jolie, n'est-ce pas?
2. Cette plage est belle, n'est-ce pas?
3. Cet hôtel est vieux, n'est-ce pas?
4. Ce café est petit, n'est-ce pas?
5. Cette rue est jolie, n'est ce pas?
6. Cet aéroport est nouveau, n'est-ce pas?
7. Cet hôpital est vieux, n'est-ce pas?
8. Ce monument est nouveau, n'est-ce pas?

1. Oui, c'est une jolie église.
2. Oui, c'est une belle plage.
3. Oui, c'est un vieil hôtel.
4. Oui, c'est un petit café.
5. Oui, c'est une jolie rue.
6. Oui, c'est un nouvel aéroport.
7. Oui, c'est un vieil hôpital.
8. Oui, c'est un nouveau monument.

Communication

A. **Préférences.** Indicate which of the following you prefer.   Whole class or small group activity

Est-ce que vous préférez . . . ?

1. habiter dans une grande ville ou dans une petite ville?

Est-ce que vous préférez . . . ?

2. rester dans un grand hôtel ou dans un petit hôtel?
3. passer vos vacances à la maison ou faire un grand voyage?
4. être étudiant(e) dans une grande école ou dans une petite école?
5. avoir une vieille voiture ou un nouveau vélomoteur?
6. manger un mauvais dessert ou manger de bons légumes?

B. **Réactions.** Someday you might see the places and things shown in the following photographs. Using the adjectives in this chapter, comment on each one.

EXEMPLE   L'Arc de Triomphe, un des monuments de Paris
C'est un beau monument.

1. La cathédrale de Chartres

2. Une plage à la Martinique

3.　La Citadelle, un monument haïtien

4.　Une maison de vacances en Suisse

6.　Un marché au Sénégal

7.　La Tour Eiffel, un des monuments de Paris

5.　La Piscine Olympique à Montréal

PERSPECTIVES

Mes vacances à Antibes

DAUPHINÉ ITALIE
Rhône
PROVENCE
NICE
LANGUEDOC
AIX
ANTIBES
MARSEILLE
CÔTE D'AZUR
ESPAGNE
MER MÉDITERRANÉE

Antibes
le 18 juillet

Chère Bernadette,

    <u>Devine</u> où je passe mes vacances. Non, ce n'est pas dans une colonie de vacances. Et ce n'est pas chez ma tante Hélène. Je suis dans un camp de travail international où je vais rester jusqu'en septembre. Nous travaillons à la restauration d'une vieille maison près d'Antibes. Je suis très content ici parce que chaque jour je <u>fais la connaissance</u> de nouveaux amis. Il y a des <u>garçons</u> et des <u>filles</u> de différents pays (des Allemands, des Américains, des Canadiens, des Suisses, etc.). Nous travaillons <u>dur</u>, mais quand on travaille en équipe c'est toujours facile et amusant. Souvent, on travaille jusqu'à huit heures du soir. Après ça, on est fatigué, bien sûr, mais on est content d'être <u>ensemble</u>. On chante, on danse, on parle, on fait des projets. Je suis <u>sûr</u> <u>que</u> je vais être triste quand la <u>fin</u> de l'été arrive.

    Et toi, que fais-tu? Où passes-tu tes vacances? Quand vas-tu rentrer à <u>Bruxelles</u>? N'oublie pas nos projets pour l'an prochain. Et sois patiente. C'est seulement ma première lettre, mais ce n'est pas la dernière!

                    Ton ami,

                    Jean-Paul

guess

meet
boys/girls

hard

together

sure/that/end

Brussels

You may want to point out that nouns of nationality that refer to people are capitalized.

COMPRÉHENSION

Use Jean-Paul's letter to answer the following questions.

1. Où Jean-Paul passe-t-il ses vacances?
2. Jusqu'à quand va-t-il rester dans ce camp?
3. Pourquoi Jean-Paul aime-t-il ce camp de travail?
4. À quel projet les jeunes travaillent-ils?
5. Pourquoi Jean-Paul aime-t-il le travail en équipe?
6. Y a-t-il seulement des Français dans ce camp?
7. Jusqu'à quelle heure travaillent-ils le soir?
8. Qu'est-ce que les jeunes font le soir?

1. dans un camp de travail international
2. jusqu'en septembre
3. Il fait la connaissance de nouveaux amis.
4. à la restauration d'une vieille maison près d'Antibes
5. C'est toujours facile et amusant.
6. Non, il y a des Allemands, des Américains, des Canadiens, des Suisses.
7. jusqu'à huit heures
8. Ils chantent, ils dansent, ils parlent, ils font des projets.

COMMUNICATION

A. **Projets de voyage.** Imagine you are planning a vacation. Using the questions below as a guide, tell about your trip.

1. Pendant combien de temps allez-vous être en vacances?
2. Comment allez-vous voyager?
3. Dans quel(s) pays allez-vous voyager?
4. Quelles villes allez-vous visiter?
5. Avec qui allez-vous voyager?
6. Où allez-vous rester?
7. Qu'est-ce que vous allez faire dans les différentes villes que vous allez visiter?

B. On a de la visite.   Some French-Canadian friends will be visiting your town for several days. Place the following possible activities in the order you think most interesting for your friends. (1 = most interesting, etc.)

visiter notre école
aller au cinéma
organiser un grand pique-nique
visiter des musées et des monuments de notre ville
aller à un match de football ou de basket-ball
faire la connaissance de nos amis et de notre famille
faire des promenades en vélo
aller faire des courses dans des magasins
écouter des disques ensemble
regarder nos programmes préférés de télévision

You may wish to tabulate the students' first five choices. (e.g., **Nous allons écouter des disques ensemble, Nous allons à un match de football, etc.**) You may also wish to ask students if they have other activities to suggest.

C. Devinez.   Choose a city in the United States or in another country. Other students will ask you questions to find out where and what kind of city it is.

EXEMPLES   Est-ce que c'est aux États-Unis?
Est-ce que c'est une belle ville?
Est-ce que c'est près d'ici?

D. **À l'agence de voyage.** Imagine you are a travel agent and are talking with the following people. Based on the information they give, choose the vacation best suited to their situation or make a suggestion of your own. Use the imperative in giving your suggestions.

1. Nous sommes étudiants (et nous ne sommes pas riches!), mais nous voulons visiter la France l'été prochain.

a. rester dans de grands hôtels et manger dans de bons restaurants
b. voyager en vélo et faire souvent des pique-niques
c. oublier vos projets et rester à la maison
d. ?

3. Moi, j'aime beaucoup l'histoire, la musique, le théâtre.

a. passer vos vacances à la campagne
b. passer vos vacances dans une grande ville
c. faire du camping dans les montagnes
d. ?

2. Nous aimons le beau temps, le ski nautique, nager, faire des promenades.

a. passer vos vacances à la montagne
b. faire du camping près d'une plage
c. visiter Paris en été
d. ?

4. Je voudrais visiter un pays où on parle français, mais je n'aime pas beaucoup voyager en avion.

a. visiter une ville différente chaque jour
b. aller passer vos vacances à la Martinique
c. passer deux ou trois semaines au Canada
d. ?

VOCABULAIRE DU CHAPITRE

NOUNS RELATING TO TRAVEL
l'avion (*m*)   airplane
le billet   ticket
le camp de travail   work camp
la colonie de vacances   summer camp
la cathédrale   cathedral
le monument   monument
le musée   museum
le pays   country
le passeport   passport
la restauration   restoration
le souvenir   souvenir
le théâtre   theatre
le train   train

SEASONS
la saison   season
l'hiver (*m*)   winter
le printemps   spring
l'été (*m*)   summer
l'automne (*m*)   autumn

OTHER NOUNS
l'activité (*f*)   activity
la fille   girl
la fin   end
le garçon   boy
la lettre   letter
l'occasion (*f*)   opportunity
le plaisir   pleasure
la solution   solution
la suggestion   suggestion

VERBS
arriver   to arrive, to come
deviner   to guess
faire la connaissance de   to meet
pratiquer   to practice
proposer   to propose
tourner   to turn
visiter   to visit

NAMES OF COUNTRIES
l'Allemagne (*f*)   Germany
l'Angleterre (*f*)   England
la Belgique   Belgium
l'Espagne (*f*)   Spain
les États-Unis (*m*)   United States
la France   France
la Hollande   Holland
l'Italie (*f*)   Italy
la Russie   Russia
la Suisse   Switzerland
l'Union Soviétique (*f*)   Soviet Union

ADVERBS AND ADVERBIAL EXPRESSIONS
ensemble   together
si   so
tout le temps   all the time
tout droit   straight ahead

ADJECTIVES
beau (bel), belle   beautiful
chaque   each
dur   hard
nouveau (nouvel), nouvelle   new
suivant   following
sûr   sure
vieux (vieil), vieille   old

PREPOSITIONS
à   in, at, to
à côté de   alongside, at the side of
au coin de   on the corner of
à droite   to the right
à gauche   to the left
derrière   behind
devant   in front of
entre   between
en face de   facing
jusqu'à   up to, as far as
loin de   far from
près de   near

LEARNING OBJECTIVES
- ■ To discuss what we can do: **pouvoir**
- ■ To talk about past events: the **passé composé** with **avoir**
- ■ To use large numbers: 60–1000
- ■ To describe people and things: irregular adjectives

NEUVIÈME CHAPITRE

Exploration and Adventure

INTRODUCTION

Le <u>passé</u>, c'est aujourd'hui!

past

Aujourd'hui dans la classe d'histoire le professeur Lebœuf parle de l'explorateur français La Salle et de son voyage difficile du Canada à la Nouvelle Orléans. Les étudiants imaginent qu'ils sont membres de l'expédition.

Voilà le <u>journal</u> que Jean-Pierre prépare pour sa classe d'histoire.

diary

> le 11 septembre
>
> Notre aventure va commencer demain. Les <u>canots</u> sont prêts. Nous avons des <u>provisions</u> et des <u>médicaments</u>. Un voyage qui va de Montréal au golfe du Mexique, c'est long.... Pourtant, je <u>n'ai pas peur.</u>*
>
> le 16 septembre
>
> Il pleut du matin au soir, jour après jour. Je <u>pense à</u> mes amis qui sont maintenant dans une maison chaude et confortable. Pourtant, je <u>n'ai pas envie</u> d'être à leur place.
>
> le 19 décembre
>
> Il fait un froid terrible. Nous sommes obligés de <u>quitter</u> le lac Michigan et d'abandonner nos canots. Mais courage: "Vouloir, c'est <u>pouvoir</u>."

canoes / food supplies
medicine

However / I'm not afraid

think about

don't feel like

leave
to be able to

*Note the use of **avoir** with expressions like **avoir soif, avoir faim, avoir peur, avoir besoin de,** and **avoir envie de.**

le 11 janvier

Nous continuons à <u>marcher</u> et à <u>lutter</u> contre le froid. Le froid est un ennemi terrible, mais nous ne voulons pas <u>abandonner</u>.

walk/fight

give up

le 8 avril

Victoire! Nous allons bientôt arriver à notre destination. Nous sommes contents de gagner un nouveau <u>monde</u> pour la France. Le Mississippi est français et l'histoire... c'est nous.

world

COMPRÉHENSION

Indicate whether the following statements are true (**vrai**) or false (**faux**) based on Jean-Pierre's diary. If a statement is false, reword it to make it true.

1. Leur voyage commence au printemps.   **1.** Faux. Leur voyage commence en automne.
2. Ils voyagent en train et en avion.   **2.** Faux. Ils voyagent en canot.
3. Ils sont obligés de quitter le Lac Michigan.   **3.** vrai
4. Il fait beau tout le temps pendant leur voyage.   **4.** Faux. Il pleut; il fait un froid terrible.
5. Même quand il fait très froid, tout le monde veut continuer.   **5.** vrai
6. Ils arrivent à leur destination le 18 septembre.   **6.** Faux. Ils arrivent le 8 avril.

COMMUNICATION

Et vous?   The following projects may appeal to your spirit of adventure. Tell which projects interest you and which do not.

Est-ce que vous avez envie de . . .

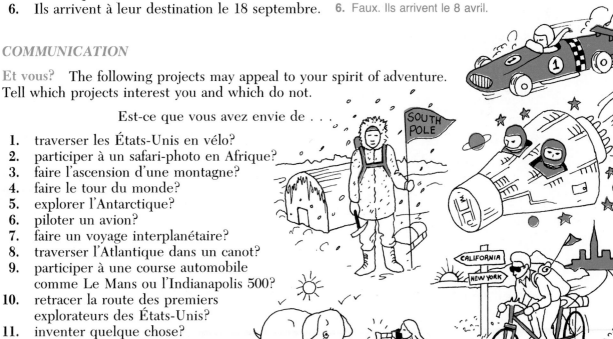

1. traverser les États-Unis en vélo?
2. participer à un safari-photo en Afrique?
3. faire l'ascension d'une montagne?
4. faire le tour du monde?
5. explorer l'Antarctique?
6. piloter un avion?
7. faire un voyage interplanétaire?
8. traverser l'Atlantique dans un canot?
9. participer à une course automobile comme Le Mans ou l'Indianapolis 500?
10. retracer la route des premiers explorateurs des États-Unis?
11. inventer quelque chose?

Canot can also mean **canot pneumatique** (*rubber raft*). You may also use a question/answer format (e.g., **Est-ce que vous avez envie de traverser l'Atlantique dans un canot?**).

EXPLORATION

⚜ DISCUSSING WHAT WE CAN DO
THE VERB *POUVOIR*

═ Présentation ═══════════════════

To express the meaning *can* or *to be able* the verb **pouvoir** is used. It is an irregular verb, and here are its forms:

Répétition: Je peux gagner, tu peux gagner, etc.

```
┌─pouvoir─────────────────────────┐
│ ┌──────────────┐ ┌───────────────────┐ │
│ │ je **peux**  │ │ nous **pouvons**  │ │
│ │ tu **peux**  │ │ vous **pouvez**   │ │
│ │ il/elle **peut** │ │ ils/elles **peuvent** │ │
│ └──────────────┘ └───────────────────┘ │
└─────────────────────────────────┘
```

- Je peux préparer les canots.
- Pouvez-vous organiser le voyage?
- Paul ne peut pas continuer.

Transformation: Put the following sentences into the plural. Il peut aller au match ce soir. Elle peut inviter des amis. Je peux acheter les provisions. Tu peux préparer les carottes.

Pouvoir is also frequently used to ask permission.

- Est-ce que nous pouvons commencer tout de suite?
- Est-ce que je peux avoir la voiture ce soir?

═ Préparation ═══════════════════

Substitution: Je ne peux pas rester. nous/tu/Chantal/mes amis/vous   Est-ce que je peux commencer?   tu/vous/Jacques/nous/les autres.

A. **Êtes-vous prêts?** Several students are planning a canoe trip and are assigning tasks to members of the group. Tell what they say.

> MODÈLE   Le professeur / organiser le voyage
> **Le professeur peut organiser le voyage.**

1. vous / préparer les canots
2. Henri / acheter les provisions
3. tu / aider Henri
4. nous / apporter les provisions
5. je / acheter les médicaments
6. les leaders / travailler aussi

1. Vous pouvez . . . .
2. Henri peut . . . .
3. Tu peux . . . .
4. Vous pouvons . . .
5. Je peux . . . .
6. Les leaders peuvent . . . .

B. **Est-ce que je peux . . . ?** Serge is asking permission to do different things. Give his parents' answers.

> MODÈLE   Est-ce que je peux regarder la télé? (oui)
> **Oui, tu peux regarder la télé.**

1. Est-ce que nous pouvons écouter des disques? (oui) 1. Oui, vous pouvez . . . .
2. Est-ce que Luc peut acheter un nouveau vélo? (non) 2. Non, il ne peut pas . . . .
3. Est-ce que nous pouvons aller à la piscine? (non) 3. Non, vous ne pouvez pas . . . .
4. Est-ce que mes amis peuvent avoir quelque chose à manger? (oui) 4. Oui, ils peuvent . . . .
5. Est-ce que je peux aller au cinéma? (oui) 5. Oui, tu peux . . . .
6. Est-ce que nous pouvons rentrer à minuit? (non) 6. Non, vous ne pouvez pas . . . .

C. **Oui ou non?** Tell whether the following people are able to carry
out their plans.

MODÈLE

Il ne peut pas marcher.

1. Ils ne peuvent pas regarder la télé. 2. Il ne peut pas jouer au football. 3. Il ne peut pas aller au cinéma. 4. Ils ne peuvent pas faire un pique-nique. 5. Elle ne peut pas aller à la piscine. 6. Il ne peut pas trouver son chien.

1.

2.

3.

4.

5.

6.

A. **Projets de week-end.** Listed below are possible activities for the coming weekend.

    1. Give the activities that you can do this weekend.

        EXEMPLE   Je peux aller au cinéma.

    2. Identify the activities you are not able to do and give the reason why.

        EXEMPLE   Je ne peux pas inviter des amis parce que je n'ai pas le temps.

Activités	Raisons
faire du sport	je ne suis pas libre
inviter des amis	je suis obligé(e) de rester à la maison
aller manger au restaurant	mes parents ne veulent pas
faire un petit voyage	je n'ai pas envie de faire ça
faire une promenade en vélo	je n'ai pas d'argent
aller au cinéma	je n'ai pas le temps
aller à un match de football	il va faire mauvais
passer le week-end à la campagne	je suis fatigué(e)
rentrer après minuit	j'ai du travail à faire
aller danser avec des amis	j'ai des devoirs à faire

B. **Qui peut . . . ?** Make questions to ask other students in order to find out who in your class is able to do the following things.

        EXEMPLE   piloter un avion
                      Jean, est-ce que tu peux piloter un avion?

    1. parler français
    2. marcher pendant cinq heures
    3. réciter un poème en anglais
    4. préparer un bon repas
    5. gagner un match de tennis
    6. être toujours content(e)
    7. faire l'ascension d'une montagne
    8. être parfait(e) tout le temps
    9. deviner quand est l'anniversaire du professeur
   10. inventer un jeu

Les Ailes du Ciel
ÉCOLE DE DELTAPLANE
et de PLANCHE à VOILE
En semaine
ou en
fin de semaine
MATÉRIEL FOURNI

Sites de VOL
• Montréal
• Ste-Véronique
• St-Jean-de-Matha

COURS de VOL COMPLET
32 heures
Brevete A.V.L.Q.

Cours de planche
3 heures

Location — Vente
Réparation

324-6000

Vous pouvez, bien sûr, visiter la France en voiture, en autobus, ou en train. Mais si vous aimez l'aventure, il y a d'autres possibilités.

—Vous pouvez, par exemple, visiter la France en vélo, seul(e), avec des amis, ou avec un voyage organisé.

—Vous pouvez aussi passer l'été dans une colonie de vacances dans les montagnes, à la plage, ou à la campagne.

—Vous pouvez marcher d'une ville à l'autre.

—Vous pouvez visiter les différentes régions de France en canot.

Quelle suggestion préférez-vous?

Point out that the meaning of the **passé composé** is most often like the simple past in English: "I worked," "I studied," "I ate," etc. Sometimes the meaning is more like "I have spoken," "I did speak," etc.

EXPLORATION

⚜ *TALKING ABOUT PAST EVENTS*
THE PASSÉ COMPOSÉ WITH AVOIR

═══ Présentation ═══════════════════════

You are now able to talk about present events using the present tense of the verbs you have learned. You can also talk about future events using the present tense of **aller** with an infinitive.

To talk about past events you will use a past tense called the **passé composé.** For most verbs the **passé composé** consists of the present tense of **avoir** with a past participle.

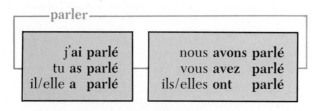

parler	
j'ai parlé	nous **avons** parlé
tu **as** parlé	vous **avez** parlé
il/elle **a** parlé	ils/elles **ont** parlé

Répétition: J'ai commencé, tu as commencé, etc. Je n'ai pas voyagé, tu n'as pas voyagé, etc.

- Nous avons marché pendant dix heures.
- Avez-vous voyagé en avion?
- A-t-il neigé la semaine dernière?
- Nous avons parlé français au Canada.
- Est-ce qu'ils ont risqué leur vie?
- Qui a inventé le cinéma?

A machine crucial to the development of the movies was the **ciné-matographe,** which was invented by les frères Lumière at Lyons, France, in 1895.

Notice that you form the past participle of **-er** verbs by dropping the **er** of the infinitive and adding **é.**

Infinitive	Past Participle
travailler	travaillé
étudier	étudié
manger	mangé

A. To make the **passé composé** negative, place **ne (n')** before the form of **avoir** and **pas** or **jamais** after.

- Je n'ai pas acheté les provisions.
- Il n'a pas aidé ses amis.
- Ils n'ont jamais abandonné.

B. Here are the past participles of other irregular verbs that you have learned.*

Use the following sentences for repetition: J'ai été content, j'ai eu de la chance, j'ai fait du ski, j'ai pu continuer.

être — **été**	Le voyage a été difficile.
avoir — **eu**	Nous avons eu de la chance.
faire — **fait**	As-tu fait tes devoirs?
pouvoir — **pu**	Ils n'ont pas pu continuer.
vouloir — **voulu**	Elles n'ont pas voulu rester.

Vouloir is not frequently used in the **passé composé,** where its meaning is close to "try to," or "refuse to" in the negative. The **passé composé** of **vouloir** need not be emphasized.

C. Here are some words and expressions frequently used with the **passé composé: l'an dernier, la semaine dernière, l'été dernier, le mois dernier, hier** (*yesterday*), and **déjà** (*already*).

- Hier, nous avons regardé un film d'aventure à la télé.
- Nos amis ont déjà visité la France.

== Préparation

Substitution: Nous avons quitté le lac. Je/Vous/Mes copains/Henri/Tu J'ai continué. Nous/Vous/Ma famille/Je/Tu Est-ce que vous avez eu peur? les autres/tu/nous/ton ami

A. **Serge fait du camping.** Serge is talking about the various things he did while camping last week. Tell what he says.

Transformation: Put the following sentences in the **passé composé:** Nous nageons dans cette piscine. Les Dupont font un voyage. Paul et Jean sont contents. Je travaille ici. Nous pouvons continuer. Tu as de la chance. Nous traversons le lac. Vous risquez votre vie.

MODÈLE   passer de bonnes vacances
          J'ai passé de bonnes vacances.

Variation: Repeat exercise in third person telling what Serge has done (e.g., **Serge a passé de bonnes vacances.**).

1. acheté	**1.** acheter les provisions	**6.** oublier l'école		**6.** oublié
2. aidé	**2.** aider mes amis	**7.** faire une promenade en canot		**7.** fait
3. préparé	**3.** préparer les repas	**8.** apporter ma guitare		**8.** apporté
4. marché	**4.** marcher pendant des heures	**9.** faire le tour du lac		**9.** fait
5. nagé	**5.** nager dans un lac	**10.** faire l'ascension d'une montagne		**10.** fait

*****Aller** is not part of this pattern and will be treated in Chapter 12.

B. **Pas de chance.** Liliane is not as lucky as Serge, and she did not get to do any of the things she had planned for the weekend. Tell what she says.

MODÈLE   avoir de la chance
Je n'ai pas eu de chance.

1. faire une promenade en vélo	1. Je n'ai pas fait . . . .
2. jouer au tennis	2. Je n'ai pas joué . . . .
3. faire mes devoirs	3. Je n'ai pas fait . . . .
4. étudier mon anglais	4. Je n'ai pas étudié . . . .
5. écouter mes disques préférés	5. Je n'ai pas écouté . . . .
6. pouvoir parler avec mes amis	6. Je n'ai pas pu . . . .
7. manger au restaurant	7. Je n'ai pas mangé . . . .
8. inviter mes amis à la maison	8. Je n'ai pas invité . . . .

C. **Vacances d'hiver.** Winter resorts are very popular in France. Guy is talking about the family Christmas vacation. What does he say?

Variation: Repeat exercise using third person plural (e.g., **Ils ont fait la connaissance.**).

MODÈLE   faire la connaissance de Marie Leclerq
Nous avons fait la connaissance de Marie Leclerq.

1. avoir quinze jours de vacances
2. avoir de la chance
3. pouvoir trouver un bon hôtel
4. faire du ski dans les montagnes
5. faire du patinage
6. faire beaucoup de promenades

1. eu **2.** eu **3.** pu **4.** fait **5.** fait **6.** fait

D. **Curiosité.** Guy's friends want to know everything about the Christmas vacation he and his family spent together. What do they say? **1.** passé **2.** eu **3.** fait **4.** participé **5.** mangé **6.** fait **7.** organisé **8.** fait **9.** fait **10.** joué

Variation: Repeat activity in third person plural asking questions about Guy's family.

MODÈLE   passer de bonnes vacances
Est-ce que vous avez passé de bonnes vacances?

1. passer vos vacances à la montagne
2. avoir un beau temps
3. faire du ski
4. participer à des courses
5. manger dans de bons restaurants
6. faire l'ascension d'une montagne
7. organiser des promenades en groupe
8. faire du patinage
9. faire le tour du lac
10. jouer au hockey

E. **L'été dernier.** Several friends are talking about some of the interesting things they did last summer. Tell what they say.

> MODÈLE Nous / passer l'été dans une colonie de vacances.
> **Nous avons passé l'été dans une colonie de vacances.**

1. Je / piloter un avion   1. J'ai piloté . . . .
2. Henri / traverser les États-Unis en vélo   2. Henri a traversé . . . .
3. Paulette / faire du camping dans les montagnes   3. Paulette a fait . . . .
4. Tu / faire un voyage en moto   4. Tu as fait . . . .
5. Vous / participer à une course automobile   5. Vous avez participé . . . .
6. Mes copains / voyager dans un autre pays   6. Mes copains ont voyagé . . . .
7. Je / travailler dans un magasin   7. J'ai travaillé . . . .

F. **Nous, on n'a pas de chance!**   Jean-Luc is complaining that he and his friends have never done anything exciting. What does he say?

> MODÈLE Je / faire un voyage en moto
> **Je n'ai jamais fait de voyage en moto.**

1. Bernard / nager dans un lac
2. Vous / faire du ski nautique
3. Ma famille / faire du camping en hiver
4. Tu / piloter une voiture de sport
5. Nous / voyager dans un autre pays
6. Je / risquer ma vie
7. Mes copains / passer l'été à la montagne
8. Renée / faire l'ascension d'une montagne

1. Bernard n'a jamais nagé dans un lac.
2. Vous n'avez jamais fait de ski nautique.
3. Ma famille n'a jamais fait de camping . . . .
4. Tu n'as jamais piloté une voiture de sport.
5. Nous n'avons jamais voyagé dans un autre pays.
6. Je n'ai jamais risqué ma vie.
7. Mes copains n'ont jamais passé l'été . . . .
8. Renée n'a jamais fait l'ascension . . . .

Communication

A. Qui . . . ? Ask questions to find out who in your class has done the following things.

> EXEMPLE passer l'été dans une colonie de vacances
> Jean, est-ce que tu as passé l'été dans une colonie de vacances?

1. manger au restaurant hier soir
2. aimer le dernier examen
3. oublier de faire tes devoirs
4. déjà voyager dans un autre pays
5. jouer au hockey
6. manger un bon petit déjeuner ce matin
7. habiter dans une autre ville
8. nager dans l'Océan Atlantique
9. travailler pendant les vacances
10. avoir peur de parler français en classe
11. faire un voyage en avion

Students can ask each other questions to find out what they did or did not do (**Est-ce que tu as regardé la télé?,** etc.). After each affirmative statement you may wish to ask "**À quelle heure est-ce que tu as . . . ?**"

B. Hier. Describe what you did (or did not do) yesterday at various times.

> EXEMPLE J'ai eu ma classe de français à huit heures.

Suggestions:

avoir ma classe de français
manger mon déjeuner
étudier à la bibliothèque
faire mes devoirs
faire du sport

regarder la télé
écouter des disques
manger le dîner avec ma famille
aider à faire la vaisselle
parler avec mes copains

Certains personnages historiques ont joué un rôle plus ou moins important dans les relations entre la France et l'Amérique. Pouvez-vous identifier les personnages suivants?

1. Qui a fondé la ville de Québec? (a)

   (a) Samuel de Champlain   (b) Jacques Cartier   (c) Pierre Cardin

2. Quel Français a aidé les colonies américaines à lutter contre les Anglais pendant la Révolution américaine? (a)

   (a) Le Marquis de Lafayette   (b) Maurice Chevalier   (c) Cavelier de La Salle

3. Quel Américain ou quelle Américaine a traversé l'Atlantique en avion pour la première fois—destination Paris? (a)

   (a) Amelia Earhart   (b) Neil Armstrong   (c) Charles Lindbergh

4. Quel Français a exploré le territoire américain qui va des Grands Lacs au Golfe du Mexique? (b)

   (a) Louis XIV   (b) Cavelier de La Salle   (c) Napoléon

5. Quel Français a sculpté la Statue de la Liberté? (c)

   (a) Charles de Gaulle   (b) Auguste Rodin   (c) Frédéric Bartholdi

EXPLORATION

USING LARGE NUMBERS
NUMBERS 60–1000

— Présentation

A. The numbers from sixty-one through seventy-nine are based on sixty:

60	soixante	70	soixante-dix
61	soixante et un	71	soixante et onze
62	soixante-deux	72	soixante-douze
63	soixante-trois	73	soixante-treize
64	soixante-quatre	74	soixante-quatorze
65	soixante-cinq	75	soixante-quinze
66	soixante-six	76	soixante-seize
67	soixante-sept	77	soixante-dix-sept
68	soixante-huit	78	soixante-dix-huit
69	soixante-neuf	79	soixante-dix-neuf

Have students note the **s** on **deux cents, trois cents.** It does not appear when any other number follows.

B. The number eighty in French is **quatre-vingts.** The numbers from eighty through ninety-nine are based on eighty:

80	quatre-vingts	90	quatre-vingt-dix
81	quatre-vingt-un	91	quatre-vingt-onze
82	quatre-vingt-deux	92	quatre-vingt-douze
83	quatre-vingt-trois	93	quatre-vingt-treize
84	quatre-vingt-quatre	94	quatre-vingt-quatorze
85	quatre-vingt-cinq	95	quatre-vingt-quinze
86	quatre-vingt-six	96	quatre-vingt-seize
87	quatre-vingt-sept	97	quatre-vingt-dix-sept
88	quatre-vingt-huit	98	quatre-vingt-dix-huit
89	quatre-vingt-neuf	99	quatre-vingt-dix-neuf

Point out that **s** is dropped in **vingt** from 81 to 90.

Point out that **et** is not used in eighty-one and ninety-one.

C. **Cent** can be combined with numbers you already know to form any number up to 1000 (**mille**).

cent
trois cents
cinq cent vingt-cinq
neuf cent soixante-quinze

Have students repeat the numbers 60 to 100.

232   *deux cent trente-deux*

Préparation

A. **Quel numéro est-ce?** People are asking the desk clerk in a Parisian hotel the room numbers of various guests. Tell what he says.

MODÈLE   Madame Crozier, s'il vous plaît.
C'est le numéro quatre-vingt-onze.

1. Mademoiselle Leblanc (99)
2. Monsieur Armand (162)
3. Monsieur Xavier (83)
4. Monsieur Leclerc (251)
5. Madame Durand (471)
6. Madame Santerre (375)
7. Monsieur Chanet (788)
8. Madame Crozier (91)

One student (or the teacher) asks for the room number; another student consults the listing and gives the room number.

B. **Distances.** An employee of **L'Automobile Club** in Montreal is answering questions about the distances of various cities from Montreal. Tell what she says.

MODÈLE   New York 613
La distance entre New York et Montréal est de six cent treize kilomètres.

1. Ottawa 190
2. Trois-Rivières 138
3. Québec 270
4. Boston 546
5. Philadelphie 745
6. Washington 932
7. Detroit 908
8. Toronto 539

Communication

A. **Toujours les maths!** Dictate math problems to other students. See who can get the answer first and say it in French.

> EXEMPLE   Combien font cent quinze moins trente?

B. **Vente aux enchères.** Conduct an auction (**vente aux enchères**) in your class. Auction off items found in your classroom or personal items to the highest bidder.

> EXEMPLE   1er étudiant(e): Combien pour ce livre de maths?
> 2e étudiant(e): soixante francs
> 3e étudiant(e): soixante-dix francs
> 1er étudiant(e): soixante-dix francs, une fois, deux
>   fois, trois fois, adjugé, vendu

In recent years, the value of the **franc** has ranged from $.17 to $.25.

Interlude/Culture

Vous allez faire du camping dans les montagnes, et vous avez besoin d'acheter votre équipement. Consultez le catalogue pour avoir les prix des différentes choses que vous voulez acheter. Et après, répondez aux questions suivantes.

Est-ce qu'on peut acheter

    un sac à dos pour 200 francs?
    une tente pour 850 francs?
    deux bouteilles Thermos pour 60 francs?
    un sac de couchage pour 300 francs?
    un vélo pour 800 francs?

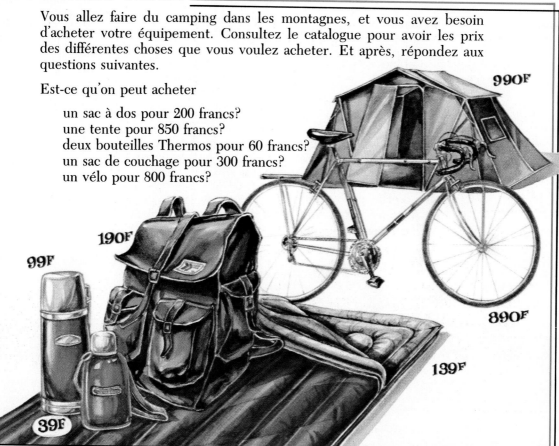

EXPLORATION

⚜ *DESCRIBING PEOPLE AND THINGS*
IRREGULAR ADJECTIVES

══ Présentation ══

As you have already learned, adjectives are used to describe people and things. Here are three kinds of irregular adjectives that are important for communication.

1. sportif

	Masculine	Feminine
Singular	sportif	sportive
Plural	sportifs	sportives

actif active
sportif athletic
impulsif impulsive

• Vous êtes trop impulsifs!
• J'aime les filles sportives.

2. sérieux

	Masculine	Feminine
Singular	sérieux	sérieuse
Plural	sérieux	sérieuses

sérieux serious
ambitieux ambitious
courageux courageous
heureux happy

• Elles sont très ambitieuses.
• Si tu veux être heureux, ne sois pas trop sérieux.

Point out that the pronunciation of **gentil** is /ʒɑ̃ti/, and that of **gentille** is /ʒɑ̃tij/.

Have students repeat the masculine and feminine forms of these adjectives.

3. naturel

	Masculine	Feminine
Singular	naturel	naturelle
Plural	naturels	naturelles

naturel natural
gentil nice, kind

• Janine est gentille et naturelle.
• N'embête pas ton petit frère; ce n'est pas gentil.

L'illusion et la réalité

Préparation

The *Transformation* may be both a written and an oral exercise.

A. Moi aussi, je suis . . . ! Lucien is talking about his qualities. Each time he describes himself, Marianne reminds him that she is also like that. What does she say?

Substitution: 1) Alain n'est pas sportif. Hélène/Alain et Hélène/Suzanne et Chantal. 2) Denise est très courageuse. Pierre/Les filles/Les garçons. 3) Henri n'est pas gentil. Monique/Mon frère/Mes sœurs

MODÈLE   Je suis sportif.
Moi aussi, je suis sportive!

1. Je suis sérieux.	1. sérieuse	4. Je suis ambitieux.	4. ambitieuse
2. Je suis gentil.	2. gentille	5. Je suis heureux.	5. heureuse
3. Je suis impulsif.	3. impulsive	6. Je suis courageux.	6. courageuse

B. Ma famille. Gérard is describing his family. Tell what he says.

MODÈLE   Mes cousins / gentil
Mes cousins sont gentils.

1. trop impulsif
2. très active
3. gentil
4. courageux
5. ambitieuse
6. sportive
7. gentilles
8. très naturelle

1. Mon frère / trop impulsif
2. Ma grand-mère / très actif
3. Mon oncle / gentil
4. Mon père / courageux
5. Ma mère / ambitieux
6. Ma tante / sportif
7. Mes cousines / gentil
8. Ma sœur / très naturel

C. **Et les autres!** Suzanne and several friends are comparing people they know. Tell what they say.

MODÈLE   Jean-Luc est sérieux. Et Anne?

Anne aussi est sérieuse.

1.

Micheline est gentille.
Et Lise et Jean-Marc?

1. gentils
2. courageux

2.

Brigitte est courageuse.
Et Robert?

3.

Michel est ambitieux.
Et Jeannette?

3. ambitieuse
4. gentille

4.

Luc est gentil.
Et Claire?

5.

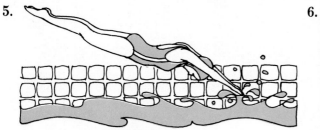

Thomas est sportif.
Et Jacqueline?

5. sportive
6. sérieux

6.

Léo est sérieux.
Et Jean-Paul et Colette?

7.

8.

Anne est impulsive.
Et Pierre?

7. impulsif
8. heureuses

Véronique est heureuse.
Et Anne et Lucie?

══ Communication ══

A. **Descriptions.** Which of the adjectives you have learned in this chapter best describes the following people?

Possible answers:

1. Jean-Luc étudie beaucoup. Il fait ses devoirs chaque jour. C'est un étudiant _____.

2. Marie-José aime beaucoup les sports. Elle est _____.

3. Étienne a passé un mois à faire du camping dans les montagnes. C'est un garçon _____.

4. Lucien est toujours content et optimiste. Il pense que sa vie est parfaite. Il est très _____.

5. Jean-Luc et Marie-Claire aident leurs parents à faire le ménage et à faire la cuisine. Ils sont toujours prêts à aider leurs amis. Ils sont _____.

1. sérieux, ambitieux

2. sportive, active

3. sportif

4. heureux

5. gentils

B. **Interview.** Using the adjectives below, make up questions to ask other students in your class.

EXEMPLE très actif
Pierre, est-ce que tu es très actif?
Anne, est-ce que tu es très active?

1. très sportif
2. trop impulsif
3. assez ambitieux
4. très courageux

5. très sérieux
6. très actif
7. assez heureux
8. toujours gentil

PERSPECTIVES

Vouloir, c'est pouvoir.

Pourquoi décider de passer trois mois sur un canot <u>au milieu de</u> l'océan et lutter à chaque instant contre le froid, la faim, la soif, et même la <u>mort</u>?

    Alain Bombard, un jeune <u>médecin</u>, pense que la faim et la soif ne sont pas toujours responsables de la mort des <u>naufragés</u>. Il pense que c'est souvent la peur et la panique qui sont responsables. Il veut prouver qu'on peut <u>survivre</u>, même <u>sans</u> provisions.

    Le 25 mai, Alain et son ami Jack ont quitté Monaco. Après vingt-quatre jours, les vents ont <u>poussé</u> leur canot jusqu'à <u>Tanger</u>. Mais l'expérience a été très dure, et Jack, fatigué et <u>malade</u>, a décidé d'abandonner. Alain a continué. Il a passé soixante jours dans l'Océan Atlantique, <u>seul</u>, sans provisions, sans médicaments. Il a lutté contre le soleil, contre le froid, contre le vent, contre la <u>maladie</u>, contre la peur. Mais son ennemi principal a été la solitude, l'<u>envie</u> d'abandonner.

    Alain Bombard a prouvé qu'il est possible de survivre si on refuse d'abandonner. La peur et le courage vont ensemble: avoir du courage, c'est accepter d'avoir peur . . . et continuer.

Extrait et adapté d'un article de *Vidéo-Presse*

in the middle

death

doctor

shipwrecked people

Survivre will be used only in the infinitive.

survive/without

pushed/Tangiers

sick

alone

sickness

desire

COMPRÉHENSION

Answer the following questions on Alain Bombard's adventure.

1. Qui est Alain Bombard?
2. Qu'est-ce qu'il a décidé de faire?
3. Qu'est-ce qu'il veut prouver?
4. Quand a-t-il quitté Monaco?
5. Avec qui a-t-il voyagé?
6. Où est-ce que son copain a décidé d'abandonner?
7. Contre quels ennemis est-ce qu'Alain a été obligé de lutter?
8. Quel a été son ennemi principal?

1. un jeune médecin
2. passer trois mois sur un canot au milieu de l'océan
3. qu'on peut survivre même sans provisions
4. le 25 mai
5. son ami Jack
6. à Tanger
7. le soleil, le froid, le vent, la maladie, la peur
8. la solitude, l'envie d'abandonner

COMMUNICATION

A. **Interview.** Imagine that you are interviewing Alain Bombard. What questions would you want to ask him?

Student questions can be used as an additional comprehension check. Also a student can play the role of Alain Bombard and the rest of the class can ask their questions.

    EXEMPLE   Quand avez-vous quitté Monaco?

B. **Dans les Alpes.** A group of mountaineers is talking about their successful climb of Mont Blanc, the highest mountain in France. Using the drawings as a guide, tell what they might say about their adventure.

You may wish to assign this as written homework. Answers will vary.

EXEMPLE
Nous avons des provisions.

C. **Candidat(e) à l'exploration.** Would you be a good candidate for a trip similar to the one taken by Alain Bombard? To find out, take the following test and then check the *Interprétation* at the end.

1.	Aimez-vous l'aventure?	oui	non
2.	Pouvez-vous être heureux (heureuse) quand il fait un froid terrible?	oui	non
3.	Pouvez-vous être content(e) loin de vos amis et votre famille?	oui	non
4.	Pouvez-vous être heureux (heureuse) sans télévision, sans radio, et sans vos disques préférés?	oui	non
5.	Refusez-vous d'abandonner quand les choses sont difficiles?	oui	non
6.	Pouvez-vous marcher pendant des heures sans être très fatigué(e)?	oui	non
7.	Aimez-vous être seul(e)?	oui	non
8.	En général, est-ce que vous êtes très courageux (courageuse)?	oui	non
9.	Êtes-vous prêt(e) à risquer votre vie?	oui	non
10.	Avez-vous envie de faire quelque chose de difficile?	oui	non

INTERPRÉTATION

7–10 "oui" Vous êtes prêt(e) pour la grande aventure. Mais attention! Vous risquez d'être trop impulsif (impulsive).

3–6 "oui" Vous êtes assez courageux (courageuse), mais vous êtes peut-être trop prudent(e).

0–2 "oui" L'aventure n'est pas pour vous. (Mais vous pouvez regarder les aventures des autres à la télévision.)

D. L'aventure et vous. Which of the following have you already done? Which of the following have you never done?

> EXEMPLE piloter un avion
> Je n'ai jamais piloté un avion.
> J'ai déjà piloté un avion.

1. traverser l'Atlantique
2. faire un voyage de 300 kilomètres en vélo
3. faire l'ascension d'une montagne
4. participer à un safari-photo
5. explorer l'Antarctique
6. avoir envie de faire le tour du monde
7. faire une promenade en canot
8. marcher pendant des heures sur une plage
9. participer à une course de vélo
10. risquer votre vie
11. faire du camping en hiver

E. Impressions. Alain Bombard's adventure is a true story. What impressed you most about it? Make a list of the most important things he did or that happened to him.

> EXEMPLE Alain Bombard a passé soixante jours seul.
> Il a prouvé qu'on peut survivre seul au milieu de l'océan.

VOCABULAIRE DU CHAPITRE

NOUNS RELATING TO ADVENTURE
l'aventure (f) adventure
le canot canoe
le courage courage
la course race
la destination destination
l'ennemi (m) enemy
l'expédition (f) expedition
l'explorateur (m) explorer
le lac lake
le naufragé shipwrecked person
l'océan (m) ocean
la panique panic
la peur fear
les provisions (f) food supplies
la route route
le safari-photo photo safari

OTHER NOUNS
l'Afrique (f) Africa
l'Antarctique (f) Antarctica
l'expérience (f) experience
le journal diary
la maladie sickness
le médecin doctor
le médicament medicine
le monde world
la mort death
le passé past
la place place
la solitude solitude

NUMBER WORDS
cent hundred
mille thousand
quatre-vingts eighty
quatre-vingt-dix ninety

PREPOSITIONS AND CONJUNCTIONS
au milieu de in the middle of
pourtant however
sans without

ADJECTIVES
actif, active active
ambitieux, ambitieuse ambitious
courageux, courageuse courageous, brave
gentil, gentille nice
heureux, heureuse happy
impulsif, impulsive impulsive
interplanétaire interplanetary
long, longue long
malade sick
naturel, naturelle natural
possible possible
principal principal
responsable responsible
sérieux, sérieuse serious
seul alone

VERBS RELATING TO ADVENTURE
abandonner to give up, leave behind
faire l'ascension de to climb
faire le tour de to go around
inventer to invent
lutter to struggle
marcher to walk
piloter to pilot
retracer to retrace
survivre to survive
traverser to cross

OTHER VERBS
accepter to accept
avoir envie de to feel like
décider to decide
participer to participate
penser à to think about
pousser to push
pouvoir to be able, can
quitter to leave
refuser to refuse

LEARNING OBJECTIVES
- To talk about choices and accomplishments: **-ir** verbs such as **finir**
- To talk about careers: names of occupations
- To indicate how much or how many: expressions of quantity
- To talk about what you know or know how to do: **savoir**

DIXIÈME CHAPITRE

Everyday Life

10

INTRODUCTION

Une Nouvelle Étudiante

C'est la <u>rentrée</u> des classes à l'école secondaire de Jonquière, une ville   first day
du Québec. Chantal <u>discute</u> avec une fille qui est nouvelle dans sa   talks
classe.

CHANTAL	Tu es nouvelle ici?	
NADINE	Oui, on a <u>déménagé</u> pendant les vacances.	moved
CHANTAL	Tu habites dans un appartement?	
NADINE	Non, dans une petite maison près du parc.	
CHANTAL	Combien de <u>pièces</u> est-ce que vous avez?	rooms
NADINE	Cinq.	
CHANTAL	Et tes parents, qu'est-ce qu'ils font?	
NADINE	Mon père est <u>ouvrier</u> à <u>l'usine</u>.	worker/factory
CHANTAL	Et ta mère, quelle est sa profession?	
NADINE	Elle est <u>vendeuse</u> dans un <u>grand magasin</u>.	saleswoman/ department store

COMPRÉHENSION

Answer the following questions based on the conversation between
Nadine and Chantal.

1. Est-ce que c'est le premier ou le dernier jour de classe?   **1.** le premier
2. Où est-ce que Chantal et Nadine habitent?   **2.** à Jonquière
3. Est-ce que Nadine est nouvelle à l'école?   **3.** oui
4. Est-ce que Nadine habite dans une maison ou dans un
   appartement?   **4.** dans une maison
5. Combien de pièces est-ce qu'il y a dans sa maison?   **5.** cinq
6. Où est-ce que son père travaille?   **6.** à l'usine
7. Et sa mère, qu'est-ce qu'elle fait?   **7.** Elle est vendeuse dans un grand magasin.

COMMUNICATION

Voilà la maison de Nadine. C'est une maison de deux **étages** avec un **jardin** derrière. Il y a aussi un garage et un **sous-sol** où les enfants peuvent jouer.

floors
garden, basement

Au premier étage, il y a la **cuisine,** la **salle à manger,** et la **salle de séjour** avec une belle **cheminée.**

kitchen, dining room
living room, fireplace

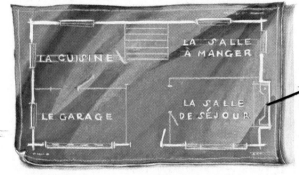

In France the ground floor is called the **rez-de-chaussée** and the second floor is called **le premier étage.**

Au deuxième étage, il y a la **salle de bains** et les **chambres:** une pour ses parents, une pour sa grand-mère, et une pour Nadine et sa sœur Lucette.

bathroom, bedrooms

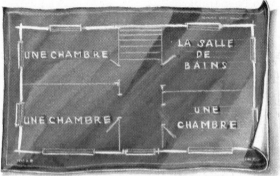

Point out that *stairs* are **les escaliers** and *corridor* is **le couloir.**

You may want to point out that in France the **salle de bains** and **les toilettes,** or **w.c.,** are two separate rooms and to teach "Où sont les toilettes?" or "Où sont les w.c.?"

Et votre maison, comment est-elle? Faites la description de votre maison, ou de la maison où vous voulez habiter un jour.

EXPLORATION

 **TALKING ABOUT CHOICES AND ACCOMPLISHMENTS
USING** *-IR* **VERBS LIKE** *FINIR*

Présentation

There are some verbs in French whose infinitives end in **ir**. Several of these verbs are used to talk about choices and accomplishments.

choisir	to choose	**finir**	to finish
obéir (à)	to obey	**réussir** (à)	to succeed (in), to pass

The present tense endings for these verbs are like those of **finir**:

Répétition: Je finis à sept heures, tu finis à sept heures, etc.

--- finir ---

je fin**is**	nous fin**issons**
tu fin**is**	vous fin**issez**
il/elle fin**it**	ils/elles fin**issent**

- Nous finissons nos devoirs.
- Guy n'obéit pas toujours à ses parents.
- Quelles classes est-ce que tu vas choisir?

The **passé composé** of these verbs is formed by using the present of **avoir** and a past participle formed by replacing the **ir** of the infinitive with **i: finir → fini; choisir → choisi.**

- Nous avons fini nos devoirs.
- Avez-vous réussi à l'examen?

Répétition: J'ai réussi à l'examen, tu as réussi à l'examen, etc.

The command forms of **-ir** verbs are formed by omitting the pronouns **tu** and **vous.**

- Ne choisissez pas cet appartement!
- Finis tes épinards!

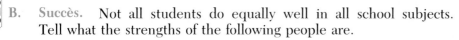

Préparation

A.   On discute.   Chantal is asking Nadine how she's doing in her courses. What does she ask?

> MODÈLE   les maths
> **Est-ce que tu réussis bien en maths?**

1. l'histoire	**4.** l'anglais	All answers begin with **Est-ce que**
2. la géographie	**5.** le français	**tu réussis bien en . . . .**
3. les sciences	**6.** la musique	**Variation:** Ask students to give Nadine's answers using **je**.

B.   Succès.   Not all students do equally well in all school subjects. Tell what the strengths of the following people are.

> MODÈLE   Chantal / maths
> **Chantal réussit bien en maths.**

1. Je / musique	**4.** Tu / géographie	1. réussis
2. Suzanne et Henri / histoire	**5.** Gérard / éducation physique	2. réussissent
3. Nous / français	**6.** vous / sciences	3. réussissons
		4. réussis
		5. réussit
		6. réussissez

C.   À quelle heure?   Lucien and his friends are talking about what time they finish their work each day. Tell what they say.

> MODÈLE

Robert . . .
Robert finit son travail à sept heures.

1.

Je . . . .

2.

Nous . . . .

3.

Tu . . . .

1. Je finis mon travail à onze heures. **2.** Nous finissons notre travail à dix heures. **3.** Tu finis ton travail à huit heures.

4.

Liliane . . . .

5.

Vous . . . .

6.

Georges et Paul . . . .

4. Liliane finit son travail à six heures. **5.** Vous finissez votre travail à cinq heures. **6.** Georges et Paul finissent leur travail à neuf heures.

D. Choix d'une maison. Some friends are talking about their choices of houses and apartments. Tell what they say. Be sure to use the correct form of **avoir** with the **passé composé**.

> MODÈLE Hélène / une jolie maison
> **Hélène a choisi une jolie maison.**

1. Les Martinet / un grand appartement
2. Vous / une grande maison
3. Nous / une vieille maison
4. Mon oncle / un petit appartement
5. Tu / une petite maison
6. Je / un nouvel appartement

1. Les Martinet ont choisi un grand appartement.
2. Vous avez choisi une grande maison.
3. Nous avons choisi une vieille maison. 4. Mon oncle a choisi un petit appartement.
5. Tu as choisi une petite maison. 6. J'ai choisi un nouvel appartement.

E. Conseils. Before Nadine and Lucette moved to Jonquière, their former teachers gave them some parting advice. What did they say?

> MODÈLE choisir bien vos nouveaux amis
> **Choisissez bien vos nouveaux amis.**

1. choisir bien vos classes
2. ne pas choisir seulement des classes faciles
3. finir toujours votre travail
4. réussir à vos examens
5. finir vos études
6. choisir une bonne profession
7. obéir à vos parents
8. ne pas choisir les solutions faciles

1. Choisissez   3. Finissez   5. Finissez   7. Obéissez
2. Ne choisissez pas   4. Réussissez   6. Choisissez   8. Ne choisissez pas

Communication

A. Questions/Interview. Answer the following questions or use them to interview another student.

1. À quelle heure est-ce que tu finis tes devoirs?
2. À quelle heure est-ce que tes classes finissent?
3. Est-ce que tu réussis toujours aux examens?
4. Est-ce que tu as réussi au dernier examen de français?
5. Est-ce que tu obéis toujours à tes professeurs?
6. Est-ce que tu obéis toujours à tes parents?
7. À quelle heure est-ce que tu as fini ton dîner hier?

B. Choix. What would you choose in each of the following situations? Give your reasons why. Encourage students to answer in complete sentences.

1. C'est l'été. Où choisissez-vous de travailler?

   (a) dans une colonie de vacances   (b) dans un grand magasin
   (c) dans un restaurant

2. Où est-ce que vous choisissez de passer vos vacances? You may wish to do this activity using the **passé composé: Où avez-vous choisi de travailler?**

   (a) à la plage   (b) à la montagne   (c) à la campagne

3. Qu'est-ce que vous choisissez de faire à la maison?

(a) faire le ménage   (b) faire la vaisselle   (c) faire les lits

4. Qu'est-ce que vous choisissez de faire après l'école?

(a) faire du sport   (b) faire vos devoirs   (c) écouter des disques

Interlude/Jeu

Horizontal Point out that accent marks are ignored in French crossword puzzles.

2. À quelle heure est-ce que le film va _____?
3. Nous sommes très intelligents, nous _____ toujours aux examens.
4. Nous commençons notre travail à 9 heures du matin, et nous _____ à cinq heures.
8. Henri n'a pas été gentil; il n'a pas _____ à ses parents.
10. Henri _____ travaille pas bien à l'école.
11. Est-ce que beaucoup d'étudiants canadiens _____ d'aller à l'université après l'école secondaire?
13. Est-ce que tu as _____ ton travail?
14. _____ votre dîner avant d'aller jouer!

Vertical

1. Si tu ne _____ pas à cet examen, ton professeur ne va pas être content.
2. Nous sommes très sérieux; nous _____ toujours nos devoirs avant la classe.
5. Est-ce que les étudiants français _____ toujours à leurs professeurs?
6. Paul _____ peut pas continuer.
7. _____ tu veux être heureux, ne sois pas trop sérieux.
9. À quelle heure est-ce que vous _____ votre travail?
11. Quel film est-ce que tu as _____?
12. Pourquoi est-ce que tu n'as pas _____ à ton père?

			^{1}R	^{2}F	I	N	I	R	
			E	I					
			U	N					
^{3}R	E	U	S	S	I	S	S	O	N	S
			S	S					
^{4}F	I	N	I	S	S	^{5}O	^{6}N	^{7}S	
			S		^{8}O	B	E	I	^{9}F
					^{10}N	E		I	
^{11}C	H	^{12}O	I	S	I	S	S	E	N	T
H		B		S				I	
O		E		S				S	
^{13}F	I	N	I		E			S	
S			^{14}F	I	N	I	S	S	E	Z
I				T				Z	

EXPLORATION

**TALKING ABOUT CAREERS
NAMES OF OCCUPATIONS**

Additional professions: **artiste** (*m* or *f*), artist; **assistant(e) social(e)**, social worker; **banquier/banquière,** banker; **chauffeur/chauffeuse de camion,** truck driver; **commerçant(e),** small business owner or operator; **comptable** (*m* or *f*), accountant; **cultivateur/cultivatrice,** farmer; **électricien/électricienne,** electrician; **homme ou femme d'affaires,** business man or woman; **instituteur/institutrice,** teacher; **plombier** (*m* or *f*), plumber; **publiciste** (*m* or *f*), publicity agent

Présentation

To talk about careers you have to know the names of different jobs and professions.

A. Some names of occupations have different masculine and feminine forms.

un acteur / une actrice	actor, actress
un avocat / une avocate	lawyer
un coiffeur / une coiffeuse	hair stylist
un chanteur / une chanteuse	singer
un infirmier / une infirmière	nurse
un ouvrier / une ouvrière	worker
un mécanicien / une mécanicienne	mechanic
un musicien / une musicienne	musician
un technicien / une technicienne	technician
un vendeur / une vendeuse	salesperson

Have students repeat the names of the professions.

Substitution: Have students give the feminine form: C'est un secrétaire/dentiste/médecin/professeur/ingénieur.
Substitution: Have students give the masculine form: Elle est coiffeuse/vendeuse/musicienne / mécanicienne / ouvrière / infirmière / actrice.

B. Some names of occupations have only one form but can refer to both men and women.

un ou **une dentiste**	dentist
un ou **une secrétaire**	secretary

Others use only the masculine article even when referring to a woman.

un agent de police	police officer
un ingénieur	engineer
un médecin	doctor
un professeur	professor, teacher

The terms **femme agent, femme médecin,** and **femme ingénieur** are often used for women police officers, doctors, and engineers.

C. After the verb **être** no article is used with professions unless you use an adjective to describe the profession or person. Compare:

* Jean est mécanicien. Jean est un bon mécanicien.
* Madame Blanc est professeur. Madame Blanc est un professeur formidable.

After **c'est,** however, an article is always used.

* C'est une vendeuse.
* C'est un excellent coiffeur.

Préparation

A. Qu'est-ce qu'ils font? Several students are talking about what their parents and friends of the family do for a living. Tell what they say.

> MODÈLE   Jean: Le père de Luc est professeur.
>   Marie: Et sa mère?
>   Jean: **C'est un professeur aussi.**

1. Monsieur Leclerc est ingénieur. Et Madame Chantier?
2. Jean-Luc est secrétaire. Et Marianne?
3. Georges est vendeur. Et Liliane?
4. Monsieur Duroc est technicien. Et Madame Duroc?
5. Monsieur Panier est mécanicien. Et Madame Lenoir?
6. Robert est musicien. Et sa sœur?
7. Monsieur Cuvier est acteur. Et Mademoiselle Léger?
8. Monsieur Grandjean est infirmier. Et Madame Roger?

1. ingénieur
2. secrétaire
3. vendeuse
4. technicienne
5. mécanicienne
6. musicienne
7. actrice
8. infirmière

B. Quelle est leur profession? Based on the illustrations below, tell what job each of the following people has.

MODÈLE   **1.**   **2.**   **3.**

Elle est avocate.   médecin   vendeur   agent de police

4.   **5.**   **6.**   **7.**

chanteuse   ouvrière   acteur   dentiste

A. Choix d'un travail. Tell which job or jobs interest you and why. You may use the suggestions below when you give your reasons.

EXEMPLE Je voudrais être avocat/avocate parce que c'est un travail intéressant.

Students might also want to tell why they don't want a particular job.

j'aime la musique
c'est un travail intéressant
j'aime parler
c'est un travail facile
j'aime les enfants

on gagne beaucoup
j'aime aider les malades
on voyage souvent
j'aime les voitures
j'aime ce travail

B. Devinez. Choose a job and have other students ask yes-or-no questions in order to guess what job you have chosen.

EXEMPLES Est-ce que tu travailles beaucoup?
Est-ce que tu travailles seul(e)?

Interlude/Lecture

This is an authentic job advertisement from a Montreal newspaper. Although you will not understand every word, you can get much of the important information. See if you can answer these questions after reading the ad.

1. What kind of job is it?
2. Is this a small or a large company?
3. What qualities is the company looking for in an employee?
4. Can both men and women apply?
5. Does the company operate only in Canada?
6. Do you believe the job would pay well?

If you want your students to understand all the words in this ad, they will need these meanings: **ouvertures,** openings; **revenu,** income; **vous entraîner,** train; **nous aimerions,** we would like; **rencontrer,** to meet.

ÊTES-VOUS COMME MOI DÉSIREUX DE FAIRE BEAUCOUP $ D'ARGENT $?

Une organisation multimillionnaire a quelques ouvertures pour vendeurs(euses) qui aiment rencontrer le public et désirent l'opportunité de développer un excellent revenu sur notre système d'avance sur commission. Si vous n'avez pas peur de travailler et désirez vous entraîner pour une carrière permanente dans notre société internationale, nous aimerions vous rencontrer.

Pour une entrevue avec rendez-vous

TÉLÉPHONEZ: 664—1023

EXPLORATION

⚜ ***INDICATING HOW MUCH OR HOW MANY***
EXPRESSIONS OF QUANTITY

═ Présentation ══════════════════════════════

Often we want to tell the amount of something, such as "a lot, a little,
enough," without being exact. In French, most such words for quantity
are followed by **de** (**d'**) rather than **de l'**, **du**, **de la**, or **des**. Here are
some useful expressions of quantity.

assez de	enough
beaucoup de	much, many, a lot
combien de	how much, how many
moins de	less, fewer
peu de	few, little
un peu de	a little
plus de	more
trop de	too much, too many

- Combien de pièces y a-t-il dans cette maison?
- Il y a beaucoup de magasins près d'ici.
- Est-ce que tu as eu trop de travail?
- Je n'ai pas gagné assez d'argent.
- Je voudrais avoir plus de temps libre.

Préparation

A. La vie est difficile. Gérard is talking about the problems he's having this week. Tell what he says.

> MODÈLE moins / temps libre
> **J'ai moins de temps libre.**

1. beaucoup / examens
2. peu / énergie
3. assez / travail
4. moins / argent
5. plus / devoirs
6. trop / responsabilités

1. J'ai beaucoup d'examens.
2. J'ai peu d'énergie.
3. J'ai assez de travail.
4. J'ai moins d'argent.
5. J'ai plus de devoirs.
6. J'ai trop de responsabilités.

B. Comment est ta nouvelle vie? A friend is asking Nadine, who has just moved to Jonquière, about her new life. Give Nadine's answers.

> MODÈLE Est-ce que tu as des amis ici? (Oui . . . beaucoup)
> **Oui, j'ai beaucoup d'amis ici.**

1. Est-ce que tu as du temps libre? (non . . . peu)
2. Est-ce que tu as des classes intéressantes? (oui . . . assez)
3. Est-ce que tu as des devoirs à faire? (oui . . . trop)
4. Est-ce qu'il y a beaucoup de garçons dans ta classe? (non . . . pas beaucoup)
5. Est-ce que tu as plus de responsabilités à la maison? (non . . . moins)
6. Est-ce que tu as moins de travail à faire? (non . . . plus)

1. . . . peu de temps libre.
2. . . . assez de classes . . .
3. . . . trop de devoirs . . .
4. . . . pas beaucoup de . . .
5. . . . moins de . . .
6. . . . plus de travail . . .

C. Premier travail. Lynne wants to tell her French pen pal about the advantages and disadvantages of her job. Translate the sentences for her.

1. I have a lot of work.
2. I have less time now.
3. I'm earning more money.
4. I have too many responsibilities.
5. I don't have enough free time.
6. I have many new friends.

1. J'ai beaucoup de travail.
2. J'ai moins de temps maintenant.
3. Je gagne plus d'argent.
4. J'ai trop de responsabilités.
5. Je n'ai pas assez de temps libre.
6. J'ai beaucoup de nouveaux amis.

Communication

A. **Votre vie.** Using an expression of quantity, make questions to ask other students about each topic.

> EXEMPLE travail
> Est-ce que tu as moins de travail cette semaine?

devoirs   temps libre   BONS PROFESSEURS   problèmes

ARGENT   examens

amis sympathiques   classes intéressantes

B. **Opinions.** What do you think of the following situations? Complete each statement using an appropriate expression of quantity.

Remind students to use the noun with the expression of quantity.

> EXEMPLE Il y a six personnes dans le canot. Il y a _____.
> Il y a trop de personnes dans le canot.

1. Il y a cinquante-cinq étudiants dans la classe de Madame Lebrun. Il y a _____.
2. Claude veut acheter un disque qui coûte soixante-dix-huit francs, mais il a seulement cinquante francs. Il n'a pas _____.
3. Il y a seulement un coca pour cinq personnes. Il n'y a pas _____.
4. Avec ses soixante-quinze francs, Hélène a acheté des livres, une affiche, et des pâtisseries. Maintenant, elle a _____.
5. Madame Lafitte travaille de neuf heures du matin à cinq heures du soir. Après, elle fait le marché, la cuisine, et le ménage. Elle a _____.
6. Il y a six garçons et sept filles qui veulent jouer au basket-ball. Il y a _____.

C. **Votre ville.** Using expressions of quantity, describe the following aspects of your town or region.

> EXEMPLE parcs
> Il n'y a pas assez de parcs dans notre ville.

1. théâtres
2. activités pour les jeunes
3. clubs sportifs
4. piscines
5. cafés
6. choses intéressantes à faire
7. grands magasins
8. stades

Qu'est-ce que les jeunes Canadiens-Français pensent de leur vie? Des reporters ont posé les questions suivantes aux jeunes Canadiens-Français. Voilà leurs réponses. Point out to students that % is **pour cent.**

1. Qu'est-ce que les jeunes Canadiens-Français veulent?

   Ils veulent réussir dans leur vie personnelle (32% ont choisi cette réponse), mais ils veulent aussi gagner de l'argent et être utiles à la société.

2. Comment sont leurs relations avec leur famille?

   En général, leurs relations avec leurs parents sont bonnes. Mais ils préfèrent parler de leurs problèmes avec leur mère.

3. Quelles professions préfèrent-ils?

   Beaucoup de jeunes Canadiens-Français choisissent les professions libérales (médecin, avocat, etc.). Mais aujourd'hui, il y a plus de jeunes qui veulent travailler dans l'agriculture.

4. Et après le lycée, qu'est-ce qu'ils vont faire?

   Beaucoup de jeunes choisissent d'aller à l'université ou dans les écoles techniques parce qu'ils veulent réussir dans la vie.

5. Est-ce que les parents canadiens donnent de l'argent à leurs enfants pour leurs besoins personnels?

   Oui, mais beaucoup de jeunes Canadiens-Français travaillent pour avoir un peu d'argent qu'ils peuvent utiliser comme ils veulent.

Et vous, quelles sont vos réponses à ces questions?

EXPLORATION

Transformation: Rephrase each sentence using **vous** instead of **tu**. Sais-tu faire la cuisine? Sais-tu parler français? Sais-tu nager? Sais-tu faire un rôti de bœuf? Sais-tu faire du ski nautique? Sais-tu jouer au tennis?

⚜ TALKING ABOUT WHAT YOU KNOW OR KNOW HOW TO DO
THE VERB *SAVOIR*

═ Présentation ═

To indicate you know something or know how to do something, use the verb **savoir.** It is irregular and has the following forms:

┌─ savoir ─┐

je **sais**	nous **savons**
tu **sais**	vous **savez**
il/elle **sait**	ils/elles **savent**

Savoir is rarely used in the **passé composé** and has the special meaning "to find out." It need not be taught now.

- Je sais jouer au hockey.
- Savez-vous parler français?
- Il sait beaucoup de choses.

Répétition: Je sais jouer au golf, tu sais jouer au golf, etc.

Substitution: Je ne sais pas son numéro de téléphone, Georges/Je/Tu/ Nous/Vous/Ses amis

═ Préparation ═

A. **Est-ce que tu sais jouer au tennis?** Some friends would like to play tennis and want to find out who knows how. Answer their questions.

MODÈLE   Lucien? (oui)
          Oui, Lucien sait jouer au tennis.

1. Oui, je sais jouer au tennis.
2. Non, nous ne savons pas jouer au tennis.
3. Oui, Claudine sait jouer au tennis.

1. Et toi? (oui)
2. Et vous? (non)
3. Et Claudine? (oui)

4. Et Hélène et Richard? (non)
5. Et Patrice? (non)

4. Non, Hélène et Richard ne savent pas jouer au tennis.
5. Non, Patrice ne sait pas jouer au tennis.

Variation: Repeat the exercise having students ask each other the professions of well-known people: **Pélé? C'est un joueur de football.** Other suggestions: Robert Redford, Tracy Austin, Paul McCartney, Hank Aaron, Dolly Parton, Jonas Salk, Luciano Pavarotti, Sandra Day O'Connor, Duke Ellington, Terry Bradshaw.

B. **Possessions.** People's possessions often reveal their interests. Tell what these people know how to do.

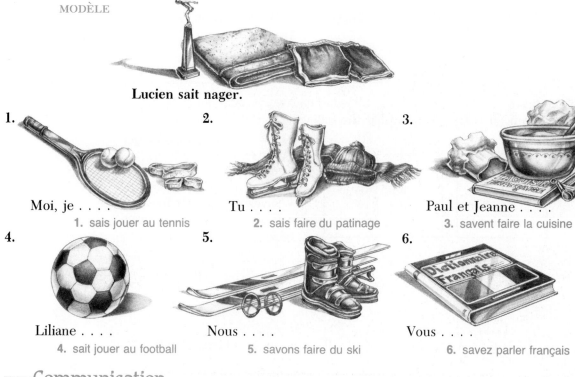

MODÈLE

Lucien sait nager.

1.

Moi, je . . . .

1. sais jouer au tennis

2.

Tu . . . .

2. sais faire du patinage

3.

Paul et Jeanne . . . .

3. savent faire la cuisine

4.

Liliane . . . .

4. sait jouer au football

5.

Nous . . . .

5. savons faire du ski

6.

Vous . . . .

6. savez parler français

Communication

A. **Petit quiz.** What professions do these TV characters represent? Use **je sais** or **je ne sais pas** in your answer.

See top of this page for *Variation.*

EXEMPLE   Kojak

Je sais qui c'est. C'est un agent de police.
Je ne sais pas qui c'est.

1. Steve McGarrett?
2. Hawkeye Pierce?
3. Barney Miller?
4. Margaret Houlihan?
5. Laverne?
6. Ponch?

1. un agent de police
2. un médecin
3. un agent de police
4. une infirmière
5. une ouvrière
6. un agent de police

B. **Qu'est-ce que tu sais faire?** Using the words and phrases below, make up questions to find out what your classmates know how to do.

EXEMPLE   faire la cuisine
Est-ce que tu sais faire la cuisine?

1. piloter un avion
2. faire la cuisine
3. jouer au golf
4. jouer au tennis
5. faire du ski
6. faire du patinage
7. nager
8. danser
9. chanter

PERSPECTIVES

Choix d'une profession

Marianne va bientôt finir ses <u>études</u> à l'école secondaire. Elle parle de
ses projets à son père.

studies

MONSIEUR LEBRUN	Est-ce que tu as choisi ta future profession?
MARIANNE	Oui, papa.
MONSIEUR LEBRUN	Alors, qu'est-ce que c'est?
MARIANNE	Je voudrais être mécanicienne.
MONSIEUR LEBRUN	Mécanicienne . . . ? Tu n'es pas sérieuse, j'espère.
MARIANNE	<u>Si</u>! Je suis très sérieuse.
MONSIEUR LEBRUN	Mais <u>voyons</u>, Marianne; ce n'est pas une profession pour une fille!
MARIANNE	Pourquoi pas?
MONSIEUR LEBRUN	Les filles ne savent pas <u>réparer</u> des machines.
MARIANNE	Ah oui? Et qui a réparé ton vélo hier?

Point out that **si** is
used to contradict a
negative statement
or question.

Yes!

Come on!

repair

DIXIÈME CHAPITRE   *deux cent soixante et un*   **261**

Indicate whether the following statements are true (**vrai**) or false (**faux**).
If a statement is false, reword it to make it true.

1. Marianne parle de ses études avec sa mère.   1. Faux. Elle parle avec son père.
2. Elle a décidé d'être professeur.   2. Faux. Elle a décidé d'être mécanicienne.
3. Son père est d'accord avec son choix.   3. Faux. Il n'est pas d'accord.
4. Il pense que ce n'est pas une bonne profession pour une fille.   4. vrai
5. Il pense que les filles ne savent pas réparer des machines.   5. vrai
6. C'est Marianne qui a réparé le vélo de son père.   6. vrai

COMMUNICATION

A.   **Quelle est sa profession?**   The following people are talking about their jobs. Based on what they say, identify their professions.

1. Fabien: "C'est moi qui répare votre voiture quand elle ne marche pas."
2. Sylvie: "Vous ne savez peut-être pas mon nom, mais j'ai déjà joué dans beaucoup de films. J'espère être très célèbre un jour."
3. Gérard: "Je travaille dans un grand magasin. Alors, si vous avez besoin d'acheter quelque chose, n'oubliez pas que nous avons beaucoup de choix dans notre magasin."
4. Marcel: "Vous pensez peut-être que je passe mon temps à jouer, mais pour moi, c'est du travail. Si je ne joue pas bien, les autres joueurs de notre équipe ne sont pas contents. Un jour, je vais jouer dans le 'Super Bowl.'"
5. Véronique: "J'ai fait des études difficiles. Mais maintenant je fais un travail que j'aime, et je suis contente de pouvoir aider les enfants qui sont malades. Je travaille dans un grand hôpital, et je gagne beaucoup d'argent."

APPRENEZ LE METIER QUI VOUS PLAIT

Conducteur routier :
Vous aimez conduire et voyager?
Préparez-vous à ce métier agréable et bien payé

Electricien en équipement auto : Installez les auto-radios, les lecteurs de cassettes ; vérifiez et dépannez les équipements électriques.

Hôtesse de l'air :
Pour que votre rêve devienne réalité, préparez-vous activement aux tests et entretiens organisés par les compagnies aériennes.

CAP Employé banque :
Sans diplôme ni expérience professionnelle, accédez à une situation sérieuse et bien payée

Secrétaire assistant(e) vétérinaire :
Vous adorez les animaux ? Alors soignez-les et vivez près d'eux

Programmeur :
Dialoguez avec l'ordinateur en choisissant ce métier passionnant et rémunérateur.

B. **Objections.** Imagine that you are being unfairly accused of not having done certain things. How would you defend yourself? Give as many responses as you can.

EXEMPLE   —Tu n'as pas fait tes devoirs.
—Mais si, j'ai fini mes devoirs!
J'ai fini mes devoirs à l'école.
Mais on n'a pas de devoirs ce soir!
Mais si, j'ai travaillé pendant trois heures cet
après-midi.

1. Tu n'as pas fini ton dîner.
2. Tu n'es jamais content(e).
3. Tu n'as pas fait ton lit.
4. Tu n'as pas fait la vaisselle.
5. Tu n'es pas assez sérieux/sérieuse.
6. Tu ne peux pas gagner ta vie.
7. Tu ne veux jamais travailler.
8. Tu n'obéis jamais.

C. **Dans vingt ans.** Imagine what your life is going to be like in twenty years. Describe your home, your family, your job, your activities, etc.

EXEMPLE   Je suis avocat(e). J'habite dans un joli appartement.

VOCABULAIRE DU CHAPITRE

NOUNS RELATED TO HOUSING
l'appartement (*m*) apartment
la chambre bedroom
la cheminée fireplace
l'étage (*m*) floor, level
le garage garage
le jardin garden
la pièce room
la salle à manger dining room
la salle de bains bathroom
la salle de séjour living room
le sous-sol basement

OCCUPATIONS
l'acteur (*m*), **l'actrice** (*f*) actor, actress
l'agent de police (*m* or *f*) police officer
l'avocat (*m*), **l'avocate** (*f*) lawyer
le coiffeur (*m*), **la coiffeuse** (*f*) hair stylist
le dentiste (*m*), **la dentiste** (*f*) dentist
l'infirmier (*m*), **l'infirmière** (*f*) nurse
l'ingénieur (*m* or *f*) engineer
le mécanicien (*m*), **la mécanicienne** (*f*)
    mechanic
le musicien (*m*), **la musicienne** (*f*)
    musician
l'ouvrier (*m*), **l'ouvrière** (*f*) worker
le secrétaire (*m*), **la secrétaire** (*f*)
    secretary
le technicien (*m*), **la technicienne** (*f*)
    technician
le vendeur (*m*), **la vendeuse** (*f*)
    salesperson

OTHER NOUNS
l'école secondaire secondary school
les études (*f*) studies
le grand magasin department store
la machine machine
la profession profession
la rentrée first day of school, return
l'usine (*f*) factory

VERBS
choisir to choose
déménager to move (to a new residence)
discuter to talk about, discuss
finir to finish
obéir (à) to obey
réparer to repair
réussir (à) to succeed
savoir to know, to know how to

EXPRESSIONS OF QUANTITY
assez de enough
beaucoup de much, many, a lot
combien de how much, how many
moins de less, fewer
peu de few, little
un peu de a little
plus de more
trop de too much, too many

OTHER WORDS
futur future
Si! Yes! (to disagree with a negative
    statement)
Voyons! Come on! Let's see!

LEARNING OBJECTIVES

■ To talk about physical characteristics: parts of the body
■ To describe someone's appearance: adjectives
■ To understand and follow prescriptions: verbs such as **prendre**
■ To refer to something already mentioned: object pronouns **le, la,** and **les**

ONZIÈME CHAPITRE

Looking and Feeling Good

11

INTRODUCTION

Santé et Publicité

Tout le monde veut être en bonne santé, n'est-ce pas? Les publicités suivantes <u>montrent</u> que les Français <u>partagent</u> cet intérêt.

show/share

Le sport et la santé marchent ensemble.

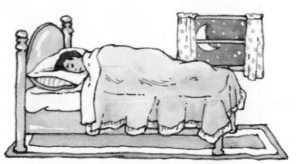

Le <u>sommeil</u>, c'est la santé.

sleep

L'eau minérale, c'est de la santé en <u>bouteille</u>.

Le lait, ce n'est pas seulement pour les enfants.

bottle

Choisissez les <u>produits</u> naturels, choisissez la santé.

Pour rester en bonne santé, <u>il faut</u> manger trois repas <u>par</u> jour.

products/it is necessary, one must/each

Match each illustration with the appropriate advertising slogan.

1. Pour être en bonne santé, il faut bien manger.
2. Bon lit, bon sommeil, bonne santé.
3. Si vous voulez être en bonne santé, mangez des produits naturels.
4. Le jus d'orange c'est bon pour les enfants. Pour leurs parents aussi.
5. Le lait, c'est de la santé en bouteille.

COMMUNICATION

Et vous? Everyone does certain things to stay in good health. What do you do?

Vocabulaire			
l'habitude (*f*) habit	**raisonnable** reasonable		
régulier regular	**à pied** on foot		

1. Est-ce que vous mangez trois repas par jour?
2. Est-ce que vous mangez un bon petit déjeuner le matin?
3. Est-ce que vous mangez à des heures régulières?
4. Est-ce que vous mangez assez de fruits et de légumes?
5. Est-ce que vous avez l'habitude de prendre des vitamines?
6. Est-ce que vous allez chez le dentiste une fois par an?
7. Est-ce que vous allez chez le médecin une fois par an?
8. Est-ce que vous allez au lit à une heure raisonnable?
9. Est-ce que vous faites souvent du sport ou de la gymnastique?
10. Est-ce que vous faites quelquefois des promenades à pied ou en vélo?

EXPLORATION

⚜ **TALKING ABOUT PHYSICAL CHARACTERISTICS**
PARTS OF THE BODY

═══ Présentation ═══

To talk about health, well-being, and physical activities, you have to know the words for parts of the body. Listen to Monsieur Mécanique, a French-speaking robot, describe the parts of his body.

Voici ma tête. Je suis beau, n'est-ce pas?

J'ai deux yeux.

Et j'ai deux oreilles. J'écoute en stéréo.

Mais je n'ai pas de cheveux.

J'ai un nez.

Et j'ai seulement une bouche... ce n'est pas un problème. Je n'ai pas besoin de manger.

Vocabulaire

Monsieur Mécanique is made up of the following parts:

la bouche	mouth	**la gorge**	throat	**les oreilles** (*f*)	ears
le bras	arm	**la jambe**	leg	**le pied**	foot
les cheveux (*m*)	hair	**la main**	hand	**la tête**	head
l'estomac (*m*)	stomach	**le nez**	nose	**les yeux** (*m*)	eyes

Sometimes Monsieur Mécanique doesn't feel well.

To talk about aches and pains, the expression **avoir mal à** + a part of the body is used.

avoir mal à la tête — to have a headache
avoir mal aux oreilles — to have an earache
avoir mal à l'estomac — to have a stomachache

- J'ai mal à la tête.
- Il a mal aux oreilles.
- Nous avons mal aux pieds.
- Avez-vous mal au bras?

I have a headache.
He has an earache.
Our feet hurt.
Does your arm hurt?

Répétition: Je n'ai jamais mal à la tête. à la gorge/aux oreilles/aux yeux/à l'estomac

Substitution: J'ai mal aux oreilles. tête / estomac / pied / jambe / gorge / yeux As-tu mal aux oreilles? yeux/tête/gorge/pieds

Préparation

A. Le malade imaginaire. Alain, who doesn't want to go to school, is complaining to his mother about all his aches and pains. What does he say?

Each answer begins with **J'ai mal . . . .**
1. à la gorge
2. aux oreilles
3. à l'estomac
4. au bras
5. aux yeux
6. à la jambe

MODÈLE   la tête
J'ai mal à la tête.

1. la gorge
2. les oreilles
3. l'estomac
4. le bras
5. les yeux
6. la jambe

B. Le cousin de Monsieur Mécanique. Monsieur Mécanique is describing his cousin. Tell what he says.

Mon cousin a deux têtes, quatre bras, six jambes, et douze pieds.

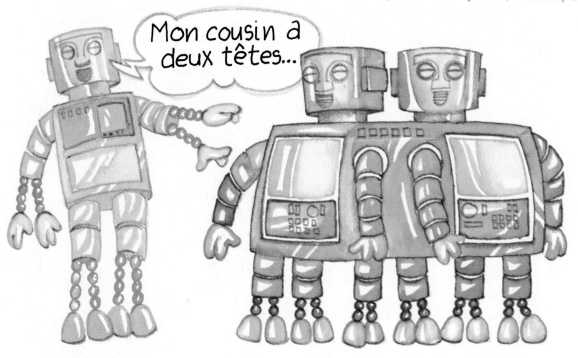

C. Chez le médecin. Jacques and his twin brother André ache all over, and the doctor is trying to find out what is wrong. What does he ask them?

Est-ce que vous avez mal . . .
1. aux oreilles?
2. à la gorge?
3. au bras?
4. aux pieds?
5. à l'estomac?
6. aux yeux?

MODÈLE   tête
Est-ce que vous avez mal à la tête?

1. oreilles
2. gorge
3. bras
4. pieds
5. estomac
6. yeux

D. Aïe! Notre pauvre équipe! Your favorite pro hockey team has had a rough game, and the trainer is telling the coach what is wrong with the players. What does he say?

MODÈLE **Il a mal aux yeux.**

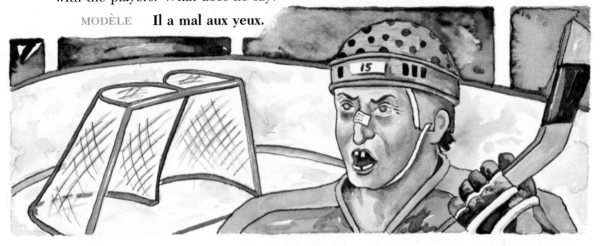

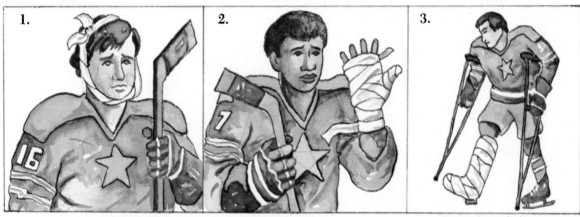

1. Il a mal aux dents.

2. Il a mal à la main.

3. Il a mal au pied.

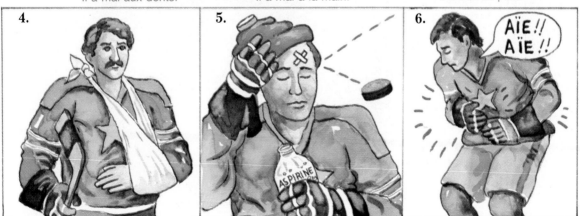

4. Il a mal au bras.

5. Il a mal à la tête.

6. Il a mal à l'estomac.

Communication

A. **Imagination sans limites.** Create your own robot or creature from outer space and describe it to another student or group of students.

Have students work in groups of two. One student describes his/her robot to another student who tries to draw it.

B. **Êtes-vous en bonne santé?** Indicate whether you have certain aches and pains often, sometimes, or never.

> EXEMPLE   les dents
> Je n'ai jamais mal aux dents.

jamais   quelquefois   souvent

1. la tête
2. les pieds
3. les dents
4. l'estomac

5. les oreilles
6. les yeux
7. les jambes
8. la gorge

Whenever possible, encourage students to explain their answers (for example, **J'ai souvent mal aux pieds parce que j'habite loin de l'école**). Students can also be asked to make up questions using the phrases to ask another student or group of students (for example, **Est-ce que tu as souvent mal à la tête?**).

En France comme aux États-Unis, on lutte contre le tabac, l'alcool, les drogues. Voici un exemple de publicité contre le tabac.

You might have students make posters to illustrate their slogans.

Quel slogan préférez-vous?

1. Si vous aimez la vie, ne choisissez pas le tabac.
2. Drogue et santé ne vont pas ensemble.
3. L'alcool est votre ennemi. Ne jouez pas avec!
4. La drogue, c'est l'ennemi numéro un des jeunes.
5. Un nez, une gorge, une vie; trois raisons de ne pas choisir le tabac.

Et maintenant, pouvez-vous inventer d'autres slogans contre la drogue, l'alcool, ou le tabac?

LE TABAC OU LA SANTE

A VOUS DE CHOISIR.

L'ALCOOL et LA VOITURE ne marchent pas ensemble.

LA DROGUE L'ENNEMI NUMÉRO UN DES JEUNES

EXPLORATION

 DESCRIBING SOMEONE'S APPEARANCE
ADJECTIVES FOR DESCRIBING PEOPLE

Présentation

When we describe people, we usually talk about the color of their eyes and their hair.

To ask the color of someone's eyes or hair one says:

- De quelle couleur sont les yeux de Marianne?
- De quelle couleur sont ses cheveux?

Elle a les yeux **bleus.**   blue
        verts   green
        bruns   dark
        gris   gray
        noirs   dark (black)

Have students repeat the colors used for describing hair and eyes.

Elle a les cheveux **blonds.**   blond
        châtains   brown
        gris   gray
        roux   red
        bruns   dark
        longs   long
        courts   short

You may wish to point out that *straight* is **raide** and *curly* is **bouclé.**

We might also say that someone is *tall* (**grand**) or *short* (**petit**); and, by using the verb **mesurer,** tell how tall the person is. one meter = 39.37 inches

Paul est très grand.   Il mesure 1 mètre, 90 (1,90 m).
Sa sœur est petite.   Elle mesure 1 mètre, 50 (1,50 m).

The *Interlude* on p. 276 deals with the metric system.

Height in most of the French-speaking world is measured in meters. **1 mètre, 90** ("**un mètre quatre-vingt-dix**") means 1 meter + 90 centimeters.

Point out that where English uses a decimal point, French uses a comma.

To say how much someone weighs, the verb **peser** is used. Weight is measured in **kilos,** which is short for **kilogrammes.**

one kilogram = 2.2 pounds

- Jacques pèse soixante-deux kilos (62 kg).
- Et moi, je pèse cinquante kilos (50 kg).

Point out that **peser** is conjugated like **acheter.**

Substitution: Est-ce que tu as les yeux bleus? gris/bruns/verts/noirs Est-ce qu'il a les che-veux blonds? bruns/roux/châtains/gris/longs/courts

Préparation

Jean-Paul mesure 1 mètre, 90. 80/85/81/75/71

Elle pèse soixante-dix kilos. 48/61/55/66/77

A. Mauvaise mémoire. Gilbert has a hard time remembering what other people look like. Whenever he makes a comment about someone, his friend Robert corrects him. What does Robert say?

> MODÈLE   Jean a les cheveux blonds. (Non, . . . châtains)
> **Non, Jean a les cheveux châtains.**

Answers same as cue.

1. Lisette a les yeux bleus. (Non, . . . verts)
2. Raoul a les cheveux châtains. (Non, . . . bruns)
3. Marc a les yeux gris. (Non, . . . bleus)
4. Madame Lafitte a les cheveux gris. (Non, . . . blonds)
5. Philippe a les cheveux longs. (Non, . . . courts)
6. Marguerite a les cheveux châtains. (Non, . . . roux)
7. Claude a les yeux verts. (Non, . . . bruns)
8. Annick est grande. (Non, . . . petite)

B. Carte d'identité. Geneviève is applying for a new I. D. card. How would she answer the following questions?

> MODÈLE   Quel est votre nom? (Geneviève Perrin)
> **Mon nom est Geneviève Perrin.**

1. J'habite à Bordeaux.
2. J'ai les cheveux châtains.
3. J'ai les yeux verts.
4. Je pèse quarante-huit kilos.
5. Je mesure un mètre cinquante.

1. Où habitez-vous? (à Bordeaux)
2. De quelle couleur sont vos cheveux? (châtains)
3. De quelle couleur sont vos yeux? (verts)
4. Combien pesez-vous? (48 kg)
5. Combien mesurez-vous? (1,50 m)

Communication

A. Vos acteurs et vos actrices préférés. Describe what your favorite movie star or television personality looks like.

> EXEMPLE Il a les cheveux roux et les yeux bleus, etc.

B. Qui est-ce? Describe a person in your class. Other students will try to guess who you are describing.

> EXEMPLE Elle a les cheveux bruns et les yeux noirs.
> Qui est-ce?

C. Rapport de police. Imagine that you have witnessed a robbery. Describe the suspect's appearance including size (**grand/e, petit/e**), weight, height, hair and eye color, and features (**grand ou petit nez,** etc.).

> EXEMPLE Elle mesure entre 1,55 m et 1,60 m, etc.

Interlude/Culture

Le système métrique est utilisé en France et dans beaucoup d'autres pays du monde. Voici les mesures de quelques étudiants français.

Pierre 1,68 m   Hélène 1,50 m   Suzanne 1,59 m
   82 kg   45 kg   54 kg

Voici les formules pour passer d'un système à l'autre.

> 1 mètre = 39.37 *inches*
> 1 kilo   = 2.2 *pounds*

To convert meters to feet, multiply by 3.28

Et maintenant, pouvez-vous passer d'un système à l'autre?

1. Combien mesurent Pierre, Hélène, et Suzanne en pieds (*feet*) et en pouces (*inches*)?
   Pierre 5'6"   Hélène 4'11"   Suzanne 5'2"

2. Combien pèsent-ils en livres (*pounds*)?
   Pierre 180 lbs.   Hélène 99 lbs.   Suzanne 119 lbs.

3. Combien les étudiants américains suivants pèsent-ils en kilos et mesurent-ils en mètres?

   Allen   Janet   Linda
   6'7"   2 m   5'2"   1,57 m   5'7"   1,70 m
   220 lbs. 100 kg   115 lbs. 52 kg   125 lbs. 57 kg

EXPLORATION

 UNDERSTANDING AND TAKING SUGGESTIONS
VERBS LIKE PRENDRE

Présentation

The verb **prendre** means *to take* and is often used with items that one can eat or drink (for example, **prendre des médicaments, prendre un coca, prendre le petit déjeuner**). Many times we would say "have" in similar English sentences. **Prendre** is an irregular verb, and here are its forms:

Répétition: J'apprends le français, tu apprends le français, etc.

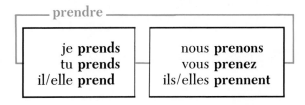

prendre

je **prends**	nous **prenons**
tu **prends**	vous **prenez**
il/elle **prend**	ils/elles **prennent**

Passé composé: j'ai **pris,** etc.

Répétition: J'ai pris le train, tu as pris le train, etc.

- N'oublie pas de prendre tes médicaments.
- À quelle heure prenez-vous vos repas?
- Est-ce que tu as pris tes vitamines?
- Prenez le temps de jouer de temps en temps.
- Qui a pris mon vélo?
- Est-ce que vous avez pris le train ou l'avion?

The verbs **apprendre,** *to learn,* and **comprendre,** *to understand,* are conjugated like **prendre.**

- Je ne comprends pas pourquoi je suis malade.
- Est-ce que vous comprenez ma question?
- Quand est-ce que tu as appris à nager?

Note that with **apprendre** you must use **à** before an infinitive.

- Annick apprend le français.
  but
- Annick apprend à nager.

══ Préparation ══

A. **Au restaurant.** Isabelle and her friends are eating out and are talking about what they are going to order. Tell what they say.

> MODÈLE Je prends du jambon. Et vous?
> **Nous prenons du jambon aussi.**

1. Je prends un bifteck. Et vous?   All answers begin with **Nous prenons** . . . .
2. Je prends une salade. Et vous?
3. Je prends des haricots verts. Et vous?
4. Je prends des pommes de terre. Et vous?
5. Je prends du fromage. Et vous?
6. Je prends un dessert. Et vous?
7. Je prends du café. Et vous?

B. **Pour être en bonne santé.** Tell what the following people do to stay in good health.

> MODÈLE Pierre / des vitamines
> **Pierre prend des vitamines.**

1. Je / un bon petit déjeuner
2. Lucette / des médicaments
3. Nous / trois repas par jour
4. Vous / le temps de jouer
5. Mes copains / des vacances
6. Tu / le temps de faire du sport

1. Je prends . . . .
2. Lucette prend . . . .
3. Nous prenons . . . .
4. Vous prenez . . . .
5. Mes copains prennent . . . .
6. Tu prends . . . .

C. **Qu'est-ce qu'ils ont appris?** The Cotin family has become interested in physical fitness. They each decided to take up a new sport. What sports did they learn to do?

MODÈLE

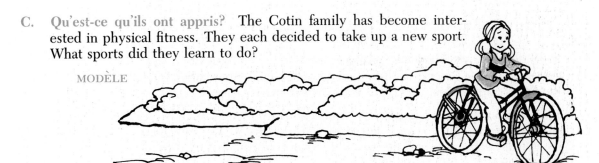

Ma petite sœur a appris à faire du vélo.

1.

Mon père . . . .
a appris à jouer au golf

2.

J' . . . .
ai appris à jouer au tennis

3.

Tu . . . .
as appris à faire du patinage sur glace

4.

Vous . . . .
avez appris à faire du ski

5.

Nous . . . .
avons appris à jouer au volley-ball

6.

Mes frères . . . .
ont appris à jouer au hockey

═Communication

A. **Habitudes et préférences.** Answer the following questions by choosing one or several of the following responses. Remember that the "?" is an invitation to create your own answers.

   1. Quand vous voyagez, qu'est-ce que vous prenez?
      (a) le train   (b) l'avion   (c) votre voiture   (d) ?
   2. Quand vous allez au café, qu'est-ce que vous prenez?
      (a) du thé   (b) un jus de fruit   (c) du coca   (d) ?
   3. Quand vous avez l'occasion de manger dans un bon restaurant, qu'est-ce que vous prenez?
      (a) du poisson   (b) un bifteck   (c) du rôti   (d) ?
   4. Et comme légumes, qu'est-ce que vous prenez?
      (a) des petits pois   (b) des épinards   (c) des carottes   (d) ?
   5. Et comme dessert, qu'est-ce que vous prenez?
      (a) de la glace   (b) des fruits   (c) de la tarte   (d) ?
   6. Quand vous êtes malade, qu'est-ce que vous prenez?
      (a) de l'aspirine   (b) du thé chaud   (c) de la soupe au poulet
      (d) ?

B. **Questions/Interview.** Answer the following questions or use them to interview another student.

   1. Est-ce que tu comprends bien le français?
   2. Est-ce que tu prends souvent des vitamines?
   3. Est-ce que tu prends ton déjeuner à l'école ou à la maison?
   4. À quelle heure est-ce que tu prends ton petit déjeuner?
   5. Est-ce que tu as envie d'apprendre à piloter un avion?
   6. Est-ce que ta famille prend des vacances chaque année?
   7. Est-ce que tu comprends bien en classe?
   8. Est-ce que tu as déjà pris l'avion?
   9. Est-ce que tu as déjà pris le train?
   10. À quel âge est-ce que tu as appris à nager?

Interlude/Culture

La vie d'un étudiant a aussi ses problèmes et ses tensions. Indiquez le degré de tension que les situations suivantes ont pour un étudiant de votre âge.

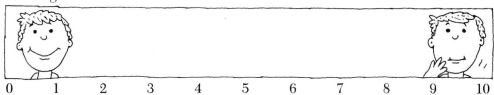

0	1	2	3	4	5	6	7	8	9	10

1. _____ Quand vous êtes malade
2. _____ Quand c'est la semaine des examens
3. _____ Quand vous avez trop de devoirs à faire
4. _____ Quand vous ne comprenez pas en classe
5. _____ Quand vous n'avez pas le temps de finir vos devoirs
6. _____ Quand vos classes ne sont pas intéressantes
7. _____ Quand votre télévision ne marche pas
8. _____ Quand vous avez des problèmes d'argent
9. _____ Quand vous êtes obligé(e) de manger à l'école
10. _____ Quand vous avez besoin de faire le ménage à la maison
11. _____ Quand vos amis ne sont pas d'accord avec vous
12. _____ Quand vous êtes obligé(e) de faire quelque chose que vous n'aimez pas

EXPLORATION

REFERRING TO SOMETHING ALREADY MENTIONED
OBJECT PRONOUNS *LE, LA, LES*

Présentation

Just as we use subject pronouns to avoid repetition of names, we can also use object pronouns to refer to someone or something already mentioned. The direct object pronouns in French for *him, her, it,* or *them* are identical to the definite articles (**le** = *him* or *it;* **la** = *her* or *it;* and **les** = *them*). Note that **les** can refer to both masculine and feminine nouns.

Have students repeat the sentences in the *Présentation*.

Je prépare le dîner.	Je **le** prépare.
Nous regardons la télé.	Nous **la** regardons.
Elle aime les fruits.	Elle **les** aime.
Il adore les pâtisseries.	Il **les** adore.
Vous prenez vos médicaments.	Vous **les** prenez.

Point out that direct object pronouns replace nouns with definite articles, possessive adjectives, and demonstrative adjectives.

The pronouns **le** and **la** contract to **l'** before a vowel.

Elles aiment la musique moderne.	Elles l'aiment.
Vous n'écoutez pas souvent la radio.	Vous ne l'écoutez pas souvent.

When the verb is in the **passé composé,** the direct object pronoun comes before **avoir.**

Ils ont fini leur travail.	Ils l'ont fini.
Avez-vous gagné votre dernier match?	L'avez-vous gagné?
Nous n'avons pas regardé ce programme.	Nous ne l'avons pas regardé.
Je n'ai pas pris ton vélo.	Je ne l'ai pas pris.

The past participle agrees in number and in gender with the *preceding* direct object pronoun by adding **e** for the feminine singular, **s** for the masculine plural, and **es** for the feminine plural.

The agreement of the past participle with the preceding direct object pronoun has little communicative value and is often a source of spelling mistakes even for native speakers. Thus, teachers need not emphasize past participle agreement in written activities.

Le lait?
Je l'ai déjà acheté.

L'eau minérale?
Je l'ai déjà achetée.

Les œufs?
Je les ai déjà achetés.

Les pâtisseries?
Je les ai déjà achetées.

Transformations: Have students replace each noun with the appropriate direct object pronoun.
1. Nous faisons le marché/la vaisselle/les sandwiches.
2. Est-ce que vous aimez le fromage/la glace/les fruits?
3. Ils visitent ce musée/cette église/ces monuments.
4. J'ai oublié mon livre/ma guitare/mes photos.
5. Il a préparé le dessert/la salade/les légumes.

Transformations: Have students replace each noun with the appropriate direct object pronoun.
1. Je n'ai pas pris mes médicaments.
2. Je ne comprends pas la question.
3. Ils ne comprennent pas le professeur.
4. Nous n'avons pas acheté cette maison.
5. Tu n'aimes pas ce disque?

Préparation

A. Habitudes. Véronique and Martine have just met and find out that they have a lot in common. Tell what Véronique says.

MODÈLE   J'aime le rock.
          Moi aussi, je l'aime.

1. Je regarde souvent la télé.
2. Je déteste les épinards.
3. J'écoute souvent la radio.
4. J'étudie la géographie.
5. Je comprends le français.
6. J'étudie les maths.
7. Je fais souvent le ménage.
8. Je déteste les documentaires.
9. J'aime le dernier film de Belmondo.
10. Je fais quelquefois la cuisine.
11. J'aime beaucoup l'été.
12. Je déteste l'hiver.

1. Je la . . . .
2. Je les . . . .
3. Je l'. . . .
4. Je l'. . . .
5. Je le . . . .
6. Je les . . . .
7. Je le . . . .
8. Je les . . . .
9. Je l'. . . .
10. Je la . . . .
11. Je l'. . . .
12. Je le . . . .

B. As-tu fait ton travail? Before letting Chantal go out with her friends, her mother wants to make sure that she has done all her work. Give Chantal's answers. *Variation: Have students give Chantal's answers in the negative.*

> MODÈLE Est-ce que tu as fait le ménage?
> **Oui, je l'ai fait.**

1. Est-ce que tu as fait ton lit?
2. Est-ce que tu as fait tes devoirs?
3. Est-ce que tu as acheté le pain?
4. Est-ce que tu as préparé les sandwiches?
5. Est-ce que tu as trouvé ton livre?
6. Est-ce que tu as aidé ton petit frère?
7. Est-ce que tu as réparé ton vélo?
8. Est-ce que tu as mangé ton déjeuner?

1. Oui, je l'ai fait.
2. je les ai faits.
3. je l'ai acheté.
4. je les ai préparés.
5. je l'ai trouvé.
6. je l'ai aidé.
7. je l'ai réparé.
8. je l'ai mangé.

C. Qu'est-ce qui ne va pas? The school counselor is trying to figure out why Vincent is not doing well in school. Using direct object pronouns, give his answers to the counselor's questions.

> MODÈLE Est-ce que vous aimez vos classes? (Oui, . . .)
> **Oui, je les aime.**

1. Est-ce que vous aimez vos professeurs? (Oui, ...)
2. Est-ce que vous aimez l'école? (Oui, ...)
3. Est-ce que vous faites toujours vos devoirs? (Non, ...)
4. Est-ce que vous regardez souvent la télévision? (Oui, ...)
5. Est-ce que vous aidez vos parents à la maison? (Oui, ...)
6. Est-ce que vous oubliez quelquefois vos livres à la maison? (Oui, ...)
7. Est-ce que vous aimez l'histoire? (Non, ...)
8. Est-ce que vous aimez les autres étudiants? (Oui, ...)

1. je les aime
2. je l'aime
3. je ne les fais pas
4. je la regarde
5. je les aide

6. je les oublie
7. je ne l'aime pas
8. je les aime

VOS DENTS SOIGNEZ-LES!

N'OUBLIEZ PAS... VOTRE EXAMEN MÉDICAL ANNUEL

D. **C'est vendredi soir!** The president of the French club is checking to make sure that everything is ready for the party the club has planned. What answers do the club members give her?

> MODÈLE Est-ce que vous avez préparé les sandwiches?
> **Oui, nous les avons préparés.**

1. Est-ce que vous avez invité Anne-Marie?
2. Est-ce que vous avez acheté les boissons?
3. Est-ce que vous avez apporté vos disques?
4. Est-ce que vous avez préparé le café?
5. Est-ce que vous avez apporté vos chansons?
6. Est-ce que vous avez acheté les pâtisseries?
7. Est-ce que vous avez choisi les affiches?
8. Est-ce que vous avez invité le professeur de français?

1. Nous l'avons invitée.
2. Nous les avons achetées.
3. Nous les avons apportés.
4. Nous l'avons préparé.
5. Nous les avons apportées.
6. Nous les avons achetées.
7. Nous les avons choisies.
8. Nous l'avons invité(e).

A. **Questions/Interview.** Answer the following questions or use them to interview another student. Use the appropriate direct object pronoun in each answer.

> EXEMPLE   Quand est-ce que tu fais tes devoirs?
> Je les fais le soir, après le dîner.

1. Quand est-ce que tu regardes la télévision?
2. Quand est-ce que tu écoutes tes disques?
3. Est-ce que tu aimes la musique classique?
4. Est-ce que tu invites quelquefois tes copains à la maison?
5. Est-ce que tu aides souvent tes parents à la maison?
6. Est-ce que tu fais souvent la vaisselle?
7. Est-ce que tu fais quelquefois la cuisine?
8. Est-ce que tu partages ta chambre avec ton frère ou ta sœur?
9. Est-ce que tu prends ton déjeuner à l'école ou à la maison?
10. Quand est-ce que tu fais tes devoirs?

B. **Souvent ou rarement?** Make statements that tell how often you do each of the following. Use the appropriate direct object pronoun in each of your statements.

> EXEMPLE   Prendre le train?
> Je ne le prends jamais.

1. Faire le ménage?
2. Faire mes devoirs?
3. Préparer le dîner?
4. Écouter la radio?
5. Comprendre le professeur?
6. Faire les courses?
7. Faire le marché?
8. Faire la vaisselle?
9. Prendre l'avion?
10. Faire mon lit?

PERSPECTIVES

Chez le médecin

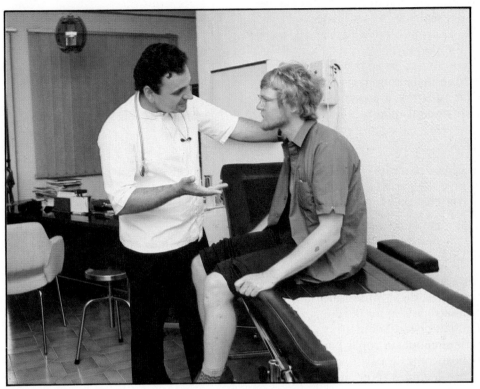

Monsieur Laurent est malade. Il va chez le médecin.

Point out that **M.** is the abbreviation for **Monsieur.**

LE MÉDECIN	Comment allez-vous aujourd'hui?	
M. LAURENT	Pas trop bien . . . . J'ai mal <u>partout</u>.	everywhere
LE MÉDECIN	Vous avez de la <u>fièvre</u>?	fever
M. LAURENT	Oui, un peu. J'ai <u>38</u> le matin et 39 le soir.*	F = 9/5 C° + 32
LE MÉDECIN	Est-ce que vous prenez des médicaments?	38° C = 100.4° F
M. LAURENT	Oui, de l'aspirine parce que j'ai très mal à la tête. C'est <u>grave</u>, docteur?	39° C = 102.2° F serious
LE MÉDECIN	Mais non! Vous avez un bon <u>rhume</u>. <u>C'est tout.</u>	cold/that's all
M. LAURENT	Qu'est-ce que je peux faire, <u>docteur</u>?	
LE MÉDECIN	<u>Pas grand-chose</u>. Restez à la maison et continuez à prendre de l'aspirine.	not much

*Normal body temperature is 37° Celsius (98.6° Fahrenheit).

COMPRÉHENSION

Answer the following questions based on the conversation between the doctor and M. Laurent.

1. Comment va Monsieur Laurent? **1.** pas trop bien
2. Où est-ce qu'il a mal? **2.** Il a mal partout.
3. Est-ce que M. Laurent a de la fièvre? **3.** oui
4. Quelle est sa température? **4.** Il a 38 le matin et 39 le soir.
5. Quels médicaments est-ce qu'il prend? Pourquoi? **5.** Il prend de l'aspirine parce qu'il a très mal à la tête.
6. Est-ce qu'il a une maladie grave? **6.** non
7. Quelle maladie a-t-il? **7.** Il a un bon rhume.
8. Quand on a un rhume, qu'est-ce qu'il faut faire? **8.** Il faut rester à la maison et prendre de l'aspirine.

COMMUNICATION

A. **Mauvais conseils.** Charles Hatan believes he's a medical expert and likes to give advice. Unfortunately he has some strange ideas. How would you change his suggestions to make them good advice?

EXEMPLE   Ne faites jamais de sport.
Faites souvent du sport; c'est bon pour la santé.

1. Allez au lit à trois heures du matin.
2. Ne prenez jamais de vitamines.
3. Ne faites jamais de gymnastique.
4. N'allez jamais chez le médecin.
5. N'allez jamais chez le dentiste.
6. Mangez seulement un repas par jour.
7. Mangez beaucoup de pâtisseries.
8. Mangez des légumes seulement quand c'est nécessaire.

Un bon conseil.
Faites vérifier votre tension artérielle.
La Fondation canadienne des maladies du cœur

La meilleure façon de prendre soin de votre corps? Utilisez votre tête!
PARTICIPACTION®
Le mouvement canadien du bien-être physique

B. **Je suis malade!** Imagine that you are sick and that you are talking to the doctor. How would you answer the doctor's questions?

LE MÉDECIN	Comment allez-vous?
VOUS	————
LE MÉDECIN	Où est-ce que vous avez mal?
VOUS	————
LE MÉDECIN	Est-ce que vous avez de la fièvre?
VOUS	————
LE MÉDECIN	Est-ce que vous prenez des médicaments?
VOUS	————
LE MÉDECIN	Est-ce que vous mangez bien?
VOUS	————
LE MÉDECIN	Je pense que ce n'est pas grave. Vous pouvez aller à l'école demain.
VOUS	————

C. **Qui suis-je?** Pretend that you are a well-known sports figure, politician, or television or movie personality. Other students will ask you yes-or-no questions to find out who you are.

EXEMPLE
Êtes-vous acteur? Êtes-vous grand?
Avez-vous les cheveux blonds? Avez-vous les yeux bleus?
Êtes-vous Robert Redford?

VOCABULAIRE DU CHAPITRE

NOUNS RELATING TO THE BODY
la bouche mouth
le bras arm
les cheveux (*m*) hair
l'estomac (*m*) stomach
la gorge throat
la jambe leg
la main hand
le nez nose
l'oreille (*f*) ear
le pied foot
la tête head
les yeux (*m*) eyes
l'œil (*m*) eye

OTHER NOUNS
l'aspirine (*f*) aspirin
la bouteille bottle
la couleur color
la fièvre fever
l'habitude (*f*) habit
l'intérêt (*m*) interest
le produit product
le rhume cold
le sommeil sleep
les vitamines (*f*) vitamins

ADJECTIVES DESCRIBING COLORS
blond blond
brun dark, brown
châtain brown (chestnut)
gris gray
noir black
roux red
vert green

OTHER ADJECTIVES
court short
grave serious
raisonnable reasonable
régulier, régulière regular

VERBS
apprendre to learn
comprendre to understand
mesurer to measure
montrer to show
partager to share
peser to weigh
prendre to take, to have

ADVERBS
partout everywhere

EXPRESSIONS
à pied on foot
avoir mal à to have a pain or an ache in
C'est tout. That's all.
il faut it is necessary, one must
par jour per day
pas grand-chose not much

DOUZIÈME CHAPITRE

School Life

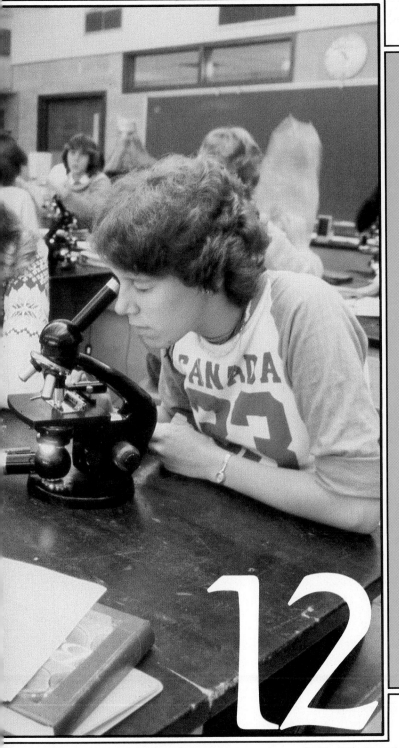

12

INTRODUCTION

Tu as réussi?

Nous sommes au lycée Victor Hugo. Entre midi et une heure quarante-cinq, les <u>élèves</u> mangent, et ils ont une longue <u>récréation</u>. Ils ont le temps de jouer et de parler ensemble.

students/lunch break, recess

FRANÇOIS	Quelle <u>note</u> tu as eu à l'examen de <u>chimie</u>?	grade/chemistry
ÉTIENNE	J'ai eu huit sur vingt. Mon père va être furieux. Et toi, tu as eu la <u>moyenne</u>?*	passing grade
FRANÇOIS	Oui, j'ai bien réussi. J'ai eu seize sur vingt.	
ÉTIENNE	Tu es <u>vachement</u> <u>fort</u>. Tu as étudié la <u>leçon</u> d'histoire pour cet après-midi?	very (slang)/strong/ lesson
FRANÇOIS	Non, mais on a une heure d'<u>étude</u> après la <u>récré</u>.	study hall/short form for **récréation**

*French students are graded on a twenty-point system. Ten is passing.

COMPRÉHENSION

Answer the following questions based on the conversation between François and Étienne.

1. Est-ce qu'Étienne est fort en chimie? 1. non
2. Quelle note est-ce qu'Étienne a eu à l'examen? 2. huit sur vingt
3. Est-ce qu'il a eu la moyenne? 3. non
4. Est-ce que son père va être content? 4. Non, il va être furieux.
5. Et François, est-ce qu'il a réussi à l'examen? 5. Oui, il a eu seize sur vingt.
6. Quelle autre classe est-ce qu'Étienne et François ont cet après-midi? 6. une classe d'histoire
7. Est-ce que François a étudié son histoire? 7. non
8. Quand va-t-il étudier sa leçon d'histoire? 8. Il a une heure d'étude après la récré.

COMMUNICATION

Les classes. Qu'est-ce qu'on peut étudier dans une école française ou canadienne?

On peut étudier . . .

la chimie

l'algèbre (m)

le français

la musique

la géographie

l'éducation civique

l'algèbre (*f*)	algebra	**le français**	French
l'allemand (*m*)	German	**la géographie**	geography
l'anglais (*m*)	English	**la géométrie**	geometry
la biologie	biology	**l'histoire** (*f*)	history
la chimie	chemistry	**le latin**	Latin
le dessin	drawing	**les mathématiques** (*f*)	mathematics
l'éducation civique (*f*)	government, civics	**la musique**	music
l'éducation physique (*f*)	physical education	**la peinture**	painting
l'espagnol (*m*)	Spanish	**la physique**	physics
		le russe	Russian

A. **Et vous, quelles classes avez-vous?** Tell what classes you are taking this year and at what time.

EXEMPLE   J'ai une classe de chimie à huit heures.

B. **Et l'an prochain?** Tell what classes you are going to take next year. Give your reasons why.

EXEMPLE   Je vais étudier l'algèbre parce que j'aime les maths.

Suggestions
j'aime le professeur
je suis obligé(e)
j'aime les sciences
le prof est sympa

je voudrais être médecin (etc.)
je voudrais aller à l'université
c'est une classe intéressante
?

EXPLORATION

TALKING ABOUT CONTINUING ACTIONS
DEPUIS WITH THE PRESENT TENSE

Présentation

As you have learned, the **passé composé** is used to describe past actions. When, however, an action that began in the past is still continuing in the present, the present tense is used with **depuis**. The meaning of **depuis** is similar to *for* or *since*. Note that **depuis** is placed before the expression of time.

Répétition: Depuis quand fais-tu du ski? étudies-tu le français?/es-tu malade?/ habites-tu cette ville?/as-tu mal à l'estomac?/as-tu de la fièvre?

- J'étudie le français depuis un an.　　　I have been studying French for one year.
- Il est malade depuis une semaine.　　　He has been sick for a week.
- Nous habitons ici depuis juin.　　　We've been living here since June.

To ask how long someone has been doing something, begin your question with **depuis quand** or **depuis combien de temps.**

- Depuis quand étudiez-vous le français?
- Nous étudions le français depuis neuf mois.

- Depuis combien de temps fais-tu de l'algèbre?
- Depuis deux ans.

Point out that **faire** and the partitive can be used in place of **étudier** with school subjects.

Répétition: You may wish to practice this pattern: Depuis quand fais-tu du français? de la géographie?/de la chimie?/de l'allemand?/des mathématiques?

J'étudie le français depuis quelques mois.

Moi, j'étudie le français depuis deux ans.

Moi, j'étudie le français depuis trois ans.

Et moi, je suis professeur de français depuis une éternité.

══ Préparation ══

A. Depuis quand? Several French exchange students are talking about how long they've been studying English. Tell what they say.

MODÈLE   un an   Students could also practice using **Je fais de l'anglais,** etc.
J'étudie l'anglais depuis un an.

1. deux ans   1. J'étudie l'anglais depuis deux ans.
2. quelques semaines   2. J'étudie l'anglais depuis quelques semaines.
3. trois ans   3. J'étudie l'anglais depuis trois ans.
4. six mois   4. J'étudie l'anglais depuis six mois.
5. quatre ans   5. J'étudie l'anglais depuis quatre ans.
6. cinq mois   6. J'étudie l'anglais depuis cinq mois.

B. Ça ne va pas bien. A number of students are not feeling well, and the school nurse is checking to see how long they have been sick. What does she ask?

You may want to have students role-play this exercise. The **infirmier/infirmière** asks the questions, and other students answer.

MODÈLE   mal à la tête
Depuis quand avez-vous mal à la tête?

1. mal aux oreilles   1. Depuis quand avez-vous mal aux oreilles?
2. mal aux yeux   2. Depuis quand avez-vous mal aux yeux?
3. mal aux jambes   3. Depuis quand avez-vous mal aux jambes?
4. mal aux bras   4. Depuis quand avez-vous mal aux bras?
5. mal à l'estomac   5. Depuis quand avez-vous mal à l'estomac?
6. mal à la gorge   6. Depuis quand avez-vous mal à la gorge?

C. À la bibliothèque. Some friends are at the library and are telling how long they have been working. What do they say?

MODÈLE   Jeanne / deux heures   Have students note the spelling
Jeanne travaille depuis deux heures.   of demi-heure.

1. Je / une heure   1. Je travaille depuis une heure.
2. Étienne / deux heures et demie   2. Étienne travaille depuis deux heures et demie.
3. Nous / quinze minutes   3. Nous travaillons depuis quinze minutes.
4. François et Serge / une demi-heure   4. François et Serge travaillent depuis une demi-heure.
5. Tu / une heure et quart   5. Tu travailles depuis une heure et quart.
6. Thérèse / trois heures   6. Thérèse travaille depuis trois heures.

═Communication═

A. Questions/Interview. Answer the following questions or use them to interview another student.

1. Depuis quand es-tu à cette école?
2. Depuis quand étudies-tu le français?
3. Depuis quand habites-tu dans cette ville?
4. Est-ce que tu sais nager? Si oui, depuis quand?
5. Est-ce que tu sais jouer au tennis? Si oui, depuis quand?
6. Est-ce que tu as un vélo ou un vélomoteur? Si oui, depuis quand?

B. Depuis quand? Which of the following courses are you taking? Tell how long you have been studying each.

Students can also use **Je fais de** in their answers. (**Je fais du russe depuis un an.**)

EXEMPLE   J'étudie le russe depuis un an.

1. l'allemand	7.	la géométrie
2. l'espagnol	8.	la peinture
3. l'algèbre	9.	l'anglais
4. la physique	10.	la musique
5. la chimie	11.	le latin
6. la biologie	12.	le dessin

Interlude/Culture

Voici une description du système d'éducation en France. Étudiez la description et ensuite répondez aux questions suivantes.

ENSEIGNEMENT ÉLÉMENTAIRE ET SECONDAIRE

Âge	Classe			Diplômes
18	term.	classes terminales		Baccalauréat
17				Brevet de Technicien
16	1ère	LYCÉE	LYCÉE D'ENSEIGNEMENT PROFESSIONNEL	Certificat d'Aptitude Professionnelle (CAP)
15	2e			Brevet d'Études Professionnelles (BEP)
14	3e			
13	4e	LYCÉE ou COLLÈGE D'ENSEIGNEMENT GÉNÉRAL		
12	5e			
11	6e			
10	C.M.2	Cycle moyen		
9	C.M.1			
8	C.E.2	Cycle élémentaire	ÉCOLE PRIMAIRE	
7	C.E.1			
6	C.P.	Cycle préparatoire		
5				
4		ÉCOLE PRÉ-ÉLÉMENTAIRE		
3				
2				

(enseignement obligatoire: de 6 à 16 ans)

1. De quel âge à quel âge les jeunes Français sont-ils obligés d'aller à l'école?
2. En France, à quel âge les enfants commencent-ils leurs études? Et aux États-Unis?
3. En général, quel âge ont les élèves qui vont au collège?
4. Quel choix ont les élèves qui ont fini leurs études au collège?
5. Quel âge ont les élèves qui sont dans les classes terminales?
6. À quel âge passe-t-on le Baccalauréat?

1. de 6 ans à 16 ans 2. à 6 ans en France et à 6 ans aux États-Unis
3. 11 ans à 15 ans 4. lycée ou lycée d'enseignement professionnel
5. 17 ans à 18 ans 6. à 18 ans

Vocabulaire

enseignement schooling **terminale** last year of lycée
brevet diploma **moyen** middle
le Baccalauréat (le "bac") lycée diploma
CAP (Certificat d'Aptitude Professionnelle) required certificate for entrance into trades such as **coiffeur, mécanicien,** etc.
collège first part of secondary education

EXPLORATION

TALKING ABOUT WHAT WE READ
THE VERB *LIRE*

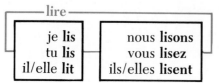
Présentation

To talk about what you read (or don't read), you have to use the verb **lire** (*to read*). **Lire** is an irregular verb, and here are its forms:

lire	
je **lis**	nous **lisons**
tu **lis**	vous **lisez**
il/elle **lit**	ils/elles **lisent**

Passé composé: j'ai **lu**, etc.

Répétition: Je lis un bon livre./Tu lis un bon livre./etc.

Répétition: J'ai déjà lu ce livre./Tu as déjà lu ce livre./etc.

- Elle lit ce livre depuis une semaine.
- Qu'est-ce que tu lis?
- J'ai déjà lu ce livre.
- Lisez vingt pages pour demain.

Vocabulaire

To talk about things you read, the following vocabulary is useful:

des bandes dessinées (*f*)	comics
un conte	story
un journal	newspaper
un poème	poem
une revue	magazine
un roman	novel

Répétition: Nous lisons des bandes dessinées/un conte/un journal/etc.

Lisez ça, madame. C'est notre symphonie.

Je ne peux pas lire ça. Ce n'est pas une symphonie.

Mais si! Le seul problème, c'est que les notes ne sont pas en ordre.

Préparation

A. Sondage d'opinion. An interviewer is taking a survey of people's reading habits. Give his questions.

Have students answer these questions in the affirmative. (**Oui, je lis le journal.**)

MODÈLE   le journal
Est-ce que vous lisez le journal?

1. des revues françaises
2. des romans
3. des livres intéressants
4. des bandes dessinées
5. des poèmes
6. des revues sportives

B. Qu'est-ce que tu lis? Several students are talking about what they and others are reading. Tell what they say.

MODÈLE   Richard / un roman
Richard lit un roman.

1. je / des bandes dessinées   1. lis
2. tu / le journal   2. lis
3. mes copains / une revue française   3. lisent
4. Hélène / des poèmes   4. lit
5. vous / un bon livre   5. lisez
6. nous / un conte   6. lisons

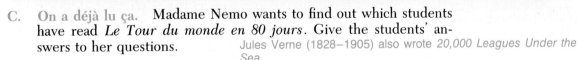

C. On a déjà lu ça. Madame Nemo wants to find out which students have read *Le Tour du monde en 80 jours*. Give the students' answers to her questions.

Jules Verne (1828–1905) also wrote *20,000 Leagues Under the Sea.*

MODÈLE   Est-ce que Robert a lu ce livre? (non)
Non, il n'a pas lu ce livre.

1. Et toi, Janine, est-ce que tu as lu ce livre? (oui)
2. Et vous, Jacques et Pierre, est-ce que vous avez lu ce livre? (oui)
3. Et Jeanne et Louise, est-ce qu'elles ont lu ce livre? (non)
4. Et toi, Richard, est-ce que tu as lu ce livre? (non)
5. Et Marc et Élise, est-ce qu'ils ont lu ce livre? (oui)

1. Oui, j'ai lu ce livre.
2. Oui, nous avons lu . . . .
3. Non, elles n'ont pas lu . . . .
4. Non, je n'ai pas lu . . . .
5. Oui, ils ont lu . . . .

Communication

Students can give their reading preferences orally and ask other students what they like to read. (For example, **Moi, je ne lis jamais le journal. Et toi, Robert?**)

A. **Qu'est-ce que vous aimez lire?** Tell how often you read each of the following.

jamais   rarement   quelquefois   souvent

EXEMPLES   Je ne lis jamais de revues sportives.
                    Je lis souvent des revues sportives.

1. le journal
2. des bandes dessinées
3. des romans d'aventure
4. des revues sportives
5. des revues pour les jeunes
6. des revues françaises
7. des poèmes
8. le journal de mon école
9. le journal du dimanche
10. des contes

B. **Questions/Interview.** Answer the following questions or use them to interview another student.

1. Est-ce que tu aimes lire?
2. Qu'est-ce que tu aimes lire?
3. Est-ce que tu lis souvent des romans?
4. Est-ce que tu lis quelquefois le journal?
5. Est-ce que tu lis les bandes dessinées dans le journal?
6. Quelle est ta bande dessinée préférée?
7. Combien de livres lis-tu par mois?
8. Quelles revues est-ce que tu lis?
9. Est-ce que tu as déjà lu des revues françaises?
10. Est-ce que tu lis quelquefois des poèmes?

colle = detention   sécher = to cut class   le prof = le professeur

Interlude/Culture

veinard = "lucky" and is related to the expression **avoir de la veine.**

French students, like American students, often use slang words when talking about school. See if you can guess the meaning of the under-lined words in the illustrations below.

Pion/pionne = paraprofessionals responsible for monitoring study hall, cafeteria, and dorms for students who live in an **internat.** They are usually university students who support themselves in this way.

EXPLORATION

⚜ ***TALKING ABOUT THE PAST***
THE *PASSÉ COMPOSÉ* ***WITH*** *ÊTRE*

══ Présentation ════════════════════════════════

As you have already seen, the **passé composé** is used to talk about past events. Although it is generally formed by using **avoir** with the past participle, there are a few verbs that always require **être** instead of **avoir.** You already know some of the verbs in this category.

aller	**arriver**
rentrer	**rester**

When using these verbs in the **passé composé,** the past participle always agrees with the subject of the verb in gender and in number.

When the *subject* is *masculine* . . .

je	suis	allé	nous	sommes	allés
tu	es	allé	vous	êtes	allé
			vous	êtes	allés
il	est	allé	ils	sont	allés

Répétition: Je suis allé en classe, tu es allé en classe, etc.

When the *subject* is *feminine* . . .

je	suis	allée	nous	sommes	allées
tu	es	allée	vous	êtes	allée
			vous	êtes	allées
elle	est	allée	elles	sont	allées

- Chantal n'est pas allée en classe hier.
- Nous sommes rentrés à minuit.
- À quelle heure êtes-vous arrivés à l'école?
- Je suis restée à la maison pour étudier.

Note that the meaning of the **passé composé** with these verbs is the same as it is with **avoir** verbs. **Je suis allé** is much like *I went, I have gone,* or *I did go* in English.

Substitution: 1) Je suis resté à la maison. Catherine/Mes amis/Nous/Tu/Vous
2) Chantal n'est pas allée au match. Nous/Je/Vous/Mes amis/Tu
3) À quelle heure est-ce que tu es rentré? tes parents/Paul/vous/nous

Transformations: Put the following sentences into the **passé composé:** 1) Je vais à la bibliothèque. 2) Nous restons à l'école. 3) Nos cousins arrivent à six heures. 4) Elle rentre au lycée après les vacances. 5) Tu vas à la piscine dimanche?

Préparation

A. Vendredi dernier. Several friends are telling where they went last Friday night. Tell what they say.

1. suis allé(e)	5. sommes allés/allées
2. est allée	6. sont allées
3. es allé(e)	7. est allé
4. sont allés	8. sommes allés/allées

MODÈLE   Paulette / match de football
Paulette est allée au match de football.

1. Je / chez ma tante
2. Jacqueline / au cinéma
3. Tu / au concert
4. Marc et Étienne / au restaurant
5. Nous / dans les magasins
6. Élise et Anne / au café
7. Robert / au match de basket
8. Nous / au théâtre

B. Vive la neige! Everyone is late for school because of a big snowstorm. Gilles wants to find out what time other people arrived at school. What does he ask?

MODÈLE   Marianne
À quelle heure est-ce que Marianne est arrivée?

1. ton frère	5. Julie et Vincent	1. est arrivé	5. sont arrivés
2. tu	6. le professeur d'anglais	2. es arrivé(e)	6. est arrivé
3. vous	7. Daniel et Henri	3. êtes arrivé(e)	7. sont arrivés
4. Lucette	8. Barbara et Anne	4. est arrivée	8. sont arrivées

DOUZIÈME CHAPITRE   *trois cent trois*   **303**

C. **Visite de cousins canadiens.** Valérie is talking about the recent visit of some Canadian relatives. Tell what she says.

> MODÈLE Nos cousins / arriver hier
> **Nos cousins sont arrivés hier.**

1. Je / aller à l'aéroport	1. Je suis allée . . . .
2. Mon frère / rester à la maison	2. Mon frère est resté . . . .
3. L'avion / arriver à trois heures	3. L'avion est arrivé . . . .
4. Nous / aller manger au restaurant.	4. Nous sommes allés . . . .
5. Nous / rentrer à neuf heures	5. Nous sommes rentrés . . . .

═ Communication ═

A. **Interview.** Make questions to find out if other students did the following things yesterday after school.

> EXEMPLE rester à l'école pour étudier
> Est-ce que tu es resté(e) à l'école pour étudier?

1. rester à l'école pour faire du sport	**4.** aller à la piscine
2. rentrer tout de suite à la maison	**5.** aller au cinéma
3. rester à la maison pour regarder la télé	**6.** aller à un match

B. **Résultats.** Based on the results of your interview, tell what other students did yesterday.

> EXEMPLE Valérie n'est pas restée à la maison.
> Elle est allée au cinéma.

Patrick, a French *lycée* student, has written his weekly class schedule. After looking over his schedule, answer the questions below.

	LUNDI	*MARDI*	*MERCREDI*	*JEUDI*	*VENDREDI*	*SAMEDI*
8h	MATHS	MATHS	FRANÇAIS	MATHS	GÉOGRAPHIE	PHYSIQUE
9h	FRANÇAIS	ÉDUCATION PHYSIQUE	ALLEMAND	ÉTUDE	PHYSIQUE	FRANÇAIS
10h	ANGLAIS	ANGLAIS	ÉTUDE	TRAVAUX PRATIQUES DE PHYSIQUE ET CHIMIE	ANGLAIS	HISTOIRE
11h	FRANÇAIS	ÉTUDE	ÉTUDE		ÉDUCATION PHYSIQUE	ÉTUDE
12h	DÉJEUNER					
3h⁴⁵	ALLEMAND	HISTOIRE	APRÈS-MIDI LIBRE	MATHS	ALLEMAND	
4h⁴⁵	MATHS	GÉOGRAPHIE		ÉDUCATION PHYSIQUE	FRANÇAIS	
5h⁴⁵	ÉTUDE	ÉTUDE			ÉTUDE	
6h⁴⁵						

1. Combien de classes différentes est-ce que Patrick a? Et vous?   **1.** 8 classes
2. Combien de fois par semaine va-t-il à sa classe de français? Et vous?   **2.** 5 fois
3. Est-ce que sa classe d'allemand est toujours à deux heures?   **3.** non
4. Combien d'études a-t-il chaque semaine? Et vous?   **4.** 8 études   **5.** lundi, mardi,
5. Quels jours et à quelle heure a-t-il sa classe de maths? Et vous?   jeudi à 8h;
6. Est-ce que Patrick étudie les sciences? Et vous?   **6.** oui   jeudi à 3h⁴⁵;
7. Est-ce que Patrick a des classes le samedi matin? Et vous?   **7.** oui   lundi à 4h⁴⁵
8. Est-ce qu'il a des classes le mercredi après-midi? Et vous?   **8.** non

EXPLORATION

♦ *GIVING EMPHASIS*
THE EMPHATIC PRONOUNS

Présentation

You have already been using the pronoun **moi** when you wanted to call attention to yourself or to emphasize that you were the one doing something (**Moi, j'aime la musique classique.**). You have also used the pronoun **toi** when you wanted to ask another student a question (**Et toi?**). This type of pronoun is called the emphatic or stress pronoun. Like other pronouns, these pronouns help you avoid repeating nouns. Note there is an emphatic pronoun for each subject pronoun.

Emphatic pronouns	**moi**	**toi**	**lui**	**elle**	**nous**	**vous**	**eux**	**elles**
Subject pronouns	**je**	**tu**	**il**	**elle**	**nous**	**vous**	**ils**	**elles**

These pronouns are used to put emphasis on the subject of a sentence and also in short phrases where there is no verb.

- Moi, j'étudie l'algèbre.
- Lui, il étudie la biologie. Et toi?
- Pas moi!

These pronouns may be used after any of the prepositions you know (**pour, sans, chez,** etc.).

- Restez près de moi.
- Est-ce que tu peux faire ça pour lui?
- Ils vont aller au match avec nous.
- Elle habite à côté de chez toi.
- Ils rentrent chez eux.
- N'allez pas au cinéma sans nous!

These pronouns are sometimes used with the preposition **à** and the verb **être** to show ownership or possession.

- Ces livres sont à moi.
- Ils ne sont pas à toi.
- Est-ce que ce crayon est à vous?

Répétition: Ces crayons sont à moi. toi/lui/elle/nous/vous/elles/eux Moi, je vais au cinéma. toi, tu/elle, elle/lui, il/nous, nous/vous, vous/ eux, ils/elles, elles

Transformation: 1. Je rentre à la maison. → Je rentre chez moi. Tu rentres à la maison./Il rentre . . ./Elle rentre . . ./Nous rentrons . . ./Vous rentrez . . ./Elles rentrent . . .

2. Ce sont mes crayons. → Ces crayons sont à moi. Ce sont tes crayons./Ce sont nos crayons./Ce sont vos crayons.
3. Ce sont les livres de Georges. → Ils sont à lui. Ce sont les livres d'Annette./Ce sont les livres de Paul et Marc./Ce sont les livres de Marianne et Jeannette.

═ Préparation ═

A. Préférences. Several friends are talking about the school subjects they like. Tell what they say. Repeat the activity in the negative. (**Toi, tu n'es pas fort en français.**)

> MODÈLE tu / français
> **Toi, tu es fort en français.**

1. je / latin
2. nous / anglais
3. vous / algèbre
4. tu / russe
5. tu / géométrie
6. je / histoire
7. nous / maths
8. vous / allemand

1. Moi, je suis . . . .
2. Nous, nous sommes . . . .
3. Vous, vous êtes . . . .
4. Toi, tu es . . . .
5. Toi, tu es . . . .
6. Moi, je suis . . . .
7. Nous, nous sommes . . . .
8. Vous, vous êtes . . . .

B. Et les autres? Vincent is asking Daniel whether some of their friends are taking algebra next year. Tell what Daniel says.

> MODÈLE Thomas va étudier l'algèbre. Et Michelle?
> **Elle aussi.**

1. Et Jeannette et Marc?
2. Et Marianne et Paulette?
3. Et Jean-Luc?
4. Et Geneviève?
5. Et Jean et Robert?
6. Et ton frère?
7. Et ta cousine?
8. Et Pierre?

1. Eux aussi.
2. Elles aussi.
3. Lui aussi.
4. Elle aussi.
5. Eux aussi.
6. Lui aussi.
7. Elle aussi.
8. Lui aussi.

C. L'Aventure. Daniel doesn't think that other people are adventurous enough. What does he say about them?

> MODÈLE Ma mère? Faire l'ascension d'une montagne?
> **Pas elle!**

1. Mon petit frère? Traverser l'océan dans un canot?
2. Mes parents? Explorer l'Antarctique?
3. Michel et Nadine? Apprendre à piloter un avion?
4. Mon père? Participer à une course automobile?
5. Pauline et Anne? Traverser les États-Unis en vélo?
6. Ma grande sœur? Inventer quelque chose?

1. Pas lui!
2. Pas eux!
3. Pas eux!
4. Pas lui!
5. Pas elles!
6. Pas elle!

D. À qui est-ce? Madame Lanier is trying to find out to whom various objects left in the classroom belong. Give her students' answers.

> MODÈLE   Ce livre est à Georges?
> **Il est à lui.**
>
> Ces livres sont à Jean?
> **Ils sont à lui.**

Repeat the activity in the negative. (**Non, il n'est pas à lui.**)

1. Ces livres sont à toi?
2. Ce vieux sandwich est à Julie?
3. Cette radio est à Jean-Luc?
4. Cette cassette est à toi?
5. Ce disque est à Paulette?
6. Ces photos sont à Serge et Raoul?
7. Ce cahier est à Michel?
8. Cette guitare est à Paul?

1. Ils sont à moi.
2. Il est à elle.
3. Elle est à lui.
4. Elle est à moi.
5. Il est à elle.
6. Elles sont à eux.
7. Il est à lui.
8. Elle est à lui.

E. Qu'est-ce qu'on fait après l'école? Felix is asking his friends what they are going to do after school. What do they say?

> MODÈLE   Robert va chez sa grand-mère? (non)
> **Non, il ne va pas chez elle.**

1. Tu rentres chez toi? (oui)
2. Jean va au match avec Monique? (non)
3. Tu veux manger chez moi? (oui)
4. Tu vas au match sans moi? (mais non)
5. Catherine rentre chez elle? (oui)
6. Tu étudies avec les copains? (oui)
7. Tu veux aller au cinéma avec nous? (non)

1. Oui, je rentre chez moi.
2. Non, il ne va pas . . . avec elle.
3. Oui, je veux manger chez toi.
4. Mais non, je ne vais pas . . . sans toi.
5. Oui, elle rentre chez elle.
6. Oui, j'étudie avec eux.
7. Non, je ne veux pas aller . . . avec vous.

F. Le week-end. Madame Dumarais expects her family to help her on the weekend. What does she have them do?

> MODÈLE   Jean / faire la vaisselle
> **Lui, il fait la vaisselle.**

1. Ton père et moi / faire les courses
2. Annick et Paul / faire le ménage
3. Claire / préparer une salade
4. Claire et Annick / faire un bon dessert
5. Ton père / faire un rôti de bœuf

1. Nous, nous faisons . . . .
2. Eux, ils font . . . .
3. Elle, elle prépare . . . .
4. Elles, elles font . . . .
5. Lui, il fait . . . .

Communication

A. Clichés. There are many clichés about what boys are like and what girls are like. Can the following clichés about one sex also refer to the other?

EXEMPLE   Les garçons sont sportifs. Et les filles?
Elles aussi!
Pas elles!

1. Les filles travaillent bien en classe. Et les garçons?
2. Les garçons sont embêtants. Et les filles?
3. Les filles obéissent toujours. Et les garçons?
4. Les garçons adorent les motos et les voitures de sport. Et les filles?
5. Les garçons sont forts en maths. Et les filles?
6. Les filles font bien la cuisine. Et les garçons?
7. Les filles aiment l'école. Et les garçons?
8. Les garçons aiment les sports d'équipe. Et les filles?
9. Les filles sont gentilles. Et les garçons?

B. Questions/Interview. Answer the following questions or use them to interview another student. Be sure to use the appropriate emphatic pronoun in your answers.

EXEMPLE   Est-ce que tu vas souvent chez tes amis?
Oui, je vais souvent chez eux.

1. Est-ce que tes amis habitent près de chez toi?
2. Est-ce que tu manges chez toi à midi?
3. Est-ce que tu passes tes vacances chez tes grands-parents?
4. Est-ce que tu peux parler avec ton professeur?
5. Est-ce qu'il y a un parc près de chez toi?
6. Est-ce que l'école est loin de chez toi?
7. Est-ce que tu étudies souvent avec tes amis?
8. Est-ce que tu vas quelquefois au cinéma avec tes amis?

PERSPECTIVES

Pourquoi pas nous?

Arielle, Gilles, Valérie, et leurs amis ne sont pas de très bons élèves. L'école, ils n'aiment pas beaucoup ça. Mais bientôt, <u>tout</u> va changer.

everything

Arielle est <u>en train</u> d'écouter la radio. <u>L'animateur</u> propose aux élèves des lycées un grand <u>concours</u> sur l'écologie. Chaque semaine, il va <u>poser</u> une série de questions. Les participants téléphonent leurs <u>réponses</u>. La récompense: deux semaines aux <u>Îles</u> Galapagos pour la classe qui va gagner le concours.

in the process of/ announcer

contest

ask

answers/islands

The Galapagos Islands (Ecuador) consists of twelve large and several hundred small islands and are one of the few remaining unspoiled areas in the world.

"Pourquoi pas nous?" pense Arielle.

<u>Au début</u>, les autres élèves ne sont pas très enthousiastes. La première semaine, ils sont seulement cinq à la <u>réunion</u>. Mais la semaine suivante, ils sont sept, et la troisième semaine, tout le monde est présent. Ils forment des groupes de travail; ils consultent le dictionnaire et l'encyclopédie; ils prennent des notes.

at first, in the beginning/meeting

Et après huit semaines d'anxiété, de fièvre, de travail, et de coopération, c'est la victoire: leur classe va aller passer quinze jours aux Galapagos.

Mais la vraie victoire, c'est l'enthousiasme qu'ils ont maintenant pour les études. "Maintenant c'est différent," explique Christophe. "Maintenant je sais que je peux réussir."

Extrait et adapté d'un article de *l'Express*

COMPRÉHENSION

Answer the following questions based on **Pourquoi pas nous?**

1. Quelle sorte d'élèves sont Arielle, Gilles, Valérie, et leurs amis?
2. Qu'est-ce que l'animateur du programme de radio propose aux élèves des lycées?
3. Quelle est la récompense pour l'équipe qui va gagner le concours?
4. Au début, est-ce que les autres élèves aiment ce projet?
5. Combien d'élèves sont présents à la réunion la première semaine?
6. Et la troisième semaine, combien d'étudiants sont présents?
7. Comment organisent-ils leur travail?
8. Quel est le résultat de leur huit semaines de travail?
9. Où vont-ils aller?
10. Qu'est-ce que Christophe comprend maintenant?

1. Ils ne sont pas de très bons élèves (étudiants).
2. un grand concours sur l'écologie
3. deux semaines aux Îles Galapagos
4. Non, ils ne sont pas très enthousiastes.
5. cinq
6. tout le monde
7. Ils forment des groupes.
8. La victoire—ils ont gagné.
9. aux Galapagos
10. Il comprend qu'il peut réussir.

COMMUNICATION

A. **Concours.** Divide into teams and see which can answer the most questions correctly.

1. Qui est le Premier Ministre du Canada? **1.** Trudeau
2. Est-ce que Paul Piché est un joueur de hockey ou un chanteur? **2.** chanteur
3. Dans quel pays est Moscou? **3.** en Russie, en Union Soviétique
4. Qu'est-ce que les Français mangent pour le petit déjeuner? **4.** croissants, café
5. Quel est le mot français pour "a cold"? **5.** un rhume
6. Quand est l'anniversaire de George Washington? **6.** le 22 février
7. L'anniversaire de Suzanne est le 7 octobre. Quel est son signe du zodiaque? **7.** balance
8. Aujourd'hui il fait 30° C à Paris. Est-ce que c'est l'hiver ou l'été? **8.** l'été
9. Est-ce que le Louvre est un musée ou une église? **9.** un musée
10. Quelles sont les deux villes principales du Canada français? **10.** Montréal, Québec

B. **À vous de poser les questions.** Divide into teams and prepare at least ten questions to ask the members of the other team. (You must have the correct answers to your own questions.) Any questions the other team cannot answer is a point for yours.

C. **Huit heures dans la vie d'un(e) étudiant(e).** Using the questions below as a guide, tell what you did yesterday.

—À quelle heure est-ce que vous êtes allé(e) à l'école?
—À quelles classes est-ce que vous êtes allé(e) et à quelle heure?
—Êtes-vous allé(e) à la bibliothèque? Qu'est-ce que vous avez lu?
—Où et avec qui avez-vous mangé?
—À quelle heure est-ce que vous avez quitté l'école?
—Êtes-vous rentré(e) tout de suite chez vous?
—Si non, qu'est-ce que vous avez fait?
—Avez-vous regardé la télévision?
—Quand avez-vous fait vos devoirs?
—À quelle heure avez-vous commencé à étudier et à quelle heure avez-vous fini?
—À quelle heure est-ce que vous êtes allé(e) au lit?

FÊTE DU LIVRE
moi, je lis et vous?

D. **Questions/Interview.** Answer the following questions or use them to interview another student.

1. Aimes-tu l'école? Pourquoi ou pourquoi pas?
2. Quelle est ta classe préférée?
3. Combien de classes as-tu?
4. Combien d'études as-tu?
5. Qu'est-ce que tu fais pendant les études?
6. Qu'est-ce que tu aimes faire pendant la récréation?
7. Est-ce que tu préfères étudier chez toi ou à la bibliothèque?
8. Combien d'élèves est-ce qu'il y a dans tes classes?
9. À midi, est-ce que tu préfères manger à l'école, rentrer chez toi, ou apporter un sandwich?
10. Est-ce que tes professeurs sont gentils?

VOCABULAIRE DU CHAPITRE

SCHOOL SUBJECTS
l'algèbre (*f*) algebra
l'allemand (*m*) German
la biologie biology
la chimie chemistry
le dessin drawing
l'écologie ecology
l'éducation civique (*f*) government
l'espagnol (*m*) Spanish
la géométrie geometry
le latin Latin
la peinture painting
la physique physics
le russe Russian

THINGS YOU CAN READ
le conte story
les bandes dessinées (*f*) comics
le dictionnaire dictionary
l'encyclopédie (*f*) encyclopedia
le journal newspaper
la revue magazine
le roman novel

OTHER NOUNS
l'animateur (*m*) announcer
l'anxiété (*f*) anxiety, concern
le concours contest
la coopération cooperation
l'élève (*m* or *f*) pupil, student
l'étude (*f*) study hall
l'île (*f*) island
la leçon lesson
la moyenne passing grade
la note grade, mark
la récréation, la récré recreation, recess
la réunion meeting
la série series

PRONOUNS
tout everything

VERBS
expliquer to explain
lire to read
poser une question to ask a question
téléphoner to telephone

ADVERBS
vachement (slang) very

ADJECTIVES
enthousiaste enthusiastic
fort strong, good
furieux (*m*), furieuse (*f*) furious

EXPRESSIONS
au début at first, in the beginning
faire de + school subject to study
en train de in the process of

Photo Identification

Abbreviations used: *t*, top; *c*, center; *b*, bottom; *l*, left; *r*, right; *i*, inset.

Chapitre Préliminaire x: *tl, bl,* Notre-Dame; *tc,* Arc de Triomphe; *c,* Eiffel Tower; *bc,* Clermont-Ferrand, Auvergne; *bcr,* Arc de Triomphe du Carrousel; *tr,* École Militaire, Paris; *br,* Quebec. 1: *tl,* Sacré-Cœur de Balata, Fort-de-France, Martinique; *i,* Aimé Césaire, poet and mayor of Fort-de-France; *cl,* Chateau Frontenac, Quebec; *bl,* Champs-de-Mars Metro station, Montreal; *tr,* Djerba, Tunisia; *cr,* Finance Ministry, Dakar, Senegal; *br,* Dakar. 2: Washington Square, N.Y.C. 4: *t,* Marché aux Puces, Paris; *i, b,* Montreal. 5: Montreal. 9: *t, Carte d'Orange,* a Metro and bus pass. 10: *t* (both), Clermont-Ferrand; *bl,* Quebec City; *br,* Lycée Jules Ferry, Paris. 11: *t,* Le Puy-Sainte-Réparde; *b,* Lycée Janson-de-Sailly, Paris. 12: *t* Moret-sur-Loing, Seine-et-Marne; *b,* Lycée Jules Ferry, Paris. 13: *Romeo and Juliet* with Norma Shearer and Leslie Howard.

Premier Chapitre 15: fortified city gate and bridge over the Loing, Moret-sur-Loing. 19: Lycée Janson-de-Sailly, Paris. 20: Bastille cinema, Paris. 35: Montreal.

Deuxième Chapitre 37: Paris supermarket. 38, 39: *t,* Montreal. 43: *tr,* Montreal; *c,* Paris Metro station; *b,* Haitian group. 51, 53: Montreal. 55: Lycée Chaptal, Paris.

Troisième Chapitre 59: Bridge over the Loing. 61: Moret-sur-Loing. 67: *tl, tr,* Paris lycées; *b,* U.S. 74: Paris 85: Montreal.

Quatrième Chapitre 87: Beach, Cassis (Provence).

Cinquième Chapitre 113: Chez Payri, St. Canadet (B.-du-Rh.). 114: Clermont-Ferrand. 121: Paris. 123: Aix-en-Provence. 130: Le Puy-Sainte-Réparde. 131: *tl, bl,* Pertuis, Vaucluse; *tr, br,* Paris. 137: L'Auberge des Cedres, Quebec.

Sixième Chapitre 139: Plaines-d'Abraham, Quebec. 140: Paris École. 157: Ottawa. 161: *t,* Clermont-Ferrand; *c,* St. Canadet; *b,* Rantigny (Oise). 162: *t,* Cassis (Provence); *l,* Clermont-Ferrand.

Septième Chapitre 171: Performance in Clermont-Ferrand. 182: Clock, Montreal Sports Complex. 183: *bl,* Gare du Nord, Paris; *r,* insurance agency, Le Puy-Sainte-Réparde.

Huitième Chapitre 191: les Calanques, Provence. 202: Montreal. 203: Quebec City. 205: Paris. 211: *l,* village near Montigny-sur-Loing (Seine-et-Marne); *r,* Clermont-Ferrand. 215: Travel agency, Aix-en-Provence. 216: Travel agency, Paris.

Neuvième Chapitre 219: George Catlin, (detail) *Chief of the Taensa Indians Receiving LaSalle.* 225: The Seine. 229: Swiss Alps. 230: Jacques-Louis David, *Le Sacre de Napoléon 1er à Notre Dame,* Louvre. 231: *b,* Dedication Ceremonies 1886; *ir,* Bartholdi. 242: Chambord Castle, Loire Valley. 243: St. Lawrence Ice Regatta.

Dixième Chapitre 245: Pont St. Michel, Paris. 256: *parfumerie,* Clermont-Ferrand. 258: Quebec City. 263: paramedics and fire department, St. Canadet par Le Puy-Sainte-Réparde.

Onzième Chapitre 265: Trocadero gardens. 285: discotheque, Aix-en-Provence. 286: Gare de Lyon, Paris.

Douzième Chapitre 291: Polyvalante Mont Rolland, Quebec. 292: *r,* Lycée Chaptal, Paris. 300: avenue Junot, Paris. 304: St. Hippolyte, Quebec. 309: Aer Lingus pilot. 310: Galapagos Islands. 313: Quebec City.

Verb Charts

REGULAR VERBS

	Present		Passé Composé	
parler	je **parle**	nous **parlons**	j'ai **parlé**	nous **avons** parlé
	tu **parles**	vous **parlez**	tu as **parlé**	vous **avez** parlé
	il **parle**	ils **parlent**	il a **parlé**	ils **ont** parlé
finir	je **finis**	nous **finissons**	j'ai **fini**	nous **avons** fini
	tu **finis**	vous **finissez**	tu as **fini**	vous **avez** fini
	il **finit**	ils **finissent**	il a **fini**	ils **ont** fini

IRREGULAR VERBS

	Present		Passé Composé
aller	je **vais**	nous **allons**	je **suis allé(e)**
	tu **vas**	vous **allez**	
	il **va**	ils **vont**	
avoir	j'**ai**	nous **avons**	j'ai **eu**
	tu **as**	vous **avez**	
	il **a**	ils **ont**	
être	je **suis**	nous **sommes**	j'ai **été**
	tu **es**	vous **êtes**	
	il **est**	ils **sont**	
faire	je **fais**	nous **faisons**	j'ai **fait**
	tu **fais**	vous **faites**	
	il **fait**	ils **font**	
lire	je **lis**	nous **lisons**	j'ai **lu**
	tu **lis**	vous **lisez**	
	il **lit**	ils **lisent**	
pouvoir	je **peux**	nous **pouvons**	j'ai **pu**
	tu **peux**	vous **pouvez**	
	il **peut**	ils **peuvent**	

	Present		Passé Composé
prendre	je **prends**	nous **prenons**	j'ai pris
	tu **prends**	vous **prenez**	
	il **prend**	ils **prennent**	
savoir	je **sais**	nous **savons**	j'ai su
	tu **sais**	vous **savez**	
	il **sait**	ils **savent**	
vouloir	je **veux**	nous **voulons**	j'ai voulu
	tu **veux**	vous **voulez**	
	il **veut**	ils **veulent**	

VERBS WITH ÊTRE IN THE PASSÉ COMPOSÉ

aller	je **suis allé(e)**
arriver	je **suis arrivé(e)**
rentrer	je **suis rentré(e)**
rester	je **suis resté(e)**

When the subject *is* masculine . . .

je suis allé	nous sommes allés
tu es allé	vous êtes allé
	vous êtes allés
il est allé	ils sont allés

When the subject *is* feminine . . .

je suis allé**e**	nous sommes allé**es**
tu es allé**e**	vous êtes allé**e**
	vous êtes allé**es**
elle est allé**e**	elles sont allé**es**

Vocabulaire français-anglais

The *Vocabulaire français–anglais* includes all vocabulary, including the vocabulary from the *Interludes*, from each chapter. The number following each entry indicates the chapter in which the word or expression is first introduced (P stands for *Chapitre préliminaire*). If a word is used in the text in more than one sense, each use is given, with the appropriate chapter reference.

Adjectives are given in the masculine, with the feminine endings noted. In the case of irregular adjectives, the feminine form is given in full.

Idiomatic expressions are listed under the main words in each idiom.

The following abbreviations are used:

adj. adjective; (*f*) feminine; (*m*) masculine; *pron*. pronoun

A

à in 1; on 4; at 7; by 8
abandonner to give up, leave behind 9
l'accent (*m*) accent **P**
accepter to accept 9
d'accord agreed 4
acheter to buy 4
l'acteur (*m*) actor 10
actif, active active 9
l'action (*f*) action 7
l'activité (*f*) activity 4
l'actrice (*f*) actress 10
adapté,-e adapted 6
adjugé,-e sold (*at auction*) 9
l'admiration (*f*) admiration 6
adorer to really like 1
l'aéroport (*m*) airport 4
l'affiche (*f*) poster 2
l'Afrique (*f*) Africa 9
l'âge (*m*) age 3; **Quel âge avez-vous?** How old are you? 3
l'agence (*f*) agency 8
l'agent (*m*) agent 8
l'agriculture (*f*) farming, agriculture 10

aider to help 4
aigu, aiguë acute **P**
aimer to like, love 1; **aimer bien** to enjoy 5
l'album (*m*) album 3
l'alcool (*m*) alcohol 11
l'algèbre (*f*) algebra 12; **faire de l'algèbre** to study algebra 12
l'Algérie (*f*) Algeria **P**
l'Allemagne (*f*) Germany 8
l'allemand (*m*) German (*language*) 12
aller to go 4; **Comment allez-vous?** How are you? **P**
allô hello (*on the telephone*) 2
alors then, so, okay 4; **Non alors!** Not that! 7
les Alpes (*f*) Alps 9
l'ambassade (*f*) embassy 7
ambitieux, ambitieuse ambitious 9
américain,-e American 3
l'Amérique (*f*) America 9

l'ami (*m*), **l'amie** (*f*) friend 3
amusant,-e funny, entertaining 3
l'an (*m*) year 8; **avoir _____ ans** to be _____ years old 3
anglais,-e English 1; **l'anglais** (*m*) English (*language*) 1; **les Anglais** the English (*people*) 9
l'Angleterre (*f*) England 8
l'animateur (*m*) (*radio*) announcer 12
animé,-e animated 6; **le dessin animé** cartoon 6
l'année (*f*) year 4
l'anniversaire (*m*) birthday 4
l'Antarctique (*f*) Antarctica 9
les Antilles (*f*) Antilles **P**
l'anxiété (*f*) anxiety, concern 12
août (*m*) August 4

l'appartement (m)
apartment 10
appeler Je m'appelle . . .
My name is . . . P;
Comment vous
appelez-vous? What
is your name? P
apporter to bring 4
apprendre to learn 11
l'apprentis (m)
apprentice 2
après after, following 4
l'après-midi (m)
afternoon 4
l'aptitude (f) aptitude 12
l'arbre (m) tree 3
l'arc: l'Arc de Triomphe
Arch of Triumph (in
Paris) 8
l'argent (m) money 1
arriver to arrive, come 8
l'arrondissement (m)
district 7
l'artichaut (m) artichoke 5
l'ascension (f) ascent 9;
faire l'ascension (de) to
climb 9
l'aspirine (f) aspirin 11
assez rather 3; enough
10; assez de
enough 10
l'astrologue (m)
astrologer 4
l'athlétisme (m) track
and field 6
l'Atlantique (m) Atlantic
Ocean 9
Attention! Be careful! 4
au (à + le) 4
l'auberge (f) inn 8;
l'auberge de jeunesse
youth hostel 8
l'aubergiste (m/f)
innkeeper, director of a
hostel 8
aujourd'hui today 2
aussi also 1
l'auto (f) car, automobile 3
l'autobus (m) bus 9
l'automne (m) autumn 8

l'automobile (f) car 9
autre other 4; autre
chose something else 7
aux (à + les) 4
l'avance (f) advance 10
avant before 10
avec with 2
l'aventure (f) adventure 9
l'avion (m) airplane 9
l'avocat (m), avocate (f)
lawyer 10
avoir to have 3;
avoir _____ ans
to be _____
years old 3; avoir
besoin de to need 5;
avoir envie de to feel
like 9; avoir faim to
be hungry 5; avoir
peur to be afraid 9;
avoir soif to be
thirsty 5
avril (m) April 4
azur,-e blue 8

B _____

le bac (m) colloquial for
baccalauréat 12
le baccalauréat
baccalaureate
degree 12
le bacon bacon 5
le bain bath 10; la salle de
bains bathroom 10
la Balance Libra (zodiac) 4
la banane banana 5
la bande band; la bande
dessinée cartoon
strip 12
la banque bank 4
le base-ball baseball 6
le basket colloquial for le
basket-ball 6
le basket-ball basketball 6;
jouer au basket-ball
to play basketball 6
beau, bel, belle beautiful

8; Il fait beau. It's
nice. (weather) 6
beaucoup a great deal,
much, many, a lot 1;
beaucoup de a great
deal, a lot of 10
la Belgique Belgium P
le Bélier Aries (zodiac) 4
le Bénin formerly
Dahomey P
le besoin need 5; avoir
besoin de to need 5
bête stupid 2
le beurre butter 5
la bibliothèque library 4
bien well, fine P; bien
sûr of course 2; très
bien very good, very
well P; je veux bien
that's fine 7
bientôt soon 6; à bientôt
so long 6
le bifteck steak 5
le billet ticket 8
la biologie biology 12
blanc, blanche white 10
bleu,-e blue 11
blond,-e blond 11
le bœuf beef 5, le rôti de
bœuf roast beef 5
la boisson drink 5
bon, bonne good 4
bonjour hello P
la bouche mouth 11
la boucherie butcher
shop 5
la boulangerie bakery 5
la bouteille bottle 11
la boutique shop P
le bras arm 11
brave brave, fine 6
le brevet diploma 12
brun,-e dark, brown 11
Bruxelles Brussels 8
le buffet buffet,
sideboard P
le bulletin report 6; le
bulletin météorologique
weather report 6
le bureau bureau P; desk 2

C

ça   that; Ça va?
   How are things? P;
   Ça va bien.   Fine. P
le café   café 4; coffee 5
la cafétéria   cafeteria 5
le cahier   notebook 2
   Calédonie: la Nouvelle
      Calédonie   New
      Caledonia P
le Cameroun: la République
      unie du Cameroun
      United Republic of
      Cameroon P
le camp   camp 8
la campagne   country 4
le camping   camping 6;
      campsite 8; faire du
      camping   to go
      camping 6
le Canada   Canada P
   canadien,-ne   Canadian 8
le Cancer   Cancer (zodiac) 4
le candidat   candidate 9
le canot   canoe, raft 9
le Capricorne   Capricorn
      (zodiac) 4
la carotte   carrot 4
la carrière   career 10
la carte   card 11
la cassette   cassette 12
le catalogue   catalogue 9
la cathédrale   cathedral 8
   ce (pron.)   it, that 2;
      c'est   he is, it is, this
      is, that is 2; ce sont
      they are 2
   ce, cet, cette (adj.)   this,
      that 6
   célèbre   famous 2
la célébrité   celebrity 6
   cent   hundred 9
le centimètre
      centimeter 11
   centrafricaine: la
      République
      centrafricaine   Central
      African Republic P
les céréales (f)   cereals 5

la cerise   cherry 5
   certain,-e   certain 8
le certificat   certificate 12
la chaîne   TV channel 7
la chaise   chair 2
la chambre   room 11
la chance   luck 4; avoir de
      la chance to be lucky 4
   changer   to change 12
la chanson   song 11
   chanter   to sing 2
le chanteur, la chanteuse
      singer 2
   chaque   each, every 2
   châtain,-e   brown,
      chestnut 11
   chaud,-e   warm, hot; Il
      fait chaud.   It's warm,
      hot (weather). 6
le chauffeur   chauffeur,
      driver P
le chef   chef 5
la cheminée   fireplace 10
   cher, chère   expensive,
      dear 6
les cheveux (m)   hair 11
   chez   to, at someone's
      house or place of
      business 4
le chien   dog 3
la chimie   chemistry 12
le chocolat   chocolate 5
   choisir   to choose 10
le choix   choice 7
la chose   thing 4; autre
      chose   something else
      7; pas grand-chose
      not much 11; quelque
      chose   something 9
le ciné   movies 7
le cinéma   movies, movie
      theater 1
   cinq   five 2
   cinquante   fifty 3
   cinquième   fifth 7
   circonflexe   circumflex P
le circuit   circuit 11
   civique   civic 12;
      l'éducation civique
      government 12

la classe   class, school 1
le classement   rank,
      standing 7
   classique   classical 1
le cliché   cliché 5
le client, la cliente
      customer 5
le coca   cola drink 5
le coiffeur, la coiffeuse
      hair stylist 10
la colle (slang)   detention 12
le collège   first part of
      French secondary
      education 12
la colonie   colony 8; une
      colonie de vacances
      summer camp 8
   combien   how much 2;
      combien de   how
      many 3
la comédie   comedy 7
   comme   like, as 2
   commencer   to begin,
      start 6
   comment   how, what P
le commentaire
      commentary,
      comment 8
la commission
      commission 10
la communication
      communication 6
la compagnie   company 8
la compétition
      competition 6
   compliqué,-e
      complicated 3
la compréhension
      comprehension 1
   comprendre   to
      understand 11
le concert   concert 4
le concours   contest 12
la confiture   jam 5
   confortable   comfortable 9
le Congo   Congo P
la connaissance: faire la
      connaissance de   to
      become acquainted
      with, meet 8

le conseil   advice 8
consulter   to consult 7
le conte   story 12
content,-e   happy 3
continuer   to continue 4
contre   against 6
la coopération
   cooperation 12
le copain   pal, friend 4
la Corse   Corsica P
la côte   coast: la Côte
   d'Ivoire   Ivory Coast P
le côté   side 8; à côté de
   next to, alongside, at
   the side of 8
le couchage: le sac de
   couchage   sleeping
   bag 9
la couleur   color 11
le courage   courage 9
courageux, courageuse
   courageous, brave 9
la course   race 9; faire des
   courses   to go
   shopping 6
court,-e   short 11
le couscous   couscous (a
   North African grain
   dish) 5
le cousin, la cousine cousin 3
coûter   to cost 2
le crayon   pencil 2
la crémerie   dairy 5
le croissant   crescent
   roll 5
la cuisine   kitchen 10;
   cooking 5; faire la
   cuisine   to do the
   cooking 5
la curiosité   curiosity 2
le cycle   cycle 12

D

le Dahomey   Dahomey
   (now known as
   Bénin) P

dans   in 2
danser   to dance 1
la date   date 4
de   of 2; from 3; some
   3; any 5; by 7; to 9;
   for 9
le début   beginning; au
   début   at first 12
décembre (m)
   December 4
décider   to decide 4
le degré   degree 11
déjà   already 9
le déjeuner   lunch, mid-day
   meal 5; le petit
   déjeuner   breakfast 5
demain   tomorrow P
déménager   to move 10
demi, -e; une demi-heure
   a half hour 7
la dent   tooth; avoir mal
   aux dents   to have a
   toothache 11
le dentiste, la dentiste
   dentist 10
depuis   since 12; for 12;
   depuis quand   for how
   long 12
le député   deputy (a French
   lawmaker) 7
dernier, dernière   last 7
derrière   behind 8
des (de + les) 2
la description
   description 10
désirer   to want, wish 2
désireux, désireuse
   desirous 10
le dessin   drawing 6; le
   dessin animé   cartoon
   (movie) 7
dessiner   to draw; la
   bande dessinée   comic
   strip 12
la destination   destination 9
le détective   detective 1
détester   to hate,
   dislike 1
deux   two 2
deuxième   second 7

devant   in front of 8
développer   to develop 6
deviner   to guess 9
les devoirs (m)   homework 6;
   faire des devoirs   to
   do homework 6
le dictionnaire   dictionary 12
la différence   difference 1
difficile   difficult 2
la difficulté   difficulty 4
le dimanche   Sunday 4
le dîner   dinner P
le diplôme   diploma 12
la direction   direction,
   supervision 8
le disco   disco music 2
discuter   to talk, discuss 10
le disque   record 2
la distance   distance 8
la distraction   distraction 2
dit: Comment dit-on . . . ?
   How does one
   say . . . ? P
dix   ten 2
dixième   tenth 7
le docteur   doctor 11
le documentaire
   documentary 7
le dollar   dollar 2
donner   to give 6
le dos   back; le sac à dos
   backpack, knapsack 9
douze   twelve 2
douzième   twelfth 7
la drogue   drug(s) 11
droit   straight 8; tout
   droit   straight
   ahead 8
la droite   right 8; à droite
   to the right 8
du (de + le)   4
dur,-e   hard 8
dynamique   dynamic 2

E

l'eau (f)   water 5

l'école (*f*) school 1
l'écologie (*f*) ecology 12
économique economical 8
écouter to listen to 1
l'éducation (*f*)
      education 6;
      l'éducation civique
      government 12;
      l'éducation physique
      physical education,
      gym 1
l'église (*f*) church 4
électronique
      electronic 11
élégant,-e elegant 3
élémentaire
      elementary 12
l'élève (*m/f*) pupil,
      student 12
elle she 1; her 12; it 1
elles they 1; them 12
embêtant,-e annoying 3
embêter to annoy 4
l'émotion (*f*) emotion 6
en in 4; by 8; to 3
les enchères (*f*) auction 9
encore still, another 3
l'encyclopédie (*f*)
      encyclopedia 12
l'énergie (*f*) energy 4
énergique energetic 4
l'enfant (*m/f*) child 3
l'ennemi (*m*) enemy 9
l'enseignement (*m*)
      education, teaching 12
ensemble together 8
ensuite then 12
l'enthousiasme (*m*)
      enthusiasm 12
enthousiaste
      enthusiastic 5
entraîner to train 10
entre between 8
l'entrevue (*f*)
      interview 10
l'envie (*f*) desire 9; avoir
      envie de to feel
      like 10
l'épicerie (*f*) grocery
      store 5

les épinards (*m*) spinach 4
l'équipe (*f*) team 6
l'équipement (*m*)
      equipment 9
l'Espagne (*f*) Spain 8
l'espagnol (*m*) Spanish
      (*language*) 12
espérer to hope 2
l'esprit (*m*) spirit 6
l'estomac (*m*) stomach 11;
      avoir mal à l'estomac
      to have a stomach-
      ache 11
et and P
l'étage (*m*) floor (*of a
      building*) 10
l'état (*m*) state 7
les États-Unis (*m*) United
      States P
l'été (*m*) summer 8
été *past participle of*
      être 9
l'éternité (*f*) eternity 12
être to be 2; être
      obligé(e) de to have
      to 4
l'étude (*f*) study 10;
      study period 12
l'étudiant (*m*)
      l' étudiante (*f*)
      student 3
étudier to study 1
eu *past participle of*
      avoir 9
l'Europe (*f*) Europe 2
eux them 12
l'examen (*m*) exam 2
excellent,-e excellent 4
l'exemple (*m*) example 1
l'expédition (*f*)
      expedition 9
l'expérience (*f*)
      experience 9
l'explorateur (*m*)
      explorer 9
l'exploration (*f*)
      exploration 9
explorer to explore 9
extrait,-e excerpted 6

F

facile easy 2
la faim hunger 5;
      avoir faim to be
      hungry 5
faire to do 4; to engage
      in (*a sport*) 6; to go
      6; to make 6; to study
      12; **Quel temps est-ce
      qu'il fait?** What's the
      weather like? 6; *see
      also* **algèbre, ascension,
      camping, connaissance,
      courses, cuisine,
      devoirs, lit, marché,
      ménage, pique-nique,
      promenade, sport,
      tour, vaisselle, vélo,
      voyage**; *also* **faire** *and
      expressions of weather:
      see* **beau, chaud, froid,
      mauvais, soleil, vent**;
      also **faire** *and names
      of sports: see*
      **athlétisme,
      gymnastique, jogging,
      lutte, patinage, ski**
fait *past participle of*
      faire 9
la famille family 3
fatigant,-e tiring 6
fatigué,-e tired 3
fatiguer to tire 4
faut: **il faut** it is
      necessary, one must 11
faux false 1
la fenêtre window 2
fermer to close P
la fête holiday 2; feast day,
      saint's day 4
le feuilleton serial program,
      series 7
février (*m*) February 4
la fièvre fever 11
la fille girl 8;
      daughter 10
le film movie 7
la fin end 8

finir   to finish 10
la fois   time 7; une fois 6
fonder   to found 9
la fondue   fondue (*a melted cheese dish*) 5
le football   soccer 1; le football américain football 6; jouer au football   to play soccer 6
former   to form 12
formidable   great, fantastic 2
la formule   formula 11
fort,-e   strong, good 12
la fraise   strawberry 5
le franc   franc 2
le français   French (*language*) 1; français,-e   French 3
la France   France P
le frère   brother 3
le frigo   refrigerator 4
froid   cold 6; faire froid   to be cold (*weather*) 6
le fromage   cheese 5
le fruit   fruit 4
furieux, furieuse   furious 12
futur,-e   future 10

G

le Gabon   Gabon P
gagner   to win 6; to earn 6
les Galápagos   Galapagos Islands 12
le garage   garage 10
le garçon   waiter 5; boy 8
la gare   railroad station 4
la gauche   left 8; à gauche   to the left 8
les Gémeaux   Gemini (*zodiac*) 4
généalogique   genealogical 3
général,-e   general 1
gentil,-le   nice 9

la géographie   geography 1
la géométrie   geometry 9
la glace   ice cream 5; ice 6; le patinage sur glace   ice-skating 6
le golf   golf 6; jouer au golf   to play golf 6
le golfe   gulf 9
la gorge   throat 11
goûter   to taste 6
grand,-e   big, tall 3
grand-chose: pas grand-chose   not much 11
la grand-mère   grandmother 8
les grands-parents (*m*)   grandparents 3
grave   grave P; serious 11
grillé,-e   grilled; le pain grillé   toast 5
gris,-e   gray 11
le groupe   group 2
la Guinée   Guinea 5
la guitare   guitar 3
la Guyane   Guyana P
la gymnastique   gymnastics; faire de la gymnastique   to exercise, do gymnastics 6

H

habiter   to live 1
l'habitude (*f*)   habit 1
l'Haïti (*f*)   Haiti P; haïtien,-ne   Haitian 8
le hamburger   hamburger 5
les haricots (*m*)   beans; les haricots verts   green beans 5
la Haute Volta   Upper Volta P
hein?   okay? 6
le héros   hero 6
l'heure (*f*)   hour 7; time 7; Quelle heure est-il?   What time is it? 7

heureux, heureuse   happy 9
hier   yesterday 9
l'histoire (*f*)   history 1
historique   historical 9
l'hiver (*m*)   winter 8
le hockey   hockey 6; jouer au hockey   to play hockey
la Hollande   the Netherlands 8
l'homme (*m*)   man 7
l'hôpital (*m*)   hospital 4
l'horoscope (*m*)   horoscope 4
horrible   awful, horrible 5
l'hôtel (*m*)   hotel 4
l'hôtelier (*m*)   hotel manager 5
huit   eight 2
huitième   eighth 7

I

ici   here 2
idéal,-e   ideal 7
l'idée (*f*)   idea 4
identifier   to identify 9
l'identité (*f*)   identity 11
idiot,-e   stupid 7
il   he, it 1; il y a   there is, there are 3; Y a-t-il . . . ?   Is there, are there . . .? 7
l'île (*f*)   island 7
l'illustration (*f*)   illustration 5
ils (*m*)   they 1
imaginaire   imaginary 11
l'imagination (*f*)   imagination 11
important,-e   important 6
impossible   impossible 9
impulsif, impulsive   impulsive 9
indiquer   to indicate 11
l'Indochine (*f*)   Indochina P

l'infirmier (*m*), l'infirmière (*f*) nurse 10
l'information (*f*) information 2; les **informations** news broadcast 7
l'ingénieur (*m*) engineer 10
l'instant (*m*) instant, moment 9
intelligent,-e intelligent 3
intéressant,-e interesting 3
l'intérêt (*m*) interest 11
l'interlude (*m*) interlude 1
international,-e international 5
interplanétaire interplanetary 9
l'interprétation (*f*) interpretation 9
l'interprète (*m/f*) interpreter 4
l'interview (*f*) interview 7
l'intervieweur (*m*) interviewer 5
inventer to invent 9
l'invité (*m*) guest 5
inviter to invite 4
irrésistible irresistible 2
l'Italie (*f*) Italy 4

J——————————

jamais: ne . . . jamais never 1
la jambe leg 11
le jambon ham 11
janvier (*m*) January 4
le jardin garden 6
je I P
le jeu game 1
le jeudi Thursday 4
jeune young 7; les jeunes (*m*) young people 1
la jeunesse youth 8
le jogging jogging 6; faire

du jogging to jog 6
joli,-e pretty, good-looking 3
jouer to play 4; to play a game 6; *see also* base-ball, basket-ball, football, hockey, tennis, volley-ball
le joueur player 6
le jour day 2
le journal newspaper 12; diary 9
juillet (*m*) July 4
juin (*m*) June 4
le jus juice 5
jusqu'à up to, as far as 8
juste fair 5

K——————————

le kilo *abbreviation of* **kilogramme** 11
le kilogramme kilogram (2.2 pounds) 11
le kilomètre kilometer (.62 miles) 3
km *abbreviation of* **kilomètre** 3

L——————————

l' (*see* la *and* le)
la the 1; her, it 11
là there 3
le lac lake 9
le lait milk 5
latin,-e Latin 7; le latin Latin (*language*) 12
le the 1; him, it 11
la leçon lesson 12
la lecture reading 10
la légende legend 7
le légume vegetable 4
les the 1; them 11
la lettre letter 3
leur,-s their 5
libéral,-e liberal 10

la liberté liberty 9
libre free 6
la limite limit 11
la limonade lemonade 5
lire to read 12
Lisbonne Lisbon 8
le lit bed 7; faire le lit to make the bed 10
le livre book P
local,-e local 6
loin far 8
Londres London 8
long, longue long 9
lu *past participle of* **lire** 12
lui him 12; he (*emphatic*) 12
le lundi Monday 4
la lutte: faire de la lutte to wrestle 6
lutter to struggle, fight 9
le Luxembourg Luxembourg P
le lycée French secondary school 3

M——————————

m' (*see* **me**)
ma my 3
la machine machine 10
madame Mrs., ma'am P
mademoiselle miss P
le magasin store 2; le grand magasin department store 10
le magazine magazine 6
mai (*m*) May 4
la main hand 11
maintenant now 2
mais but 1
la maison house, home 3
mal bad P; avoir mal à to have an ache 11
malade sick 9; les malades sick people 10
la maladie sickness 9

malgache: la République malgache Malagasy Republic **P**

manger to eat **4**; la salle à manger dining room **10**

marché: faire le marché to go shopping **6**

marcher to go **4**; to run (*mechanical*) **3**; marcher bien to go along well **4**; to walk **9**

le mardi Tuesday **4**

le Maroc Morocco **P**

mars (*m*) March **4**

martiniquais,-e from Martinique **5**

la Martinique Martinique **8**

le match match, game **4**

le mathématicien mathematician **2**

les mathématiques (*f*) mathematics **3**

les maths *abbreviation of* mathématiques **1**

le matin morning **4**

la Mauritanie Mauritania **P**

mauvais,-e bad **8**; Il fait mauvais. The weather is nasty. **6**

le mécanicien, la mécanicienne mechanic **10**

mécanique mechanical **11**

le médecin doctor **9**

le médicament medicine **9**

la Méditerranée Mediterranean Sea **8**

le membre member **9**

même even **P**

la mémoire memory **3**

le ménage: faire le ménage to do the housework **6**

la mer sea **8**

merci thank you **P**

le mercredi Wednesday **4**

la mère mother **3**

mes my **3**

mesdames *plural of*

madame ladies **6**

messieurs *plural of* monsieur gentlemen **6**

la mesure measurement **11**

mesurer to measure **11**

la météo weather report **6**

météorologique meteorological, pertaining to weather **6**

le mètre meter (*39.37 inches*) **11**

métrique metric **11**

le Mexique Mexico **8**

midi noon **4**; l'après-midi (*m*) afternoon **4**

le milieu middle **9**

minéral,-e mineral **5**

le ministre minister **7**; le premier ministre Prime Minister **7**

minuit (*m*) midnight **7**

la minute minute **9**

le modèle model **1**

moderne modern **11**

modeste modest **2**

moi me, I (*emphatic*) **1**; chez moi at my house **12**

moins less, minus **2**

le mois month **4**

mon my **3**

le monde world **9**; faire le tour du monde to go around the world **9**; tout le monde, everybody **2**

monsieur (*m*) Mr., sir **P**

la montagne mountain **4**

montrer to show **11**

le monument monument **8**

la mort death **9**

Moscou Moscow **8**

le mot word **12**

la moto motorcycle **2**

le moulin windmill **7**

moyen,-ne middle **12**

la moyenne passing grade **12**

le muscle muscle **6**

le musée museum **8**

le musicien, la musicienne musician **10**

la musique music **1**

N

n' (*see* ne)

nager to swim **4**

naturel,-le natural **9**

le naufragé shipwrecked person **9**

nautique: faire du ski nautique to go water skiing **6**

ne: ne . . . jamais never **1**; ne . . . pas not **P**; n'est-ce pas? don't they? **11**; haven't you? isn't it? isn't that so? **8**

nécessaire necessary **11**

la neige snow **12**

neiger to snow **6**

neuf nine **9**

neuvième ninth **7**

le nez nose **11**

noir,-e black **11**

le nom name **5**

le nombre number **8**

non no **P**

nos our **5**

la note grade **12**

notre our **5**

nous we **1**; us **12**

nouveau, nouvel, nouvelle new **8**

novembre (*m*) November **4**

la nuit night **8**

le numéro number **2**

O

obéir to obey **10**

l'obligation (*f*) obligation **6**

obligé,-e obliged 4; être obligé(e) de to have to 4

l'occasion (*f*) opportunity 8

l'occupation (*f*) occupation 6

l'océan (*m*) ocean 9

octobre (*m*) October 4

l'œuf (*m*) egg 5

olympique Olympic 8

l'omelette (*f*) omelette 5

on (*pron.*) one 8; you 2; we 4; they 7

l'oncle (*m*) uncle 3

onze eleven 2

onzième eleventh 7

l'opéra (*m*) opera (house) 8

l'opinion (*f*) opinion 12

l'opportunité (*f*) opportunity 10

optimiste optimistic 2

l'orange (*f*) orange 5

l'oreille (*f*) ear 11

l'organisation (*f*) organization 10

organiser to organize 4

ou or 1

où where 3

oublier to forget 4

oui yes P

l'ours (*m*) bear 7

l'ouverture (*f*) opening 8

l'ouvrier (*m*); l'ouvrière (*f*) worker 10

ouvrir to open P

P

la page page 12

le pain bread 5; le pain grillé toast 5

le palais palace 8

la panique panic 9

papa (*m*) father, dad 10

la papaye papaya 5

par per, for 11; par exemple for example 8

le parc park 10

parce que because 3

les parents (*m*) parents, relatives 3

parfait,-e perfect 3

parler to speak, to talk 1

partager to share 11

le partenaire partner 6

le participant participant 12

partout everywhere 11

pas: ne . . . pas not P; not 1; *see* n'est-ce pas?

le passé past 9

le passeport passport 8

passer to spend (*time*) 4; to pass 8

passionnant,-e exciting 7

patient,-e patient 3

le patinage skating; le patinage sur glace ice-skating 11; faire du patinage to go skating 6

la pâtisserie pastry shop 5; les pâtisseries pastries 5

pauvre poor 2

le pays country 8

la pêche fishing 6

la peinture painting 12

pendant during P

penser to think 9

le père father 3

la période period 4

permanent,-e permanent 10

le perroquet parrot 11

le personnage character 9

la personne person 10

personnel,-le personal 10

peser to weigh 11

pessimiste pessimistic 2

petit,-e small 2; le petit déjeuner breakfast 5; les petits pois (*m*) peas 5

peu (de) little 10; un peu (de) a little 10

la peur fear 9; avoir peur to be afraid 9

la photo photograph 3

la physique physics 12; l'éducation physique physical education 1

la pièce room 10

le pied foot; à pied by, on foot 11

piloter to pilot 9; to drive 9

le pion (*slang*) monitor, proctor 12

le pique-nique picnic 4; faire un pique-nique to go on a picnic 4

la piscine swimming pool 4

la place city square 4; place 8

la plage beach 4

le plaisir pleasure 8

plaît: s'il vous plaît please P

le plat dish, course (*at dinner*) 5

pleut: Il pleut. It's raining. 6

pleuvoir to rain; Il pleut. It's raining. 6

plus plus 2; more 9; plus de more 10

le poème poem 9

le poète poet 6

la poire pear 5

pois: les petits pois (*m*) peas 5

le poisson fish 5

poli,-e polite 3

la police police 7

la pomme apple 5; la pomme de terre potato 5

pop pop (music) 2

le popcorn popcorn 9

le porc pork 5

le porridge porridge 5

la porte door 8

le portrait portrait 2

le **Portugal**   Portugal 8
poser: poser une question
to ask a question 12
la **possession**   possession 3
la **possibilité**   possibility 8
possible   possible 4
la **poste**   post office 4
Pouah!   Yuk! 4
le **pouce**   inch 11
le **poulet**   chicken 5
pour   for 4; to 4; in order
to 5
pourquoi   why 4
pourtant   however 9
pousser   to push 9
pouvoir   to be able, can 9
pratique   practical 8
pratiquer   to practice 8
la **précaution**   precaution 8
la **préférence**   preference 1
préférer   to prefer 2
premier, première   first 7
prendre   to take 11; to
have (*something to eat
or drink*) 11
la **préparation**   preparation 1
préparatoire
preparatory 12
préparer   to prepare 4
près de   near 8
présent,-e   present 12
la **présentation**
presentation 1
la **presse**   press
(*newspapers*) 6
pressé,-e   hurried, in a
hurry 5
prêt,-e   ready 6
primaire   primary 12
principal,-e   principal,
main 9
le **printemps**   spring 8
pris   *past participle of*
prendre 11
le **prix**   price 9
le **problème**   problem 2
prochain,-e   next 4
le **produit**   product 11
le **prof**   *colloquial for*
professeur 12

le **professeur**   teacher,
professor 1
la **profession**   profession 10
professionnel,-le
professional 12
le **programme**   program 7
le **projet**   plan 4;
project 8
la **promenade**   walk 6; trip
9; **faire une promenade**
to take a walk 6; **faire
une promenade en
canot**   to take a canoe
trip 9; **faire une
promenade en vélo**
to take a bike trip 9
proposer   to propose,
suggest 8
prouver   to prove 9
la **Provence**   Provence 8
les **provisions** (*f*)
provisions, food
supplies 9
prudent,-e   prudent,
cautious 4
pu   *past participle of*
pouvoir 9
le **public**   public 10
la **publicité**   advertising 7

Q _____

quand   when 2; **Depuis
quand . . .?**   For how
long . . .? 12
quarante   forty 3
le **quart**   a quarter (fourth)
7; *time* + **et quart** a
quarter past the hour;
time + **moins le quart**
a quarter to the hour 7
le **quartier**   neighborhood 7
quatorze   fourteen 2
quatorzième   fourteenth 7
quatre   four 2
quatre-vingts   eighty 9
quatre-vingt-dix   ninety 9
quatrième   fourth 7

que   what 2; that 6; **est-ce
que** (*introduces a
question*) 8; **Qu'est-ce
que . . . ?**   What . . .?
2; **parce que**   because
8; **Qu'est-ce que c'est?**
What is it? 2
le **Québec**   Quebec 2
québécois,-e   from
Quebec, Quebec
(*adj.*) 6
quel, quelle   what 4; **Quel
âge avez-vous?**   How
old are you? 3; **Quelle
heure est-il?**   What
time is it? 7; **Quel
temps est-ce qu'il fait?**
What is the weather
like? 6
quelque   some 10;
quelque chose
something 7
quelquefois   sometimes 1
la **question**   question 7
qui   who, whom 2
quinze   fifteen 2
quinzième   fifteenth 7
quitter   to leave 9
le **quiz**   quiz 10

R _____

la **race**   race 6
la **radio**   radio 1
le **raisin**   grape 5
la **raison**   reason 4
raisonnable
reasonable 11
le **rapport**   relationship 11
rarement   rarely 1
la **réaction**   reaction 1
la **réalité**   reality 7
réciter   to recite 9
la **récompense**   reward 6
la **récré**   *colloquial for* **la
récréation** 12
la **récréation**   recreation 6;
break, free time 12
refuser   to refuse 9

regarder to look at, watch **P**

la région region 9

régulier, régulière regular 11

la relation relation(ship) 9

la religion religion 6

rencontrer to meet 10

le rendez-vous meeting 10

la rentrée first day of school, return 10

rentrer to return, go back 6; to go back home 7

la réparation repair 6

réparer to repair, fix 10

le repas meal 5

répéter to repeat **P**

répondre to answer 9

la réponse answer 6

le reportage (news) report, reporting 7

le reporter reporter 2

représenter to show 5

la république republic **P**

la responsabilité responsibility 4

responsable responsible 8

ressembler to resemble 5

le restaurant restaurant 4

la restauration restoration 8

rester to stay 3; to remain 11

le résultat result 4

retracer to retrace 9

la réunion meeting 12

la Réunion Réunion (Island) **P**

réussir to succeed, do well 10; **réussir à un examen** to pass a test 10

le rêve dream 6

le revenu income 10

revoir: au revoir good-bye **P**

la révolution revolution 9

la revue magazine 12

le Rhône Rhone river 8

le rhume cold 11

riche rich 2

risquer to risk 9; **risquer de** to run the risk of 4

la rivalité rivalry 3

la rivière river 1

le rock rock music 1

le rôle role 9

le roman novel 12

rôti,-e roasted, roast 5; **le rôti** roast 5; **le rôti de bœuf** roast beef 5

rouge red 7

la route route 9

roux red (*to describe hair*) 11

la rue street 3

le russe Russian (*language*) 12

la Russie Russia 8

S

sa his, her, its 3

le sac sack 9; **le sac de couchage** sleeping bag 9; **le sac à dos** knapsack 9

le safari safari 9

Sagittaire (*m*) Sagittarius (*zodiac*) 4

le saint saint **P**

sais: *see* **savoir** 10; **Je ne sais pas.** I don't know. **P**

la saison season 8

la salade salad, salad greens 5

la salle room 2; **la salle de bains** bathroom 10; **la salle de classe** classroom 9; **la salle à manger** dining room 10; **la salle de séjour** living room 10

Salut! Hi! **P**

le samedi Saturday 4

le sandwich sandwich 4

sans without 9

la santé health 6

savoir to know, know how 10; **Je ne sais pas.** I don't know. **P**

la science 1

sculpter to sculpt 9

sécher: sécher une classe (*slang*) to cut a class 12

secondaire secondary 10

secrétaire (*m/f*) secretary 10

seize sixteen 2

seizième sixteenth 7

séjour: la salle de séjour living room 10

la semaine week 4

le Sénégal Senegal **P**

sénégalais,-e Senegalese, native of Senegal 5

sept seven 2

septembre (*m*) September 4

septième seventh 7

la série series 12

sérieux, sérieuse serious 9

le serpent snake **P**

ses his, hers, its 3

seul,-e alone 9

seulement only 3

sévère strict 2

si if 4; **s'il vous plaît** please **P**; **Mais si!** Yes! (*in answer to a negative question*) 10

le signe sign 4

sincère sincere 2

la situation situation 4

six six 2

sixième sixth 7

le ski skiing 6; **faire du ski** to go skiing; **faire du ski nautique** to go water skiing 6

le slogan slogan 11

le snack snack 9

social,-e social 6

la société society 10

la sœur sister 3

la soif thirst 5; **avoir soif** to be thirsty 5

le soir   evening 4
sois   *imperative form of* être 8
soixante   sixty 9
le soleil   sun 6; faire du soleil   to be sunny 6
la solitude   solitude 9
la solution   solution 8
les Somalis   Somalia P
le sommeil   sleep 11
son   his, hers, its 3
le sondage   public opinion poll 12
la sorte   sort, kind 5
la soupe   soup 5
sous   under 8
le sous-sol   basement 6
le souvenir   souvenir 8
souvent   often 1
soviétique   Soviet 8
soyez   *imperative form of* être 8
la speakerine   announcer 7
spécial,-e   special 8
la spécialité   specialty 5
le spectacle   show 7
le spectateur   spectator 1
le sport   sport, sports 1; faire du sport   to participate in sports or athletics 6; la voiture de sport   sports car 1
sportif, sportive   athletic 7; la revue sportive   sports magazine 12
le stade   stadium 4
la statue   statue 9
stéréo   stereo 11
stupide   stupid 2
le style   style 3
le stylo   pen 2
substantiel,-le   substantial 8
le succès   success 10
la suggestion   suggestion 7
la Suisse   Switzerland P; suisse   Swiss 8
suite: tout de suite   right away 6
suivant,-e   following 8

le supermarché   supermarket 4
suprême   supreme 6
sur   on 3; huit sur vingt   eight out of twenty 12
sûr,-e   sure 8; bien sûr   of course 2
survivre   to survive 9
sympa   *colloquial for* sympathique 3
sympathique   likable, nice, friendly 2
la symphonie   symphony 12
le système   system 10

T _____

ta   your 3
le tabac   tobacco 11
la table   table 2
le tableau   chalkboard 2
Tanger   Tangiers 9
la tante   aunt 3
la tarte   tart 5
le Taureau   Taurus (*zodiac*) 4
le Tchad   Chad P
le technicien, la technicienne   technician 10
technique   technical 10
la télé   *abbreviation of* télévision 1
téléphoner   to telephone 10
télévisé,-e   televised 7
la télévision   television P
la température   temperature 6
le temps   time 3; weather 6; de temps en temps   from time to time 3; Depuis combien de temps . . . ?   For how long . . . ? 12; Quel temps est-ce qu'il fait?   What's the weather like? 6; tout le temps   all the time 8

le tennis   tennis 1; jouer au tennis   to play tennis 6
la tension   tension 11
la tente   tent 9
terminal,-e   terminal, final 7
la terrasse   terrace 6
terre: la pomme de terre   potato 5
terrible   terrible, awful 6
le territoire   territory 9
tes   your 3
la tête   head 11; avoir mal à la tête   to have a headache 11
le thé   tea 5
le théâtre   theatre 6
timide   shy 2
le Togo   Togo P
toi   you (*emphatic*) P
la tomate   tomato 5
ton   your 3
toujours   always 1
le tour   tour 9; faire le tour du lac   to go around the lake 9; faire le tour du monde   to take a trip around the world 9
la tour   tower 8
tourner   to turn 8
tout   everything 12; tout de suite   right away 6; tout droit   straight ahead 8; tout le monde   everybody 2; tout le temps   all the time 8
le train   train 8; en train de   in the process of 11; voyager en train   to travel by train 8
le transistor   transistor 11
le travail   work 4
travailler   to work 1
travaux   *plural of* travail 12
traverser   to cross 9
treize   thirteen 2
treizième   thirteenth 7

trente thirty 3
trentième thirtieth 7
très very **P**; **très bien** fine, very good **P**
tricoter to knit 6
triomphe: l'Arc de Triomphe the Arch of Triumph (*in Paris*) 8
triste sad 2
trois three 1
troisième third 7
trop too, too much 6; **trop de** too much, too many 10
trouver to find 6
tu you **P**
la Tunisie Tunisia **P**
typique typical 5

U

un, une a, an, one 2
uni,-e united; **les États-Unis** (*m*) the United States **P**
l'union (*f*) union 8
l'université (*f*) university 10
l'usine (*f*) factory 10
utile useful 10
utiliser to use 10

V

va *see* **aller; Ça va?** How are things? **P**; **Ça va bien.** Fine. **P**
les vacances (*f*) vacation 1
vachement very (*slang*) 12
la vaisselle dishes 6; **faire la vaisselle** to do the dishes 6
varié,-e varied 1
la variété variety 7
veinard lucky (*slang*) 12

le vélo bicycle 3; **faire une promenade en vélo** to take a bicycle trip 6; **faire du vélo** to go biking 6
le vélomoteur moped 3
le vendeur, la vendeuse salesperson 10
le vendredi Friday 4
le vent wind 6; **faire du vent** to be windy 6
la vente sale 9; **la vente aux enchères** auction 9
Verseau (*m*) Aquarius (*zodiac*) 4
vert,-e green 11; **les haricots verts** green beans 5
la viande meat 5
la victoire victory 6
la vie life 2
vieil (*see* **vieux**)
la Vierge Virgo (*zodiac*) 4
vieux, vieil, vieille old 8
la ville city, town 3; **en ville** in town 8
le vin wine 5
vingt twenty 2
vingtième twentieth 7
la visite visit 4
visiter to visit 8
la vitamine vitamin 11
Vive . . .! Hurray for . . . ! 12
le vocabulaire vocabulary 3
voici here is, here are 11
voilà here is, here are 3
voir to see 7
la voiture car 2
le volley-ball volleyball 6; **jouer au volley-ball** to play volleyball 6
Volta: la Haute Volta Upper Volta **P**
vos your 3
votre your **P**
voudrais: Je voudrais . . . I would like to . . . 4; *see* **vouloir**

vouloir to want (to), wish 7; **vouloir bien** to be willing, agree 7; **Je voudrais . . .** I would like to . . . 4
voulu *past participle of* **vouloir** 9
vous you **P**
le voyage trip 4; **faire un voyage** to take a trip 4
voyager to travel 3
Voyons! Come on! Let's see! 10
vrai,-e true 1

W

le week-end weekend 1

Y

y: il y a there is, there are 3; **y a-t-il** is there, are there 7
les yeux (*m*) eyes 11

Z

le zodiaque zodiac 4

Vocabulaire anglais-français

This includes the vocabulary for each *Vocabulaire du chapitre,* as well as items from the *Explorations.*

A

a, an   un, une **2**
able: to be able   pouvoir **9**
to accept   accepter **9**
ache: to have an ache   avoir mal à . . . **11**
active   actif, active **9**
activity   l'activité (*f*) **8**
actor   l'acteur (*m*) **10**
actress   l'actrice (*f*) **10**
admiration   l'admiration (*f*) **6**
adventure   l'aventure (*f*) **9**
advertising   la publicité **7**
afraid: to be afraid   avoir peur **9**
Africa   l'Afrique (*f*) **9**
after   après **4**
afternoon   l'après-midi (*m*) **4**
again   encore **3**
against   contre **6**
age   l'âge (*m*) **3**
to agree   vouloir bien **7**
agreed   d'accord **4**
ahead: straight ahead   tout droit **8**
airplane   l'avion (*m*) **8**
airport   l'aéroport (*m*) **4**
album   l'album (*m*) **3**
algebra   l'algèbre (*f*) **12**
all   tout **12; That's all.** C'est tout. **11; all the time**   tout le temps **8**
alone   seul,-e **9**
alongside   à côté de **8**
also   aussi **1**
always   toujours **1**
ambitious   ambitieux, ambitieuse **9**

American   américain,-e **3**
and   et **1**
announcer (radio)   l'animateur (*m*) **12**
to annoy   embêter **4**
annoying   embêtant,-e **3**
Antarctica   l'Antarctique (*f*) **9**
anxiety   l'anxiété (*f*) **12**
apartment   l'appartement (*m*) **10**
apple   la pomme **5**
April   avril (*m*) **4**
arm   le bras **11**
around: to go around   fair le tour de **9**
to arrive   arriver **8**
as   comme **2; as far as**   jusqu'à **8**
to ask (*a question*)   poser une question **12**
aspirin   l'aspirine (*f*) **11**
at   à **1; at the home of** chez **4; at the side of**   à côté de **8**
athletic   sportif, sportive **7**
athletics: to participate in athletics   faire du sport **6**
August   août (*m*) **4**
aunt   la tante **3**
autumn   l'automne (*m*) **8**

B

bacon   le bacon **5**
banana   la banane **5**
band   le groupe **2**
bank   la banque **4**

baseball   le base-ball **6**
basement   le sous-sol **10**
basketball   le basket-ball, le basket **6**
bathroom   la salle de bains **10**
to be   être **2; to be afraid** avoir peur **9; to be hungry**   avoir faim **9; to be thirsty**   avoir soif **9; to be** + *expressions of weather: see* **cold, hot, nice, sunny, warm, windy; to be _____ years old**   avoir _____ ans **3**
beach   la plage **4**
beans: green beans   les haricots verts (*m*) **5**
because   parce que **3**
bed   le lit **7**
bedroom   la chambre **10**
beef   le bœuf **5**
to begin   commencer **6**
beginning: in the beginning   an début **12**
Belgium   la Belgique **8**
between   entre **8**
bicycle   le vélo **3**
big   grand,-e **3**
biology   la biologie **12**
birthday   l'anniversaire (*m*) **4**
black   noir,-e **11**
blonde   blond,-e **11**
book   le livre **2**
bottle   la bouteille **11**
boy   le garçon **8**
brave   brave **6; courageux, courageuse 9**

bread le pain **5**
break (*recreation*) la récréation, la récré **12**
breakfast le petit déjeuner **5**
to bring apporter **4**
brother le frère **3**
brown brun,-e **11**; **chestnut brown** châtain,-e **11**
but mais **1**
butter le beurre **5**
to buy acheter **4**

C

café le café **4**
camp: work camp le camp de travail **8**; **summer camp** la colonie de vacances **8**
camping le camping **6**; **to go camping** faire du camping **6**
can pouvoir **9**
canoe le canot **9**
car la voiture **1**; **sports car** la voiture de sport **1**
careful: Be careful! Attention! **4**
carrot la carotte **4**
cartoons (*movie*) les dessins animés **7**
cassette la cassette **2**
cathedral la cathédrale **8**
cereals les céréales (*f*) **5**
chair la chaise **2**
chalkboard le tableau **2**
channel (*TV*) la chaîne **7**
cheese le fromage **5**
chemistry la chimie **12**
cherries les cerises (*f*) **5**
chestnut brown châtain,-e **11**
chicken le poulet **5**
child l'enfant (*m/f*) **3**
chocolate le chocolat **5**

choice le choix **7**
to choose choisir **10**
church l'église (*f*) **4**
city la ville **3**
class la classe **1**
classical classique **1**
to climb faire l'ascension de **9**
club le club **2**
coffee le café **5**
cola (*drink*) le coca **5**
cold (*weather*); **It's cold.** Il fait froid. **6**; (*head*) **cold** le rhume **11**
color la couleur **11**
to come arriver **8**
Come on! Voyons! **10**
comedy la comédie **7**
comics les bandes dessinées (*f*) **12**
competition la compétition **6**
complex compliqué,-e **3**
to compose composer **2**
concern l'anxiété (*f*) **12**
concert le concert **4**
to consult consulter **7**
contest le concours **12**
to continue continuer **4**
to cook faire la cuisine **5**
cooking: to do the cooking faire la cuisine **5**
cooperation la coopération **12**
corner le coin **8**; **on the corner of** au coin de **8**
to cost coûter **2**
country (*nation*) le pays **8**; (*countryside*) la campagne **4**
courage le courage **6**
courageous courageux, courageuse **9**
course (*at dinner*) le plat **5**
course: of course bien sûr **2**
couscous le couscous **5**
cousin le cousin, la cousine **3**

crescent rolls les croissants (*m*) **5**
to cross traverser **9**

D

to dance danser **1**
dark (*color*) brun,-e **11**
date la date **4**; **What's today's date?** Quelle est la date aujourd'hui? **4**
day le jour **2**; **first day of school** la rentrée **10**; **per day** par jour **11**; **What day is it today?** Quel jour est-ce aujourd'hui? Quel jour sommes-nous? **4**
deal: a great deal beaucoup **1**
dear cher, chère **1**
death la mort **9**
December décembre (*m*) **4**
to decide décider **9**
dentist le (la) dentiste **10**
department store le grand magasin **10**
desk le bureau **2**
dessert le dessert **5**
destination la destination **9**
to develop développer **6**
dictionary le dictionnaire **12**
difference la différence **6**
difficult difficile **2**
difficulty la difficulté **4**
dinner le dîner **5**
to discuss discuter **10**
dish (*at a meal*) le plat **5**
dishes: to do the dishes faire la vaisselle **6**
to dislike détester **1**
to do faire **4**
doctor le médecin **9**
documentary le documentaire **7**

dog le chien 3
dollar le dollar 2
door la porte 2
drawing le dessin 12
dream le rêve 6
to dream rêver 2
drink la boisson 5
to drive piloter 9
during pendant 4
dynamic dynamique 4

E

each chaque 8
to earn gagner 6
ears les oreilles (f) 11
easy facile 2
to eat manger 4
ecology l'écologie (f) 12
education: physical education l'éducation physique (f) 1
eggs les œufs (m) 5
eighty quatre-vingts 9
elegant élégant,-e 3
to eliminate éliminer 6
else: something else autre chose 7
emotion l'émotion (f) 6
encyclopedia l'encyclopédie (f) 12
end la fin 8
enemy l'ennemi (m) 9
energetic énergique 4
energy l'énergie (f) 4
engineer l'ingénieur (m) 10
England l'Angleterre (f) 8
English (language) l'anglais 1; **the English** les Anglais 9
enough assez (de) 10
entertaining amusant,-e 3
enthusiastic enthousiaste 12
to equal (in math) font 2

errands: to run errands faire des courses 6
even même 6
evening le soir 4
everybody tout le monde 2
everything tout 12
everywhere partout 11
examination l'examen (m) 1
exciting passionnant 7
to exercise faire de la gymnastique 6
expedition l'expédition (f) 9
expensive cher, chère 6
experience l'expérience (f) 9
to explain expliquer 12
explorer l'explorateur (m) 9
eye l'œil (m); **eyes** les yeux 11

F

facing en face de 8
factory l'usine (f) 10
family la famille 3
famous célèbre 2
fantastic formidable 2
far loin 8; **as far as** jusqu'à 8; **far from** loin de 8
father le père 3
fear la peur 9
February février (m) 4
to feel like avoir envie de 9
fever la fièvre 11
few peu de 10
fewer moins de 10
film le film 7
to find trouver 6
to finish finir 10
fireplace la cheminée 10
first le premier, la première 4; **at first** au début 12; **first day of school** la rentrée 12

fish le poisson 5
floor (of a building) l'étage (m) 10
following suivant,-e 8
fondue la fondue 5
food supplies les provisions (f) 9
foot le pied 11; **on foot** à pied 11
for pour 4
to forget oublier 4
fourth le quart 7
franc le franc 3
France la France 8
free libre 6
French français,-e 3; (language) le français 1; (French people) les Français (m) 5
Friday vendredi (m) 4
friend l'ami (m), l'amie (f) 3; le copain 4
friendly sympathique 2; sympa 3
from de 2; **far from** loin de 8
front: in front of devant 8
fruit le fruit 4
funny amusant,-e 3
furious furieux, furieuse 12
future futur,-e 10

G

game le match 4; le jeu 7
garage le garage 10
garden le jardin 10
general: in general en général 1
geography la géographie 1
geometry la géométrie 12
German (language) l'allemand (m) 12
Germany l'Allemagne (f) 8
girl la fille 8

to give   donner 6
to give up   abandonner 9
to go   aller 4; to go around
   faire le tour 9; to go
   back   rentrer 6
   golf   le golf 6
   good   bon, bonne 6;
   fort,-e 12
   good-bye   au revoir 1
   good-looking   joli,-e 3
   government (school
   subject)   l'éducation
   civique (f) 12
   grade   la note 12; passing
   grade   la moyenne 12
   grandmother   la grand-
   mère 3
   grandparent   le grandparent 3
   grapes   les raisins (m) 5
   gray   gris,-e 11
   great   formidable 2; a
   great deal   beaucoup 1
   green   vert,-e 11
   group   le groupe 4
to guess   deviner 8
   guitar   la guitare 3
   gymnastics   la
   gymnastique 6; to do
   gymnastics   faire de
   la gymnastique 6

H

   habit   l'habitude (f) 11
   hair   les cheveux (m) 11
   hair stylist   le coiffeur,
   la coiffeuse 10
   half   demi,-e 7; half hour
   la demi-heure 7
   hamburger   le
   hamburger 4
   hand   la main 11
   happy   content,-e 3;
   heureux, heureuse 9
   hard   dur,-e 8
to hate   détester 1

to have   avoir 3; to have to
   être obligé(e) de 4; to
   have something (to
   eat or drink)
   prendre 11
   he   il 1
   head   la tête 11; to have
   a headache   avoir mal
   à la tête 11
   health   la santé 6
to help   aider 4
   her (adj.)   sa, son, ses 3;
   (pron.)   la (l') 11;
   (emphatic)   elle 12
   here   ici 1; here is, here
   are   voilà 3
   him   le (l') 11;
   (emphatic)   lui 12
   his   sa, son, ses 3
   history   l'histoire (f) 1
   hit parade   le hit-parade 2
   hockey   le hockey 6
   holiday   la fête 4
   Holland   la Hollande 8
   home: at the home of
   chez 4
   homework   les devoirs
   (m); to do homework
   faire des devoirs 6
to hope   espérer 2
   hospital   l'hôpital (m) 4
   hot   chaud 5; It is hot.
   Il fait chaud. 6
   hot dog   le hot dog 4
   hotel   l'hôtel (m) 4
   hour   l'heure (f) 7;
   half hour   la demi-
   heure 7
   house   la maison 3
   housework: to do
   housework   faire le
   ménage 6
   how: how much, how
   many   combien 2;
   combien de 10;
   how. . . ?
   comment. . . ? 5; How
   are you?   Comment
   allez-vous? Ça va? 1
   however   pourtant 9

   hundred   cent 9
   hungry: to be hungry
   avoir faim 5
   hurry: in a hurry
   pressé,-e 5
to hurt   avoir mal à 11

I

   I   je 1; (emphatic)   moi 1
   ice   la glace 6
   ice cream   la glace 5
   ice-skating   le patinage
   sur glace 6
   idea   l'idée (f) 4
   if   si 4
   impulsive   impulsif,
   impulsive 9
   in, into   à 1; dans 2;
   in front of   devant 8
   instance   la fois 5
   intelligent   intelligent,-e 3
   interest   l'intérêt (m) 11
   interesting
   intéressant,-e 3
   interplanetary
   interplanétaire 9
   interview   l'interview
   (m) 2
to invent   inventer 9
to invite   inviter 4
   irresistible   irrésistible 2
   is: isn't that so?   n'est-ce
   pas? 2
   island   l'île (f) 12
   it   il, elle 1; ce 2; le, la
   11; it is   c'est 2
   its   sa, son, ses 3
   Italy   l'Italie (f) 8

J

   jam   la confiture 5
   January   janvier (m) 4
to jog   faire du jogging 6
   jogging   le jogging 6
   juice   le jus 5

July juillet (*m*) 4
June juin (*m*) 4

K

kilometer le kilomètre (km) 3
kind (*adj.*) gentil,-le 9
kind la sorte 5
to know savoir 10; **to know how to** savoir 10

L

lake le lac 9
last dernier, dernière 7
Latin le latin 12
lawyer l'avocat (*m*), l'avocate (*f*) 10
leader le leader 4
to learn apprendre 11
to leave quitter 9; **to leave behind** abandonner 9
left la gauche 8; **to the left** à gauche 8
leg la jambe 11
less moins 2; moins de 10
lesson la leçon 12
let's: Let's see! Voyons! 10
letter la lettre 8
level (*of a building*) l'étage (*m*) 10
library la bibliothèque 4
life la vie 3
likable sympathique 2; sympa 3
like comme 2
to like aimer 1; **to really like** adorer 1; **I would like . . .** Je voudrais. . . 4
to listen to écouter 1
little peu de 10; **a little** un peu de 10
to live (in) habiter (à) 1
local local,-e 6

long long, longue 9
to look (at) regarder 1; **to look like** ressembler 5
lot: a lot beaucoup de 10
to love aimer 1
luck la chance 4
lunch le déjeuner 5

M

magazine la revue 12
to make faire 6; font (*in math*) 2
many beaucoup de 10; **how many** combien de 10; **too many** trop de 10
March mars (*m*) 4
mark la note 12
Martinique la Martinique 8; **native of Martinique** martiniquais,-e 5
match le match 4
mathematics les mathématiques (*f*) 1
May mai (*m*) 4
me moi; **me too** moi aussi 1
meal le repas 5
to measure mesurer 11
meat la viande 5
mechanic le mécanicien, la mécanicienne 10
medicine le médicament 9
to meet faire la connaissance 8
meeting la réunion 12
middle: in the middle of au milieu de 9
midnight minuit (*m*) 7
milk le lait 5
mineral water l'eau minérale (*f*) 5
minus moins 2
modest modeste 2

Monday lundi (*m*) 4
money l'argent (*m*) 1
monument le monument 8
moped le vélomoteur 3
more plus de 10
morning le matin 4
month le mois 4
mother la mère 3
motorcycle la moto 1
mountain la montagne 4
mouth la bouche 11
to move (*to a new residence*) déménager 10
movies le cinéma 1; le ciné 7
much beaucoup 1; beaucoup de 10; **how much** combien de 10; **too much** trop de 10; **not much** pas grand-chose 11
muscles les muscles (*m*) 6
museum le musée 8
music la musique 1
musician le musicien, la musicienne 10
must: one must il faut 11
my ma, mon, mes 3

N

name le nom 5
nasty: It's nasty (*weather*). Il fait mauvais. 6
natural naturel,-le 9
near près de 8
necessary: it is necessary il faut 11
to need avoir besoin de 5
never ne . . . jamais 1
new nouveau, nouvel, nouvelle 8
news les informations (*f*) 7
newspaper le journal 12
next prochain,-e 4; **next to** à côté de 8

nice sympathique **2**; sympa **3**; gentil,-le **9**; **It's nice** (*weather*). Il fait beau. **6**
ninety quatre-vingt-dix **9**
noon midi (*m*) **5**
nose le nez **11**
not ne . . . pas **1**; **not bad** pas mal **1**; **not me** pas moi **1**; **Not that!** Non alors! **4**
notebook le cahier **2**
novel le roman **12**
November novembre (*m*) **4**
now maintenant **2**
number le numéro **2**
nurse l'infirmier (*m*), l'infirmière (*f*) **10**

O

to obey obéir (à) **10**
ocean l'océan (*m*) **9**
October octobre (*m*) **4**
of de **2**; **of course** bien sûr **2**
often souvent **1**
okay alors **4**; **okay?** hein? **6**; (*agreed*) d'accord **4**
old vieux, vieil, vieille **8**; **to be ___ years old** avoir ___ ans **3**
on sur **3**; **on the corner of** au coin de **8**
once une fois **6**
one (*adj.*) un, une **2**; (*pron.*) on **4**
only seulement **3**
opportunity l'occasion (*f*) **8**
optimistic optimiste **2**
or ou **2**
orange l'orange (*f*) **5**
other autre **7**
our notre, nos **5**
over: over there là **3**

P

painting la peinture **12**
pal le copain, la copine **4**
panic la panique **9**
papaya la papaye **5**
parent le parent **3**
to participate participer **9**
partner le partenaire **6**
to pass passer **4**; (*an exam*) réussir à **10**
passing grade la moyenne **12**
passport le passeport **8**
past le passé **9**
pastry shop la pâtisserie; **pastries** les pâtisseries **5**
patient patient,-e **3**
pear la poire **5**
peas les petits pois (*m*) **5**
pen le stylo **2**
pencil le crayon **2**
per: per day par jour **11**
perfect parfait,-e **3**
perhaps peut-être **4**
period la période **4**
pessimistic pessimiste **2**
photo safari le safari-photo **9**
photograph la photo **3**
physics la physique **12**
to pilot piloter **9**
place la place **9**; **at someone's place** chez **4**
to play jouer **4**; (*a sport*) jouer **6**; faire **6**
player le joueur, la joueuse **6**
pleasure le plaisir **8**
poem le poème **6**
poet le poète **6**
policeman l'agent de police (*m*) **10**
polite poli,-e **3**
poor pauvre **2**
pork le porc **5**
porridge le porridge **5**
possible possible **9**

post office la poste **4**
poster l'affiche (*f*) **2**
potato la pomme de terre **5**
to practice pratiquer **8**
to prefer préférer **2**
to prepare préparer **4**
pretty joli,-e **3**
Prime Minister le premier ministre **6**
principal principal,-e **9**
problem le problème **3**
process: to be in the process of être en train de (d') **12**
product le produit **11**
profession la profession **10**
program le programme **7**
project le projet **6**
to propose proposer **8**
prudent prudent,-e **4**
pupil l'élève (*m/f*) **12**
to push pousser **9**

Q

quarter le quart **7**
question la question **7**; **to ask a question** poser une question **12**
quite assez **3**

R

race (*competitive*) la course **9**; la race **6**
radio la radio **1**
railroad station la gare **4**
to rain pleuvoir **6**; **It's raining.** Il pleut.; **It's going to rain.** Il va pleuvoir. **6**
rarely rarement **1**

rather assez **3**
to read lire **12**
ready prêt,-e **6**
reason la raison **4**
reasonable raisonnable **11**
to recite réciter **6**
record le disque **2**
recreation la récréation,
la récré **12**
red hair les cheveux
roux **11**
refrigerator le frigo **4**
regular régulier,
régulière **11**
relative le parent **3**
religion la religion **6**
to repair réparer **10**
report, reporting (*news*)
le reportage **7**
to resemble ressembler **5**
responsibility la
responsabilité **4**
responsible responsable **9**
restaurant le restaurant **4**
restoration la
restauration **8**
result le résultat **4**
to retrace retracer **9**
return la rentrée **10**
reward la récompense **6**
right la droite **8; to the**
right à droite **8**
right away tout de
suite **6**
risk: to run a risk of
risquer de **4**
roast le rôti **5; roast**
beef le rôti de bœuf **5**
rock le rock **1**
rolls: crescent rolls les
croissants (*m*) **5**
room la salle **2**; la pièce
10; dining room la
salle à manger **10;**
bathroom la salle
de bains **10; living room**
la salle de séjour **10**
route la route **9**
to run marcher **3; to run**
a risk of risquer de **4**
Russia la Russie **8**

Russian (*language*)
le russe **12**

S ————————

sad triste **2**
saint's day la fête **4**
salad la salade **5**
salesperson le vendeur,
la vendeuse **10**
sandwich le sandwich **4**
Saturday samedi (*m*) **4**
school la classe **1**; l'école
(*f*) **1; French**
secondary school le
lycée **3; secondary**
school l'école
secondaire **10; first day**
of school la rentrée **10**
science les sciences (*f*) **1**
season la saison **8**
secretary le (la)
secrétaire **10**
to see voir **7; Let's see!**
Voyons! **10**
Senegal le Sénégal **5;**
native of Senegal
sénégalais,-e **5**
September septembre
(*m*) **4**
serial (*program*) le
feuilleton **7**
series le feuilleton **7;**
la série **12**
serious sérieux, sérieuse
9; grave **11**
to share partager **11**
she elle **1**
shipwrecked person le
naufragé **9**
shopping: to go shopping
faire des courses **6;**
faire le marché **6**
short court,-e **11**
show le cinéma **1**; le
spectacle **7**
to show montrer **11**
shy timide **2**
sick malade **9**
sickness la maladie **9**

side: at the side of à
côté de **8**
to sing chanter **2**
singer le chanteur, la
chanteuse **2**
sister la sœur **3**
situation la situation **4**
skating le patinage **6;**
ice-skating le patinage
sur glace **6; to go**
ice-skating faire du
patinage sur glace **6**
skiing le ski **6; water**
skiing le ski nautique
6; to go water skiing
faire du ski nautique **6**
sleep le sommeil **11**
small petit,-e **3**
to snow neiger **6; It's**
snowing. Il neige. **6;**
It's going to snow.
Il va neiger. **6**
so alors **4**; si **8; so long**
à bientôt **1**
soccer le football **1**
social social,-e **6**
solitude la solitude **9**
solution la solution **8**
some des **2**
something quelque chose
7; something else
autre chose **7**
sometimes quelquefois **1**
soon bientôt **6**
sort la sorte **5**
souvenir le souvenir **8**
Soviet Union l'Union
Soviétique (*f*) **8**
Spain l'Espagne (*f*) **8**
Spanish (*language*)
l'espagnol (*m*) **12**
to speak parler **1**
specialty la spécialité **5**
to spend (*time*) passer **4**
spinach les épinards
(*m*) **4**
spirit l'esprit (*m*) **6**
sports le sport **6; to**
participate in sports
faire du sport **6**
spring le printemps **8**

stadium le stade 4
to stay rester 3
steak le bifteck 5
stomach l'estomac (*m*) 11;
  to have a stomach-ache
  avoir mal à l'estomac 11
store le magasin 2;
  department store le
  grand magasin 10
story le conte 12
straight: straight ahead
  tout droit 8
strawberries les fraises
  (*f*) 5
street la rue 3
strict sévère 2
strong fort,-e 12
to struggle lutter 9
student l'étudiant (*m*),
  l'étudiante (*f*) 1;
  l'élève (*m/f*) 12
studies les études (*f*) 10
to study étudier 1; faire
  de + *school subject* 12
stupid bête 2; stupide 2
to succeed réussir (à) 10
suggestion la suggestion 8
summer l'été (*m*) 8;
  summer camp la
  colonie de vacances 8
Sunday dimanche (*m*) 4
sunny: It's sunny. Il fait
  du soleil. 6
supermarket le
  supermarché 4
supreme suprême 6
sure sûr,-e 8
to survive survivre 9
to swim nager 4
swimming pool la
  piscine 4
Switzerland la Suisse 8

T

table la table 2
to take prendre 11; **to
  take a trip** faire un
  voyage 4

to talk parler 1; discuter 10
tall grand,-e 3
tart la tarte 5
tea le thé 5
teacher le professeur 1
team l'équipe (*f*) 6
technician le technicien,
  la technicienne 10
to telephone téléphoner 12
televised télévisé 7
television la télévision, la
  télé 1; **television channel**
  la chaîne 7
tennis le tennis 1
terrible terrible 6
test l'examen (*m*) 1
thank you merci 1
that (*adj.*) ce, cet, cette 6;
  (*pron.*) ça 4; ce 2;
  (*relative pron.*) qui 3;
  that is c'est 2; **That's
  all.** C'est tout. 11; **Not
  that!** Non alors! 4
the le, la, l', les 1
theatre le théâtre 8
their leur,-s 5
them les 11; (*emphatic*)
  eux, elles 12
then alors 4
there là 3; **there is, there
  are** il y a 3; voilà 3
these (*adj.*) ces 6; **these
  are** ce sont 2
they ils (*m*) 1; elles (*f*)
  1; on 4; **they are** ce
  sont 2
thing la chose 4
to think (about) penser (à) 9
thirsty avoir soif 5
this (*adj.*) ce, cet, cette 6;
  (*pron.*) ce 2
those ces 6
thousand mille 9
throat la gorge 11; **to
  have a sore throat**
  avoir mal à la gorge 11
Thursday jeudi (*m*) 4
ticket le billet 8
time (*hour*) l'heure (*f*)
  7; la fois 5; **from time**

to time de temps en
  temps 3; **What time is
  it?** Quelle heure
  est-il? 7
to tire fatiguer 4
tired fatigué,-e 3
to à 1; **to the right** à
  droite 8; **to the left** à
  gauche 8; **up to**
  jusqu'à 8
toast le pain grillé 5
today aujourd'hui 4;
  What's today's date?
  Quelle est la date
  aujourd'hui? 4
together ensemble 8
tomato la tomate 5
tomorrow demain 4; **See
  you tomorrow.** À
  demain. 1
too trop 6; **me too** moi
  aussi 1
tooth la dent 6; **to have
  a toothache** avoir mal
  aux dents 11
**track and field: to do track
  and field** faire de
  l'athlétisme 6
train le train 8
to travel voyager 3
trip le voyage 4; **to take
  a trip** faire un
  voyage 4
Tuesday mardi (*m*) 4
to turn tourner 8

U

uncle l'oncle (*m*) 3
to understand
  comprendre 11
United States les
  États-Unis (*m*) 8
up: **up to** jusqu'à 8
us nous 12

V

vacation les vacances
(*f*) 1
varied varié,-e 6
variety la variété 7
vegetables les légumes
(*m*) 4
very très 1; vachement
(*slang*) 12
victory la victoire 6
to visit visiter 8
vitamins les vitamines
(*f*) 11
volleyball le volley-ball 6
voyage le voyage 4

W

to walk marcher 9; **to go for
a walk** faire une
promenade 6
to want désirer 2; vouloir 7
warm chaud 5; **It's warm.**
Il fait chaud. 6
to watch regarder 1
water l'eau (*f*) 5;
mineral water l'eau
minérale 5
water skiing le ski
nautique 6

we nous 1; on 1
weather le temps 6; **What
is the weather like?**
Quel temps est-ce qu'il
fait? 6
Wednesday mercredi
(*m*) 4
week la semaine 4
weekend le week-end 1
to weigh peser 11
well bien 1
western (*film*) le
western 7
what (*adj.*) quel, quelle
4; **What . . . ?**
Qu'est-ce que . . . ? 2;
see **time, date, weather**
when quand 2
where où 2
who qui 2
why pourquoi 6
willing: to be willing
vouloir bien 7
to win gagner 6
window la fenêtre 2
windy: It's windy. Il fait
du vent. 6
winter l'hiver (*m*) 8
to wish désirer 2; vouloir 7
with avec 2
without sans 9
work le travail 4; **work
camp** le camp de
travail 8

to work travailler 1; (*machine
or instrument*)
marcher 3
worker l'ouvrier (*m*),
l'ouvrière (*f*) 10
world le monde 9; **to go
around the world** faire
le tour du monde 9
would: I would like . . .
Je voudrais . . . 4
to wrestle faire de la
lutte 6

Y

year l'an (*m*) 3; **to be
_____ years old**
avoir _____ ans 3
yes (*to disagree with a
negative statement*)
si 10
yet encore 3
you tu 1; vous 1; (*emphatic*)
toi 1
young jeune 2; **young
people** les jeunes
(*m*) 1
your ta, ton, tes 3; votre,
vos 5
Yuk! Phouah! 4

Index